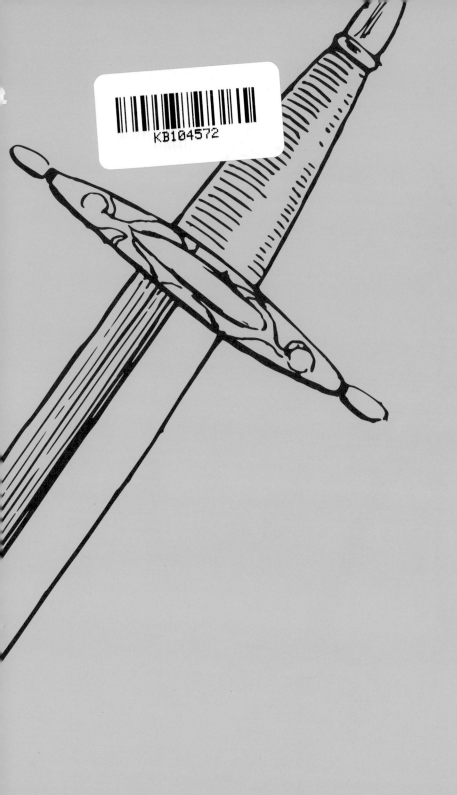

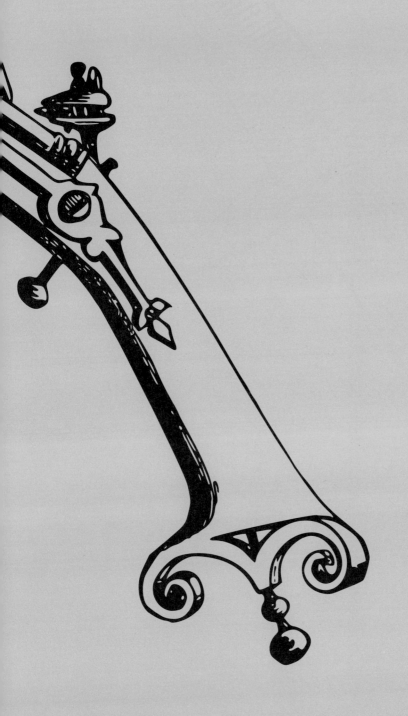

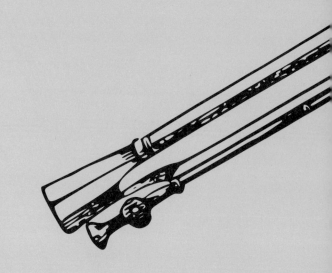

전쟁과 무기의 세계사

전쟁을 승리로 이끈 무기의 비밀

전쟁을 승리로 이끈 무기의 비밀

전쟁과 무기의 세계사

이내주

채륜서

인류의 역사는 전쟁의 역사라고 한다. 이제는 너무 당연시되어 이 말을 사용하기조차 식상할 정도이다. 도대체 누가 전쟁을 벌일까? 두말할 것도 없이 '지혜롭다sapiens'고 자처하나 어리석게도 서로 다투고 죽이는 인간이라는 종種이다. 수많은 유형의 인간군상이 전쟁에 직간접적으로 개입된다. 무엇을 갖고 전쟁을 벌일까? 다양한 무기류를 동원하여 결행한다. 왜 전쟁을 벌일까? 전쟁에 이겨서 상대에게 내 의지를 강요하거나 필요시 상대의 것을 내 것으로 만들기 위함이다. 전쟁에 이기기 위해서는 어떻게 해야 할까? 가능한 한 상대보다 우수한 무기를 갖고서 이를 효과적으로 운용해야 한다. 이러할 때 좋은 방법은 없을까? 과거로부터 지혜를 얻어야 한다. 비록 시공간상의 차이는 있을지라도 과거의 전쟁 주체인 인간이나 오늘날 우리나 모두 지知·정情·의意를 지닌 '인간a human being'이기 때문이다.

전쟁사戰爭史는 말 그대로 군대 및 전쟁에 관한 이야기이다. 그런데 전쟁사를 오로지 군대와 관련된 학문분야로만 인식하는 것은 너

4

무 편협하다. 실제로 1970년대 중반 이래 전쟁사는 군사사軍事史라는 보다 포괄적인 명칭 아래 연구 범위를 꾸준히 넓혀 왔다. 단순히 군대와 전쟁 자체만이 아니라 군대와 사회의 관계, 전쟁과 평화의 관계, 그리고 군대와 문화의 관계 등 총체적인 접근과 이해를 시도해 온 것이다. 하지만 우리나라의 경우 전쟁사 연구가 여전히 전쟁과 전투만을 대상으로 하는 전통적인 연구범주에 머물러 있는 것 같다.

이제 전쟁 자체에 대한 연구에서 벗어나 전쟁이라는 역사 속의 사건이 해당 사회에 미친 영향을 다층적으로 조명할 필요가 있다. 전쟁을 양 진영 간의 무력충돌로만 접근할 경우 전쟁의 폭력성이라는 '민낯'만 부각될 소지가 있기 때문이다. 또한 시야를 넓힐 때 전쟁이라는 상황 속에서 승리를 위해, 아니 보다 직접적으로는 생존을 위해 몸부림쳤던 인간 군상群像들의 고뇌와 집착에 더욱 근접할 수 있기 때문이다. 특히 19세기 이래의 전쟁은 군인들만의 과업으로 국한되지 않고 해당 국가의 구성원 대부분이 개입되었으며, 그 영향권에서 헤어나기가 힘들었기에 더욱 그러하다.

나는 오래전에 『서양무기의 역사』, 최근에는 『(흐름으로 읽는) 근현대 세계사』라는 두 권의 책을 출간한 바 있다. 집필 작업을 하면서 전쟁사가 일반사와 분리된 채 서술되고 있는 점에 아쉬움을 느꼈다. 어느 전쟁이든 당대의 전반적인 역사적 상황으로부터 자유로울 수 없는데도 말이다. 그동안 많은 전쟁 관련 책들이 선을 보였으나 양자를 종합하여 고찰한 책자는 드물었다. 그래서 미흡하더라도 그 작업을 시도해 봐야겠다는 생각을 하게 됐고, 그 연구결과를 부족하지만 이 책에 담아 보았다.

나는 서양의 고대부터 현대까지의 기간에 벌어진 주요 전쟁에 대해 일반사와 전쟁사를 접목시킨다는 시각에서 이 책을 썼다. 특히 전투 승리의 요인을 당대의 핵심적 무기 및 무기체계의 관점에서 탐색했다. 이에 따라 전체를 크게 네 개의 부(고대 전쟁과 무기, 중세 전쟁과 무기, 근대 전쟁과 무기, 현대 전쟁과 무기)로 편성했다. 각 시대마다 제반 측면에서 '결전決戰'에 버금가는 중요한 전쟁을, 그리고 해당 전쟁 중 당대 무기발달의 실상을 가장 잘 엿볼 수 있는 전투를 선별했다. 선정된 전투마다 역사적 배경, 전투의 전개과정, 동원된 무기와 무기체계, 그리고 역사적 교훈 순으로 서술했다.

또한 제목에 '세계사'라고 했으나 서양세계에서 일어난 전쟁으로 국한됐음을 밝혀 둔다. 고대 페르시아 전쟁의 마라톤 전투에서부터 20세기 전쟁까지 포괄했으나 제2차 세계대전 이후의 전쟁에 대해서는 다루지 않았다. 오늘날 전쟁에서 사용되는 무기들에 대해 내가 과문寡聞한 것이 가장 큰 이유이다. 다행스럽게도 현대전쟁에 대한 자료와 연구서들은 상대적으로 매우 풍부하여 관심 있는 독자들은 쉽게 접할 수 있을 것이다.

오늘날 과거처럼 큰 규모의 전쟁은 없으나 미디어 기술의 발전 덕분에 전쟁은 직간접적으로 우리의 삶과 연결되어 있다. 하루에도 수십 번씩 우리는 언론보도를 통해 지구 반대편에서 벌어지고 있는 전쟁과 분쟁에 대해서조차 실시간으로 접하고 있다. 그러한 일들이 나와 무관하게 여겨질지라도 나름대로 관심을 기울여야 한다. 전쟁의 원인과 본질, 그리고 그 영향을 심층적으로 분석하고 포괄적으로 조망하려고 노력할 때, 세계평화를 위해 진정 필요한 것이 무엇인가를 감지할 수 있기 때문이다.

일 년 전에 선을 보인 졸저, 『(흐름으로 읽는) 근현대 세계사』처럼 이 책도 『국방일보』 연재에서 집필의 연원을 찾을 수 있다. 근본적으로는 부족하나마 내 학문연구를 통해 거의 40년간을 몸담아 온 우리 군에 조금이라도 기여해보자는 나의 작은 소망이 이 책의 구상을 추동했다. 하지만 다른 무엇보다도 힘든 국내 출판계의 형편에도 아랑곳하지 않고, 이 책의 발간을 흔쾌히 수락해 준 채륜의 결단이 있었기에 가능했다. 이 자리를 빌려 도움을 주신 모든 분들, 특별히 이 책의 편집 및 꾸밈에 힘써준 김승민·이현진 담당자께 감사드린다. 그리고 이 책에서 발견되는 내용상 모든 오류는 저자인 나의 책임임을 밝혀둔다. 끝으로 이 책이 전쟁에 대한 포괄적인 접근과 이해의 중요성을 제고하는 데 미흡하나마 도움이 되길 기대해 본다.

2017년 정유년 여름에
태릉골 화랑대에서
이내주 씀

차례

세계사를 바꾼 25가지 전쟁

1 마라톤 전투(490 BC)
2 이수스 전투(333 BC)
3 자마 전투(202 BC)
4 아드리아노플 전투(378)
5 투르~푸아티에 전투(732)
6 헤이스팅스 전투(1066)
7 크레시 전투(1346)
8 콘스탄티노플 공성전투(1453)
9 브라이텐펠트 전투(1631)
10 로이텐 전투(1757)
11 아우스터리츠 전투(1805)
12 게티즈버그 전투(1863)
13 쾨니히그라츠 전투(1866)

14 옴두르만 전투(1898)
15 마른 전투(1914. 9)
16 이프르 전투(1915. 5)
17 유틀란트 해전(1916. 5)
18 솜 전투(1916. 7~11)
19 파스샹달 전투(1917. 7~11)
20 폴란드 침공 전투(1939. 9)
21 영국전투(1940. 7~10)
22 스탈린그라드 전투(1942. 8~1943. 1)
23 미드웨이 해전(1942. 6)
24 노르망디 상륙작전(1944. 6)
25 원자폭탄 투하와 일본의 항복(1945. 8)

캐나다

미국

12

북태평양

북대서양

멕시코

쿠바

23

베네수엘라

쿨롬비아

페루

브라질

남태평양

볼리비아

칠레

파라과이

아르헨티나

우루과이

뉴질랜드

1부

490 BC
마라톤 전투

492~479 BC
페르시아 전쟁

750 BC
고대 그리스의 성립

알렉산드로스의 정복전쟁
334~323 BC

333 BC
이수스 전투

202 BC
자마 전투

264~146 BC

포에니 전쟁

AD 27
고대 로마 제정 수립

AD 476
고대 로마제국 멸망

대(對)이민족 전쟁

AD 378
아드리아노플
전투

고대 전쟁과 무기

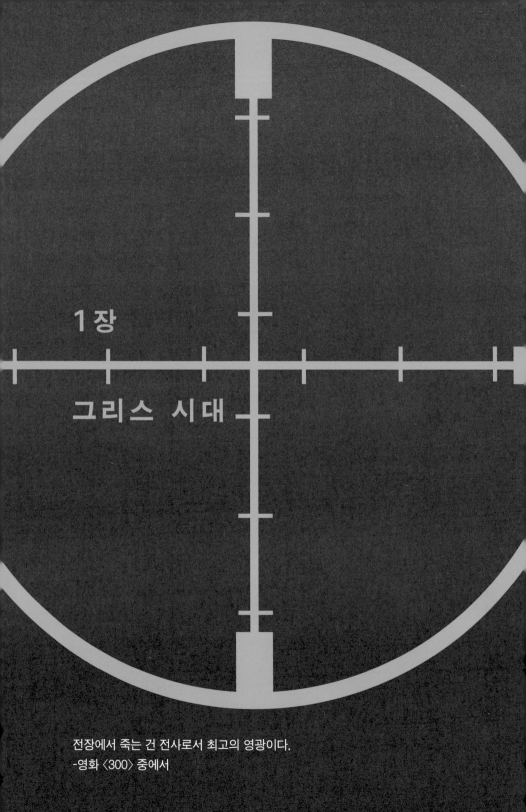

1장

그리스 시대

전장에서 죽는 건 전사로서 최고의 영광이다.
-영화 〈300〉 중에서

페르시아 전쟁
마라톤 전투 490 BC

팔랑크스의
탄생

페르시아 전쟁은 기원전 492~479년에 아테네와 스파르타를 비롯한 그리스 반도의 폴리스polis(도시국가)들과 소아시아의 절대강자 페르시아 제국 간에 벌어진 충돌을 말한다. 세 차례에 걸친 페르시아의 대규모 침략으로 촉발된 전쟁에서 최종 승자는 그리스의 폴리스들이었고, 이러한 승리의 쟁취에 결정적 계기가 된 것이 바로 기원전 490년에 벌어진 마라톤 전투Battle of Marathon였다.

폴리스를 중심으로 발전한 그리스 문명

우리는 흔히 현대 서양문명의 근원을 서양 고대의 그리스 문명과 로마 문명, 이 중에서도 그리스 문명에서 찾는다. 이러한 맥락에서 역사가들은 이들 두 문명을 합해서 '서양의 고전문명'이라 일컫고 있다. 오늘날 서양 세계를 특징짓는 자유주의, 민주주의, 합리주의 등의 뿌리가 기원전 7~4세기에 그리스 반도 및 에게 해海 지역에

그리스 폴리스 분포도

산재되어 있던 일종의 정치군사 공동체인 폴리스들을 중심으로 꽃을
피운 문화적 유산에 있다고 보기 때문이다. 특히 그리스 반도의 대
표적 폴리스들 중 하나였던 아테네에서 기원전 4세기경 페리클레스
Pericles(생애 495~429 BC) 통치기에 정치 및 종교, 무엇보다도 학문과
예술 분야에서 만개했던 인간중심적이며 지성적인 경향은 이후 로마
제국과 중세, 그리고 르네상스를 거치면서 오늘날 서양문명을 형성
하는 토대가 됐다.

　　그리스 반도에서 사람들의 모든 활동은 그가 속한 폴리스를 중심

으로 이뤄졌다. 그렇다면 이러한 폴리스는 어떻게 등장 및 발전한 것일까? 에게 해 남쪽의 크레타 섬에서는 미노아 문명이 태동하여 기원전 2천 년경에 그 절정기에 이르렀다. 이와 비슷한 시기에 그리스 본토의 펠로폰네소스 반도에서는 수많은 소왕국들이 등장했는데, 그 중심지는 후세에 미케네 문명으로 잘 알려진 미케네였다. 호머의 『일리아드』에서 엿볼 수 있듯이, 이들은 한때 소아시아 지역까지 세력을 확장하기도 했으나 기원전 1100년경에 북쪽에서 남하한 야만적인 도리아인들에 의해 정복되고 말았다.

더불어 이들이 이룩한 문명도 사라진 채, 이후 암흑시대라고 불리는 3백 년의 긴 세월이 흘러갔다. 그러다가 기원전 8백 년경부터 그리스 본토에서 폴리스들이 등장하면서 새로운 문명이 꽃을 피우기 시작했다. 이후 폴리스의 숫자는 빠르게 늘어나 절정기에는 지중해 전역에 걸쳐서 약 1천 개에 달할 정도였다. 이들 중 가장 대표적인 폴리스로 펠로폰네소스 반도에 터전을 잡은 스파르타Sparta와 그리스 반도 남쪽에서 시작하여 크게 발전한 아테네Athens를 꼽을 수 있다.

이후 역사적 및 환경적 요인으로 인해 스파르타와 아테네는 서로 대조적인 문명을 형성했다. 소수의 이주민들로 이루어진 스파르타의 지배계급은 절대다수의 원주민을 통치하기 위해서 구성원 전체가 불가피하게 전사계급이 되어야만 했다. 그러다 보니 스파르타는 전 국민에게 공동체 생활과 엄격한 규율을 강조하는 전체주의적이며 폐쇄적인 문화를 발전시키게 됐다. 이와는 대조적으로 아테네는 개인주의적이며 개방적인 문화를 꽃피웠다. 물론 초창기에 폴리스 아테네도 소수의 토지귀족들이 지배한 귀족중심 사회였으나 기원전 508년경에 이르러 귀족지배 사회는 클레이스테네스에 의해 무너지고 중산층 시민들이 주축을 이룬 민주정 시대로 나아가게 됐다. 선대先代의 통치자들이 이룩한 제도적 바탕 위에서 페리클레스의 통치기(445~429 BC)에 이르러 아테네 민주정은 그 절정기를 구가했다.

대제국 페르시아의 침공에도 굴하지 않은 그리스군

폴리스 아테네를 중심으로 정치적, 경제적으로 안정을 이룩한 그리스인들은 지중해에 연한 각지로 진출하여 도처에 식민도시를 건설했다. 하지만 이러한 해외 진출과정을 겪으면서 그리스인들은 곧 진정한 패자覇者가 되기 위해서는 기필코 넘어야 할 큰 산이 있음을 깨닫게 됐다. 이는 바로 오늘날 이란 및 이라크 지역을 중심으로 소아시아 일대까지 그 세력을 뻗치고 있던 동방의 강대국, 페르시아 제국이라는 존재였다. 소아시아의 에게 해 연안에 건설한 식민도시를 거점으로 소아시아 지역으로 진출하려던 그리스인들과 오리엔트 지역을 장악하고 소아시아의 경계를 넘어서 그리스 반도로까지 영향권을 확대하려던 대제국 페르시아와의 일전一戰은 어찌 보면 애초부터 불가피했다고 볼 수 있다.

이렇게 하여 벌어진 것이 고대의 유명한 페르시아 전쟁Persian War(492~479 BC)이었다. 전쟁의 발단은 에게 해 서안西岸의 그리스 식민도시들이 페르시아 제국의 가중되는 압력에 저항해서 반란을 일으켰고, 이를 그리스 본토의 아테네가 함선을 파견해 지원한 사건이었다. 이를 빌미로 기원전 492년을 시작으로 이후 약 10년 동안 페르시아가 총 세 차례에 걸쳐서 그리스 반도를 침공했다. 이때 벌어진 여

파르테논 신전

러 충돌들 중 가장 대표적인 전투가 바로 페르시아의 제2차 침공(490 BC) 시에 그리스 군대가 대승을 거둔 마라톤 전투Battle of Marathon였다.

　기원전 492년에 벌어진 제1차 침략전쟁에서 실패한 후 복수의 칼날을 갈아온 페르시아의 통치자 다리우스 1세는 자신이 총애하던 장군 다티스에게 그리스 점령의 임무를 부여했다. 당시 페르시아 원정군은 약 2만 5천 명의 보병과 1천 명의 기병, 그리고 6백 척의 함선으로 편성됐다. 이들은 제1차 침략 때와는 달리 함선을 이용, 에게 해를 가로질러서 단숨에 그리스의 심장부인 아테네 점령을 시도했다. 이에 대항해 그리스인들은 제1차 침공 시에 페르시아 군과 대전對戰한 경험을 갖고 있던 아테네 출신의 밀티아데스를 총사령관으로 임명했다. 여러 폴리스들에서 동원된 그리스 연합군을 지휘하게 된 밀티아데스는 아테네에서 북쪽으로 40여 킬로미터 떨어진 마라톤 평원에서 막 상륙한 페르시아 군을 대적하기로 결심했다.

마라톤 전투의 실상은 어떠했을까? 당시 경무장 보병 및 기병으로 편성된 페르시아 군은 약 2만 5천 명이었던데 비해 그리스 군은 그 절반에도 못 미치는 1만 1천 명에 불과했다. 이러한 열세 속에서 밀티아데스는 마라톤 평원을 둘러싸고 있던 높은 언덕과 하천이라는 자연장애물을 최대한 고려하여 부대를 배치했다. 페르시아군 기병의 기동공간을 제한하면서 병력을 좌우 양측에 집중 배치하고, 중앙에는 얇게 배치하는 이른바 '양익兩翼 포위 전투대형'으로 페르시아군의 주력인 보병부대를 사방에서 압박했다. 적군의 예측을 뛰어넘는 창의적 전술과 빠른 공격으로 과감하게 밀어붙인 덕분에 그리스군은 크게 승리할 수 있었다. 이때 페르시아군은 6,400여 명이 죽은 데 비해 그리스 군은 겨우 200여 명의 인명 손실만을 입었을 뿐이었다.

어떻게 이것이 가능했을까? 전력상 열세했던 그리스 군은 무기체계와 전략전술의 우세를 바탕으로 대승을 거둘 수 있었다. 그 덕분에 그리스인들은 에게 해를 제패하고 더 나아가서는 오늘날까지 이어지는 서구문화의 기본 틀을 창안해낼 수 있었다. 달리 말해, 바로 이 마라톤 전투에서 당시 그리스 군이 갖고 있던 무기와 무기체계, 그리고 이를 토대로 계획 및 실행된 전략전술의 우월성이 분명하게 발현됐다고 볼 수 있다.

사리사와 팔랑크스로 무장하다

어떻게 이러한 일이 가능했을까? 물론 무엇보다도 사령관 밀티

팔랑크스

아데스의 리더십과 그의 작전술을 전투 승리의 직접적 요인으로 꼽을 수 있다. 그렇다면 무엇이 그로 하여금 승리의 전술을 구사할 수 있도록 만들었을까? 당시 그리스군의 주력이 중무장 보병대였다는 점에서 그 해답을 찾을 수 있다. 고대 그리스군의 가장 중요한 구성원은 호플리테스hoplites(병사들이 휴대한 호플론이라는 방패에서 명칭 유래)로 불린 시민 전사戰士였다. 당시 그리스 반도의 폴리스에서는 일정 수준 이상의 재산을 가진 자유민만이 호플리테스가 될 수 있었다. 이들은 해당 폴리스의 주권자로서 공동체에 위기가 닥칠 때마다 거의 평생토록 병역의 의무를 감당해야만 했다.

호플리테스의 무장은 어떠했을까? 그리스 시민전사는 갑옷을 착용하고 투구를 쓴 중무장 보병이었다. 그는 허리에는 단검을 차고, 왼손에는 호플론hoplon이라는 원형방패(직경 90~100센티미터 되는 원형목재의 가장자리에 청동판을 덧댄 형태로 2~3킬로그램의 무게)를 들고 있었다. 무엇보다도 오른손에는 기본무기인 사리사sarissa라는 찌르기 용 장창

(길이 3~5미터, 무게 4~5킬로그램)으로 무장하고 있었다. 여기에 전사는 청동 헬멧, 흉갑(가슴 보호용 청동 금속판), 그리고 가죽에 잇댄 정강이 보호용 금속판 등을 착용했다. 완전무장할 경우 그 무게가 무려 34킬로그램에 달할 정도였다. 각 폴리스마다 독특한 모양과 색깔의 갑주를 착용했는데, 이를 통해 자기 공동체의 정체성을 드러내고 단결력을 과시했다.

그리스 시민 전사들은 이처럼 개인별로 무장하는 선에서 머물지 않았다. 자신들의 무기를 가장 효율적으로 활용하고 최대의 전투력을 발휘할 수 있는 무기체계를 발전시켰다. 이것이 바로 호플리테스의 장점을 최대한 반영한 팔랑크스phalanx라는 전투대형이었다. 이는 중무장한 보병이 개인 간격 약 90센티미터를 유지하면서 직사각형 모양(12오(=횡대)×16열(=종대), 스파르타의 경우 8열 횡대대형)을 이룬 '중무장 밀집보병대'였다. 이들은 오늘날 군대의 의식행사 시 볼 수 있는 퍼레이드 대형으로 플루트 소리에 발을 맞추어 적진을 향해 전진하면서 엄청난 충격력을 발휘했다. 어찌 보면 각개 시민전사는 대부분 귀족의 자제들로 편성되어 있던 기병대에 비하면 보잘 것 없는 존재였다. 하지만 개별 전사들이 하나로 결집하여 밀집대형을 이룰 경우 아무리 훈련이 잘된 기병대라 할지라도 격파하기가 쉽지 않았다.

다른 한편으로 페르시아군은 각 민족별로 다양한 방식으로 무장하고 있었다. 페르시아 인들로 편성되어 있던 정예부대의 경우 보병의 주 무기는 활이었다. 방패와 갑옷은 기동력 향상을 위해 가벼운 나뭇가지와 천으로 제작됐다. 페르시아 군의 주력은 활과 투창으로 무장하고 있던 기병대였다. 약 160미터의 최대 유효사거리를 자랑한 이들의 활은 당시 소아시아 일대에서 공포의 무기로 위력을 떨치고 있었다. 이러한 맥락에서 통상적으로 페르시아 군은 기병대를 이용하여 선제공격을 펼친 다음, 이어서 보병대가 활로 집중사격을 가하는 전술을 구사했다. 좀 더 구체적으로 페르시아 군의 기본 공격대형은 중앙에 보병 그리고 좌우 양쪽에 기병대를 배치하고, 경기병으로 하여금 적군의 측방과 후방을 교란토록 했다. 비록 패했을지언정, 당시 페르시아 군은 세계 최초로 고도의 기병전술을 구사하고 있었다.

원래 팔랑크스는 기원전 3천 년경 중동지방의 수메르에서 처음 등장한 전투대형으로 알려져 있다. 당시 오리엔트 지역의 첨단 전투 장비는 전차chariot로써 적진을 와해시키는 공격용 무기로 활용됐다. 먼저 전차가 적진을 돌파한 후 이어서 밀집대형이 전진하여 적군을 격파하는 방식이었다. 이러한 전투대형이 기원전 7세기경에 그리스인들에게 전해진 것이다. 그리스 반도는 산악지형인 탓에 기병대의 기동에 많은 제약이 따랐다. 더욱이 등자鐙子가 발명되기 이전인지라 기수가 낙마落馬할 가능성마저 컸기에 승마한 채 밀집보병을 공격하기가 힘들었다.

이러한 팔랑크스를 주축으로 구성된 그리스군의 무기체계는 어떠했을까? 그리스 군에서 가장 중요한 무기는 사리사로서 무기체계의 핵심을 이뤘다. 팔랑크스의 제1오伍는 사리사를 허리높이로 들어올리고 제2오와 제3오의 병사들은 전방의 동료 어깨 위에 창을 올려놓아 적군을 겨냥하는 자세를 취했다. 전투 중 쓰러지는 동료 전사가 나타나면 창을 수직으로 세운 채 전진하고 있던 제4오의 병사가 빠르게 빈자리를 메꿨다. 결과적으로 팔랑크스 정면은 수십 개의 장창들이 한데 어우러진 '가시의 숲'으로 변했다.

사리사가 공격용이라면 원형방패(호플론)는 방어용 무기였다. 전사는 원형방패의 가장자리에 있는 고리형 끈을 손으로 움켜잡고 몸을 가린 채로 전진했다. 이때 방패를 왼손에 들 경우, 자신의 절반과 좌측 동료의 절반을 방패로 방호할 수 있었다. 결국 팔랑크스의 맨 우측 대열만 아무런 방어막이 없이 노출된 상태가 됐는데, 이를 해결하기 위해서 이곳에는 가장 노련한 인원을 배치했다. 이러한 연유로 접전 시 팔랑크스는 상대방 대형의 약점인 왼쪽을 집중적으로 공격했고, 이로 인해 대형 전체가 왼쪽에서 오른쪽으로 선회했다. 방패를 서로 잇댄 상태에서 사리사를 전방으로 겨누거나 위로 추겨 세운 자세로 대형을 유지한 채 진군해야만 됐기에 무엇보다도 각개 병사들 간의 신뢰와 단결이 중요했다.

극단적으로 아무리 적군의 공격이 강력하다고 하더라도 기본대형을 유지할 수만 있다면 전투에서 승리할 수 있었다. 자유 시민 전사들로 편성된 그리스군은 다른 지역의 병력에 비해 강한 용기와 단결력을 발휘할 수 있었다. 당시 그리스 사회에서는 전장에서 자신의 역할을 죽기까지 완수해야지 그렇지 않고 창과 방패를 버리고 도주하는 것을 가장 비겁한 행위로 간주했다. 팔랑크스의 특성상 공포에 질린 구성원들이 대열을 이탈해 도망가기 시작할 경우, 이미 승패는 결정된 것이나 다름없었기 때문이다. 동료의 목숨은 물론이고 일종의 운명 공동체인 폴리스의 안위安危가 자신의 양어깨에 달려 있다는 인식을 평소 훈련을 통해 철저하게 각인해야만 했다. 이러한 무기체계를 바탕으로 그리스군은 고대세계에서는 어느 집단도 보유하지 못한 가공할 공격력을 갖춘 채, 주변의 적대 세력들을 압도할 수 있었다. 이후 로마의 보병군단이 출현하기 이전까지 그리스 팔랑크스는 정면 대결에서는 어느 누구도 대응할 수 없는 막강한 전투력을 과시했다.

에게 해 주변에서 팔랑크스와 같은 혁신적 전투방식이 그리스 반도에서만 발전한 이유는 무엇일까? 당시 그리스 사회의 특질을 고찰할 때 그 해답을 찾을 수 있다. 기원전 8~7세기경부터 농업기술이 발전하면서 그리스 반도는 점차 가족단위의 자작농自作農 사회로 바뀌었다. 자연스럽게 인구가 늘어났고 해안가의 평지를 중심으로 폴리스가 형성됐다. 이들 자작농들이 폴리스의 자유민을 구성하면서 자치적으로 공동체의 행정을 이끌었다. 이때 참정권 행사라는 정치제도에서 발전한 민주주의 원리가 군사제도에도 적용되어 자유민들 모두가 참여하는 시민 군대를 형성하게 됐다.

당시 그리스에서 군 복무는 스스로 무장할 능력을 갖춘 폴리스의 시민만이 누릴 수 있는 일종의 특권이었다. 이들은 자신이 속한 공동체에 대한 충성심이 강하고 구성원 간에 평등의식이 높아서 굳건한 단결력을 유지할 수 있었다. 팔랑크스와 같은 전투대형은 무엇보다도 고도의 조직력과 강한 단결력을 필요로 했는데, 바로 재산을 소유한 시민들로 구성된 그리스 군대가 이에 적합했던 것이다. 페르시아 전쟁에서 엿볼 수 있듯이 말을 탄 적 기병이 빠른 속도로 공격해 올 때 보병이 전열을 이탈하지 않고 끝까지 버티는 데는 불굴의 용기가 필요했다. 이는 바로 공동체에 대한 애착과 군인으로서의 자긍심, 그리고 이에 기초한 강한 단결심이 전제될 경우에 가능했다. 이러한 사회적 요인들을 정확하게 인식하고 가장 적합한 보병 중심의 무기체계와 전술을 개발했던 것이다.

한계에 직면한 팔랑크스와 무너진 그리스

페르시아 전쟁을 통해서 그리스인들이 발전시킨 우월한 무기체계야말로 그리스 반도 번영의 요체였다. 하지만 밀집된 병력으로 구성된 그리스 팔랑크스는 기복이 심한 지형에서는 잠재된 충격력을 발휘하기가 어려웠다. 지형상 운용의 제한, 측·후방 방어 대책 미비 등은 그리스 팔랑크스가 갖고 있던 치명적 단점이었다. 정면 승부 시 충격력과 돌파력은 뛰어났으나 융통성 부족으로 교전 중 대형의 어느 한쪽이 무너지면 패할 가능성이 컸다.

그런데 그리스인들은 페르시아 전쟁의 승리감에 도취된 나머지 이후 이러한 문제를 해결하는 데 관심을 기울이지 않았다. 그 결과, 처음에는 그리스 반도 북쪽의 마케도니아에게, 나중에는 지중해 서쪽 이탈리아 반도에서 발흥한 로마에게 정복당하고 말았다. 이러한 고대 그리스인들의 전쟁 경험은 자신이 처한 시대적 및 환경적 조건에 가장 적합한 무기체계를 개발하고 이를 변화하는 대내외적 조건에 알맞게 지속적으로 발전시키는 작업이 매우 중요함을 일깨워준다.

알렉산드로스의 정복전쟁
이수스 전투 333 BC

새로운
전술의
창안

알렉산드로스 정복전쟁은 기원전 334~323년에 마케도니아의 알렉산드로스 대왕이 그리스 반도 각지에서 모집한 연합군을 이끌고 다르다넬스 해협을 건너서 동방의 페르시아 제국과 벌인 전쟁을 말한다. 이 전쟁에서의 승리로 알렉산드로스는 서른이 채 안된 약관의 젊은 나이에 그리스 반도에서부터 인도의 북부까지 아우르는 고대 역사에서 가장 광대한 대제국을 건설할 수 있었다. 이때 그의 빛나는 제국 건설의 첫 발판을 마련해 준 계기가 바로 기원전 333년에 벌어진 이수스 전투Battle of Issus에서의 승리였다.

그리스 반도를 통일한 마케도니아의 등장

그리스 반도 남쪽의 폴리스들이 동방의 대국 페르시아와 연거푸 전쟁을 치르고 있을 때 반도의 북방에서는 마케도니아라는 새로운 국가가 점차 국력을 키우고 있었다. 아테네와 스파르타를 중심한 그리스 폴리스들의 위세에 눌려서 그동안 제대로 기를 못 펴고 있던 마케도니아에도 중흥의 기회가 도래했다. 필리포스 2세(재위: 359~336 BC) 시대에 이르러 내부적으로 축적해온 국력을 바탕으로 기원전 338년에 그리스 반도를 통일하기에 이르렀다. 이후 필리포스를 계승한 알렉산드로스Alexandros(생애: 356~323 BC)의 영도 하에 동방 원정을 시도하여 인도 북부의 인더스 강 유역까지 진출하는 대제국을 건설할 수 있었다.

원래 마케도니아인의 인종적 기원은 잘 알려져 있지 않다. 넓게는 그리스인 계통에 속하지만 북방의 다른 이민족들과 피가 뒤섞였다는 주장도 있기 때문이다. 이들은 그리스인들이 반도의 남쪽으로 내려왔을 때, 그대로 북방에 남아서 부족단위의 생활을 영위했다. 페르시아 전쟁 시에는 한동안 페르시아에 정복되어 전쟁 수행에 필요한 인적 및 물적 자원을 강제로 동원당하기도 했다. 고산지대에서 부족단위로 생활해온 탓에 이들은 문화적으로 낙후되어 있었다. 그 때문에 반도 남쪽의 그리스 인들은 이들을 '야만족Barbaroi'이라고 부르며 업신여겼다.

그러나 이들은 근처 해안지대에 형성된 그리스 식민도시를 통해 선진문화를 수용하면서 점차 국력을 신장시킬 수 있었다. 마침내 기원전 359년 필리포스 2세가 왕위에 오르면서 무시할 수 없는 힘을 지닌 국가로 성장했다. 그는 금광을 개발하여 경제적 기반을 마련했다. 이어서 정치군사적으로 대개혁을 단행, 씨족 또는 부족단위로 분권화되어 있던 마케도니아를 중앙집권적인 통일왕국으로 변모시켰다. 특히 그는 강력한 상비군 육성과 선진된 전술개발에 심혈을 기울였다. 자영농自營農으로 구성된 밀집 보병부대와 귀족이 주를 이룬 중무장 기병대를 상비군의 중추 전력으로 양성했다. 이처럼 착실하게 대외 팽창 준비를 마친 필리포스는 곧 호시탐탐 정복의 기회를 엿보았다.

페르시아와 벌인 이수스 전투에서 대승을 거두다

대외적으로 당시 그리스 반도의 상황은 마케도니아의 발흥에 유리하게 작용했다. 반도 북부에서 마케도니아가 국력 신장에 몰두하고 있는 동안 반도 남쪽의 폴리스들은 지루한 패권 다툼으로 국력을 소진하고 있었다. 페르시아 전쟁 이후 그리스 반도의 주도권을 장악했던 폴리스 아테네가 펠로폰네소스 전쟁(459~447 BC) 이후 쇠퇴하면서 그 이후로 스파르타와 테베가 폴리스 세계의 패권을 둘러싸고

이수스 전투 장면

이수스 전투(Albrecht Altdorfer, 1529년)

치열하게 경쟁하는 정세가 이어지고 있었다. 이처럼 반도 남부의 폴리스들이 서로 분열되어 이전투구泥田鬪狗를 벌이고 있는 와중에 은밀하게 국력을 배양해온 필리포스의 마케도니아군이 반도의 남쪽으로 밀고 내려왔다. 필리포스는 기원전 338년 그리스 중부 델피 부근의 케로네아 전투에서 아테네와 테베 연합군을 격파하고 마침내 그리스 반도를 통일했다.

그리스 반도의 패권을 장악한 필리포스는 이어서 숙적 페르시아와의 일전一戰을 도모했다. 하지만 원정 준비 과정 중 그가 암살되는 바람에 페르시아 정복사업은 기원전 336년 부왕을 계승하여 새로운 통치자로 등극한 알렉산드로스에게 맡겨지게 됐다. 당시 그는 약관 20세의 청년이었으나 이미 어려서부터 당대의 석학이었던 아리스토텔레스로부터 개인교습을 받고 지도자로서의 자질을 함양해 왔다. 즉위 초반의 혼란을 틈타서 일어난 반도 남부 폴리스들의 반란을 신속하게 진압하는 데 성공한 알렉산드로스는 그리스 폴리스 세계의 세력을 규합하여 선대先代 이래의 꿈을 실현하려는 야망을 드러냈다.

마침내 기원전 334년, 그리스 반도를 통일한 알렉산드로스는 대병력(대략 보병 3만 2천 명, 기병 5천 명, 함선 180척)을 이끌고 에게 해를 가로질러 페르시아 원정길에 올랐다. 파죽지세로 페르시아 군을 무찌르며 페르시아의 지배하에 있던 소아시아의 그리스계 폴리스 식민 도시들을 수복해 나갔다. 이러한 와중에 기원전 333년 소아시아의 남동쪽 끝단에 위치한 이수스Issus에서 처음으로 다리우스 3세가 이끄는 페르시아 제국의 15만 대군大軍과 맞닥뜨리게 됐다. 여기에서 승리한 알렉산드로스는 계속하여 말머리를 동쪽으로 향하였다. 드디어 기원전 331년에는 가우가멜라 전투에서 대승을 거두어 페르시아 제국을 멸망시키고, 기원전 330년에는 히다스페스 강 전투를 계기로 인도 북부의 인더스 강 유역까지 진출했다. 이러한 세 차례의 전투들 모두 중요했으나 그가 벌인 동방원정길의 첫 단추라고 할 수 있는 이수스 전투에서 마케도니아 군대의 특징이 가장 돋보였다.

지형 상으로 이수스는 산악이 바다와 면해 있는 좁은 평지에 굴곡이 심한데다가 하천까지 흐르고 있었다. 지형 정찰을 마친 후 알렉산드로스는 기병보다는 보병 중심으로 전투를 수행하는 것이 바람직하다고 판단했다. 따라서 중앙의 중심부에 보병을, 그리고 양익兩翼에 기병대를 배치하는 전투대형을 취했다. 병력 배치를 마친 알렉산드로스는 선두에서 말을 타고 부하들 전면에 흐르고 있던 피나로스 강을 건너서 페르시아 군 진지로 돌진했다. 용감하게 적진으로 향하는 지도자의 모습을 목격한 마케도니아 군대가 곧바로 뒤따라 진격했다. 신속한 공격에 허를 찔린 페르시아 군은 빠르게 지휘체계가 무너졌다. 이러한 상황에서 적장 다리우스 3세는 힘 한번 제대로 써보지도 못한 채 황급히 도주하기에 급급했다. 결과는 알렉산드로스가 이끈 그리스 연합군의 대승이었다.

어떻게 알렉산드로스는 동방의 강자였던 페르시아 군을 대파할 수 있었을까? 먼저, 알렉산드로스가 사용한 전략전술에서 그 답을 찾을 수 있다. 우선 알렉산드로스는 탁월한 전장 파악 능력을 발휘하여 지형에 적합한 병력 배치를 단행했다. 즉 중앙에 밀집보병대를, 좌우 양쪽에 기병대를 배치함으로써 기병대의 빠른 기동력을 이용해 페르시아 군의 양 측방을 공격했다. 무엇보다도 적군의 좌익을 돌파한 후 후미와 우익을 연이어 공격함으로써 적 진영을 혼란 상태로 몰아넣는 포위 섬멸전을 펼쳤다. 방어적 형세를 취하고 있던 페르시아 군을 저돌적인 공세작전으로 몰아붙임으로써 어렵지 않게 승리를 얻을 수 있었다. 패주하는 페르시아 군은 추격하는 마케도니아군의 칼날을 피할 수 없었고, 이때 병사들이 흘린 선혈鮮血로 피나로스 강물은 붉게 물들었다.

새롭게 창안한 전술로 거둔 값진 승리

　이수스 전투에서 알렉산드로스의 그리스 군대가 수적 열세 및 이 국땅이라는 불리함을 극복하고 대승을 거둘 수 있던 이유는 무엇일 까? 근본적인 승인勝因은 당시 마케도니아 군대의 무기체계에 숨겨져 있었다. 필리포스 2세 통치 기간부터 마케도니아 군대는 지속적으로 군 개혁 작업을 단행했다. 덕분에 농민층 위주의 소규모 보병대와 귀 족 중심의 기병으로 구성되어 있던 조잡한 모습의 군대를 최강의 전 투력을 지닌 전문적인 전사집단으로 탈바꿈시킬 수 있었다. 우선, 기 존 그리스 폴리스 세계에서 유행한 팔랑크스Phalanx를 보다 강력한 충 격력을 지닌 중무장부대로 발전시켰다. 한 예로, 종래에 길어야 3미 터 이내였던 사리사Sarissa의 길이를 4~5미터로 늘림으로써 적군에 대한 살상력을 높이고 상대적으로 아군 병사의 안전성을 확보했다. 긴 창을 기본무기로 휴대한 덕분에 마케도니아의 팔랑크스 병사는 적군이 달려들기 전에 먼저 찌를 수 있었다. 이로써 상대적으로 짧은

마케도니아 팔랑크스

창으로 무장하고 있던 그리스 반도 남부의 다른 폴리스 군대와 접전 시 심리적 안정감과 전술적 우위를 점할 수 있었다.

또한 기존에 직사각형 모양(12오×16열)의 팔랑크스를 '신타그마 Syntagma'로 불린 정사각형 형태(16오×16열, 256명)로 개선했다. 평소 부단한 대형 변경 훈련을 통해 팔랑크스의 종심 위치와 각개 병사의 활동 공간을 조절함으로써 당시 그리스 세계에서 일반화됐던 팔랑크스를 기동성과 신축성을 겸비한 전투용 인간기계로 탈바꿈시켰다. 특히 그리스 폴리스의 팔랑크스가 구성원들이 서로 어깨를 맞댄 좁은 간격으로 정렬했던 것과는 달리 페제타이로이Pezhetairoi로 불린 각개 병사 간의 간격을 넓게 함으로써 대형 상으로 행동의 융통성을 부여했다. 또한 전투 시 1오~5오에 배치된 병사들이 자신의 사리사를 전방으로 내밀은 상태로 돌진함으로써 적군에게 강력한 충격을 가할 수 있었다. 신타그마 부대가 어깨에 원반형 방패를 멘 채 양손으로 움켜잡은 장창을 하늘 높이 치켜들고서 행군할 때는 흡사 울창한 나무숲이 이동하는 것과 같은 위용을 자랑했다. 이러한 모양새가 본격 접전 이전에 이미 적군에게 엄청난 심리적 위압감을 가했으리란 점은 충분히 짐작할 수 있다.

마케도니아 군 개혁에서 무엇보다도 중요한 점은 헤타이로이 Hetairoi로 불린 기병대의 적극적 운용이었다. 국가 통치계급의 근간을 이룬 귀족의 자제들로 편성된 정예 중무장 기병대를 전투 시 밀집보병대와 함께 정면에 배치, 적군의 방어 대형을 와해시키는 돌격전술의 핵으로 활용했다. 귀족계급은 어려서부터 승마에 익숙해 있었기에 어렵지 않게 이들을 200명 단위의 한 개 대대로 조직화할 수 있었다. 이들은 무거운 갑옷을 착용하고 긴 창과 방패를 들었으며 허리

춤에는 칼을 차고 있었다. 전투가 시작되면 창을 앞으로 내밀어 적군 보병을 공격하고 필요시에는 창 대신에 칼을 사용했다.

이와 동시에 히파스피스트Hypaspist라 불린 경무장 보병 병력을 측방 및 배후에 배치했다. 이들에게는 정찰 및 척후 임무와 함께 빠른 기동력으로 적군의 측방을 기습하고 정면에 배치된 주력부대를 엄호하는 역할이 맡겨졌다. 이들은 가벼운 투창으로 무장한 채 공격 시에는 아군 중무장 기병대가 전진하는 배후에서 혼란에 빠진 적군 대열을 흩트려 놓았다. 방어 작전 시에는 적의 기병대에 맞서거나 굴곡이 심한 지형에서 적군의 중무장 보병 부대를 견제하는 임무를 수행했다. 일종의 특수임무 보병부대였던 이들은 기동성이 떨어지는 중무장 보병대와 기동성이 빠른 경무장 기병대 사이에 위치, 전투가 전개되는 동안 부대 대열 간 공백지대를 최소화하면서 아군 기병대를 지원하고 적진을 돌파하는 임무를 수행했다.

그러나 다른 무엇보다도 주목할 점은 마케도니아 군의 창의적인 전술, 즉 병종별 유기적인 협동전술의 구사였다. 앞에서 언급한 바대로 아무리 보병과 기병을 혼합한 통합군을 보유하고 있다고 하더라도 이를 효과적으로 운용하지 못할 경우, 그 전투역량은 유명무실해질 수 있었기 때문이다. 알렉산드로스의 아버지 필리포스 2세는 일찍이 테베의 명장名將 에파미논다스가 레욱트라 전투(371 BC)에서 취했던 사선斜線대형의 우수성을 간파했다. 이를 창의적으로 발전시켜서 일명 '망치와 모루'라는 공격전술을 창안해 냈다.

중무장 보병대 위주였던 당시 그리스 반도 폴리스들과는 달리 이 전술은 마케도니아 군이 자랑하던 기병을 주공부대로 하고 보병을 조공부대로 운용하는 개념이었다. 다시 말해, 대치 상황에서 빠른 기동력을 가진 중무장 기병대를 우회 기동시켜서 후방에서 적의 주력을 치는 '망치'로 활용하고, 동시에 중무장 보병대를 전열을 유지한 채 전진시켜서 정면에서 적군의 기동을 저지하는 일종의 '모루' 역할을 수행토록 한 전술이었다. 이러한 전혀 예상치 못한 창의적 전투방식에 직면했던 페르시아 군은 제대로 싸워보지도 못한 채 도주하기에 급급했다.

마케도니아 성장의 중심에는 지도자 필리포스가 있었다

그리스 반도 북쪽에 있던 마케도니아는 국토의 대부분이 바위로 뒤덮인 척박한 생활환경을 갖고 있었다. 그곳에 살던 주민들은 오랫동안 부족 단위로 흩어져서 조상 대대로 고단한 삶을 이어오고 있었다. 설상가상으로 외세의 침략 때마다 그렇다 할 만한 대응을 해보지도 못한 채 침략자의 약탈과 만행을 속수무책으로 지켜볼 수밖에 없었다. 이러한 상황에서 마케도니아를 절망에서 희망의 땅으로 변화시킨 인물은 바로 필리포스 왕이었다. 그리고 그의 아들 알렉산드로스는 그리스 반도와 소아시아 일대를 모두 아우르는 광대한 제국을 건설했다.

무엇이 이러한 변화를 가능케 했을까? 바로 지도자의 확고한 신념을 바탕으로 창의와 혁신이라는 요소를 가미하여 실천한 덕분이었다. 앞에서 살펴본 바대로 필리포스는 지속적인 개혁과 훈련을 통해서 보병과 기병을 체계화하고 유기적으로 작동하는 통합군을 양성했다. 또한 '망치와 모루' 전술을 창안하여 이러한 통합군의 전투력을 극대화할 수 있는 시스템을 마련했다. 일종의 군사혁신을 통해서 마케도니아 군은 당시 그리스 반도와 소아시아 일대에서 무적의 전력을 보유할 수 있었다.

이는 시공을 초월하여 전쟁의 승패는 지속적으로 새로운 전술과 전략, 그리고 무기를 개발하고 이를 효율적으로 운용할 수 있는 무기체계를 구비했는가의 여부에 달려 있음을 암시해 준다. 하지만 무엇보다도 중요한 요인은 이러한 과업을 성공적으로 수행할 수 있는 굳은 신념과 '선각자적 사고'를 지닌 지도자의 존재였음을 부인하기 어렵다.

2장

로마 시대

로마는 하루아침에 이루어지지 않았다.
-서양속담

포에니 전쟁
자마 전투 202 BC

지중해의
새로운 주인
로마

포에니 전쟁은 기원전 264~146년에 이탈리아 반도를 통일한 공화정 치하의 로마와 당시 지중해의 해상권을 장악하고 있던 북아프리카 페니키아인들의 도시국가 카르타고 간에 벌어진 전쟁을 말한다. 모두 세 차례에 걸쳐서 벌어진 이 전쟁에서 로마의 최종 승리에 결정적인 기여를 한 것은 바로 기원전 202년 북아프리카의 자마 평원에서 스키피오의 로마군과 한니발의 카르타고 군이 충돌한 자마 전투Battle of Zama였다.

작은 도시국가에서 대제국으로 발돋움한 로마

지중해 동쪽에서 번영을 누리던 그리스 세계는 알렉산드로스 대왕의 사망과 더불어 쇠퇴했다. 이후 기원전 300년경에 지중해 서쪽 이탈리아 반도에서 뒤늦게 대두한 신흥 강국 로마의 위협에 직면하게 됐다. 나중에 고대 세계를 대표하는 강대한 제국으로 군림하게 되는 로마의 초창기 역사는 매우 초라한 모습이었다. 지중해를 남북으로 가르는 이탈리아 반도 중앙의 티베르 강가에서 주변 민족들에 시달리는 작은 도시국가로 출발했던 것이다. 하지만 로마는 이후 5세기 동안에 걸쳐서 오리엔트를 포함한 전 지중해 세계를 정복하는 대제국을 건설했다. 정치적으로 왕정(753~510 BC), 공화정(510~27 BC), 제정(27 BC~AD 476)의 단계를 거치면서 발전을 거듭, 제정 초창기에 이른바 '로마의 평화Pax Romana' 시대를 꽃피웠다.

지중해를 중심으로 발전한 기존 문화에 주변 부족들의 이질적 문화를 융합시켜서 수준 높은 실용적 문화를 창출하고 이를 유럽 각지로 전파, 오늘날 서구문명의 토대를 마련했다. 로마가 대제국으로 발전하는 과정에는 수많은 우여곡절이 있었다. 이 중 로마가 이탈리아 반도를 벗어나 지중해 세계로 진출하는 데 결정적 계기가 된 사건이 바로 포에니 전쟁Punic Wars(264~146 BC)이었다. 이는 이탈리아 반도를 통일한 로마가 당시 지중해의 경제권을 장악하고 있던 북아프리카의 도시국가 카르타고Carthago와 국운國運을 걸고서 약 1백 년 동안 벌인 싸움을 말한다.

카르타고를 물리치고 지중해의 주인이 되다

이탈리아 반도 남쪽의 시칠리아 섬 지배권을 둘러싸고 마침내 로마와 카르타고 간에 제1차 포에니 전쟁(264~241 BC)이 벌어졌다. 해군력에서 열세였던 로마군이 강인한 정신력과 단결력을 발휘한 덕분에 승리하여 시칠리아 섬을 차지했다. 이후 절치부심하던 카르타

고는 명장 한니발Hannibal의 영도 하
에 제1차 충돌에서의 패배를 설욕
할 목적으로 제2차 포에니 전쟁
(218~201 BC)을 일으켰다. 카르타
고의 식민지였던 에스파냐에서 대
군을 이끌고 알프스를 횡단해 곧장
로마 영내로 진격한 한니발 군은
칸나에 전투Battle of Cannae(216 BC)에
서 로마군을 괴멸시켰다.

한니발 흉상

그러나 카르타고에 한니발이
있었다면 로마에는 스키피오Scipio
Africanus가 있었다. 일치단결한 공
화국 시민들의 지지를 바탕으로 스키피오는 카르타고 본국과 불화
중에 있던 한니발의 군대를 북아프리카 카르타고 인근의 자마 전투
Battle of Zama(202 BC)에서 격파했다. 이후 벌어진 마지막 대결에서도 승
리한 로마는 바야흐로 지중해의 제해권을 장악하고 주변 지역을 석
권할 수 있는 확고한 발판을 마련할 수 있었다.

양국 간 전쟁 과정 중 로마가 결정적 승기를 잡은 것은 제2차 충
돌 시의 자마 전투였다. 칸나에 전투에서 참패하고 수년간 복수의 칼
날을 갈아온 로마는 스키피오의 영도 하에 반격 작전으로 나갔다. 그
는 거의 14년 동안 이탈리아 반도에 머물고 있는 한니발 군을 격퇴
하려면 직접 본거지를 공략하는 것이 최상책이라 판단하고 기원전
206~204년 북아프리카의 카르타고 본토를 공격했다. 이러한 시도
는 성공을 거두어 카르타고는 로마의 항복 조건을 수용할 수밖에 없

었다. 이제 자신의 기반인 에스파냐를 상실하고 더구나 카르타고 본국으로부터 소환 명령까지 받은 한니발은 더 이상 로마에 진치고 있을 수 없었다. 하지만 비록 이탈리아 반도에서 퇴각했으나 명장 한니발과 그의 군대는 건재했다. 그가 살아있는 한 로마인들은 진정한 평화를 누릴 수 없었다.

이러한 본질적 고민을 해결할 수 있는 기회는 의외로 빨리 왔다. 기원전 203년 봄에 카르타고 해안에서 좌초한 로마의 보급선단을 카르타고 인들이 이전에 맺은 조약을 무시한 채 약탈하는 사건이 벌어졌다. 이를 빌미로 스키피오는 원로원을 설득하여 재차 카르타고 원정길에 올랐고, 마침내 기원전 202년 9월에 북아프리카의 자마 평원에서 숙적 한니발의 군대와 결전을 앞두기에 이르렀다. 수적으로는 3만 명 정도였던 스키피오의 로마 원정군에 비해 4만 명에 달한 한니발 군이 우세했다. 게다가 한니발에게는 80여 마리의 전투용 코끼리까지 있었다. 외관상으로만 보면 한니발 진영이 우세한 것처럼 보이나 실제로는 그렇지 못했다. 로마군은 이전에 이베리아 반도 원정에서 단련된 베테랑이었던데 비해 한니발의 병사들은 신병 및 서둘러 고용된 용병들이 주축을 이루고 있었기 때문이다.

한니발은 전투대형을 총 3개 전열로 편성했다. 제1제대와 제2제대에는 전투력이 약한 신병과 용병을 배치하고, 마지막 제3제대에는 이탈리아 원정에 참전했던 약 1만 5천 명의 정예부대를 두어 최종적으로 로마군의 숨통을 끊으려고 했다. 한니발은 우선 부대의 선두에 있던 코끼리 부대를 로마군 진영으로 돌진시켜 적군의 중앙을 흔든 다음, 후속으로 용병 혼성부대와 자신의 정예보병 부대를 투입했다. 하지만 로마군은 강했고 코끼리의 등장에도 당황하지 않은 채 카르타고 군에 대응했다. 한동안 일진일퇴의 공방전이 벌어진 후 대형 방패와 갑옷으로 무장하고 풍부한 전투경험을 지닌 로마군 보병대가 점차 카르타고 군을 압도하기 시작했다. 한니발은 아껴두었던 제3제대의 백전노장들까지 투입했으나 전세를 역전시키지 못했다.

설상가상으로 로마와 연합한 누미디아 기병대로부터 후위를 기습당함으로써 카르타고 군은 더 이상 버티지 못하고 와해되고 말았다. 카르타고 진영은 초토화됐고, 로마군이 외치는 승리의 함성만이 드넓은 자마 평원에 울려 퍼졌다. 이 전투에서 카르타고는 2만 명 이상의 전상자 피해(이외 포로 2만여 명)가 발생한 반면에 로마군은 겨우 1,500명의 인명 손실만을 입었을 뿐이었다. 한니발은 소수의 잔존 병력과 참모들을 이끌고 탈출에 성공했다. 하지만 이로써 한때 로마인의 간담을 서늘하게 만들었던 '위대한 군사전략가'라는 그의 명성은 퇴색되고 도망자 신세로 전락하고 말았다. 자마 전투의 패배로 카르타고는 보다 가혹한 강화 조건을 수용할 수밖에 없었다. 이로써 카르타고 멸망의 '시계추'는 더욱 빠르게 움직이게 됐다.

글라디우스, 필룸, 스큐툼 그리고 효율적인 전투방식

로마는 어떻게 티베르 강가의 작은 도시국가에서 지중해의 패자覇者로 성장할 수 있었을까? 바로 로마의 우월한 군사력에 그 해답이 숨겨져 있었다. 로마인들은 부단한 전쟁을 통해 체득한 교훈을 토대로 자신들의 군대를 창의적으로 발전시켜 왔다. 실질을 숭상한 로마인들의 생활 태도와 강한 공동체 의식이 군사력 증강의 초석이 됐다.

로마 군단병

로마군의 발전은 시민병사가 주축을 이룬 개별 병사의 무장에서부터 로마군단Roman Legion의 전투대형, 그리고 이를 운용하는 무기체계에 이르기까지 총체적으로 이뤄졌다.

　무엇보다도 로마군을 상징하는 가장 두드러진 특징은 로마군단(약 4,500명으로 구성)의 존재였다. 기원전 753년 최초로 국가 형태를 갖춘 이래로 로마인들은 주변 부족들과 끊임없이 충돌해 왔다. 이러한 환경에서 창의적으로 고안해 낸 조직이 바로 로마군단이었다. 원래 17~45세의 일반시민 병사로 구성됐던 로마군은 영토가 크게 확장되면서 상비군으로 전환했다. 이와 더불어 전투 시 병력 운용을 체계화했다. 초기에는 로마군도 그리스식의 팔랑크스를 기본 전투대형으로 유지했다.

　그러나 곧 이를 자국의 지리적 및 사회적 실정에 적합하게 변형
및 발전시켰다. 그리스 군대가 단일대형 팔랑크스를 고집한 반면 로
마군은 이를 대소 규모의 다양한 부대로 세분화(센추리, 매니플, 코호트
등)하여 각 단위부대가 전투 상황의 변화에 능동적으로 적응토록 했
다. 특히 부대를 매니플Maniple이라 불린 중대 단위(10오×12열, 120명)
의 소규모 전술집단 집합체(개인 간격 90센티미터)로 변경하여 신축성
과 융통성을 높였다. 로마군단 내에서 단독 전술행동의 기초를 이룬
바로 매니플 중대를 발판으로 로마군은 종래 팔랑크스의 밀집대형이
지닌 약점들을 극복할 수 있었다. 이후 마리우스의 군제개혁 시에 매
니플에서 대대급 규모인 코호트Cohort 중심으로 병력 운용 개념이 변
경됐으나 매니플의 중요성은 간과되지 않았다.

　이처럼 로마가 선진된 전투방식을 개발하여 운용
할 수 있던 저변에는 로마군이 사용한 무기와 무
기체계가 있었다. 로마군의 핵심 무기는 길이가
60~70센티미터에 불과했던 글라디우스Gladius
라는 양날 검이었다. 이와 더불어 필룸Pilum이
라는 투창을 소지했는데, 이것도 길이가 1.5
미터(무게 약 2킬로그램)에 불과했다. 그리스
군이 사리사라는 장창長槍을 주 무기로 삼은
데 비해, 로마군은 단검 글라디우스와 단창
필룸으로 무장했던 것이다. 로마군은 전투
가 시작되어 적과의 거리가 약 20미터로 좁
혀졌을 때 일시에 필룸을 투척했다. 이로써 적

글라디우스

군을 살상하고 대형을 흩트려 놓은 후 고함을 지르며 쇄도, 글라디우스로 백병전을 벌였다. 이러한 전장 상황에서는 장창이나 장검보다도 글라디우스처럼 짧고 찌르기에 용이한 무기가 위력을 발휘했다. 이처럼 무기체계상 로마군은 근접전으로 승부를 결정짓는 성향이 강했다.

어떻게 로마군은 길이가 짧은 글라디우스로 무장하고서도 전투에서 승리할 수 있었을까? 그 비밀은 스큐툼Scutum이라 불린 로마군의 방패에 숨어 있었다. 로마군은 거의 원형이던 기존 방패를 길이 1.2미터, 폭 60~80센티미터(무게 12킬로그램)의 세 겹으로 나무판을 덧댄 볼록한 장방형 대형방패로 개선했다. 로마군은 이 방패를 이용하여 집단적으로 다양한 공격 및 방어대형을 취할 수 있었다. 무엇보다도 접전 중 방패로 몸을 방호하면서 효과적으로 백병전을 수행할 수 있었다. 이를 위해 로마군 병사는 평소에도 적진으로 돌격하여 방패로 막고 글라디우스로 적의 급소를 찌르는 고강도 훈련을 반복했다. 대형방패 덕분에 로마군 병사는 그리스 장갑보병에 비해 경량의 갑옷을 입고서도 방호능력과 생존능력에서 우위를 점할 수 있었다.

로마군은 전투부대 편성과 더불어 전투방식도 구체화했다. 각개 병사들의 특성을 고려해 조직한 대형으로 전투를 수행했다. 보병 중심으로 이뤄진 로마군단은 약 4,500명의 병력을 크게 중重보병과 경輕보병으로 구분했다. 특히 중보병의 경우, 세 가지 유형으로 구분하여 부대의 전투역량을 높였다. 중보병대의 제1전열戰列에는 하스타티(25~30세)라는 신참 병사들로 구성된 10개 중대를, 제2전열에는 프린시페(30~40세)라는 풍부한 실전경험을 지닌 노련한 병사들로 구성된 10개 중대를, 그리고 제3전열에는 트리아리(40~45세)라는 노숙한 고참 병사들로 구성된 5~10개 중대를 배치하여 신참 병사들의 혈기를 보완했다. 그리고 군단의 맨 앞에는 벨리테스라는 17~25세의 어린 병사들로 편성된 10개의 경보병 중대를 배치, 정찰 및 척후 그리고 접적接敵 직전 적 진영 교란의 임무를 부과했다.

이렇게 조직화된 군단의 장병들은 어떻게 싸웠을까? 우선, 맨 앞에 배치되어 있던 벨리테스 중대들이 필룸을 던져서 적 진형을 흔들어 놓고 뒤로 빠졌다. 이어서 하스타티 중대들이 필룸을 던지고 방패로 몸을 방호하면서 전진, 글라디우스로 적과 접전을 벌였다. 이들이 지치거나 수세에 몰릴 경우 뒤에서 대기하고 있던 프린시페 중대들이 투입되어 적군을 상대하고 하스타티 중대는 2선線으로 물러났다. 이렇게 해서도 전투가 종결되지 않을 경우, 최고참들로 구성된 트리아리 중대가 최후의 일격을 가해 승패를 결정지었다.

게르만족의 침략에 무너져 내린 로마

이처럼 전략전술 및 무기체계를 선진화한 로마군은 당시 세계에서 가장 시스템화된 천하무적의 군단을 보유할 수 있었다. 이는 로마가 이탈리아 반도를 벗어나서 전全 지중해 세계를 제패하는 데 핵심적 수단이 됐다. 글라디우스, 필룸, 그리고 스큐툼으로 무장한 로마군은 지속적으로 효율적인 전법을 창안하고 이를 고된 훈련과 실전을 통해 숙달했다. 바로 이러한 충성스럽고 애국심으로 충만한 로마의 시민군대가 있었기에 로마군단은 무적無敵을 자랑할 수 있었다.

그러나 거듭되는 정복전쟁을 통해 속주로부터 풍부한 물산이 유입되면서 로마인의 상무적尙武的 기풍도 점차로 이완됐다. 일반시민들 사이에 병역기피 현상이 만연하면서 무엇보다도 병역 자원의 부족 현상이 나타났다. 이를 해결하는 방편으로 로마군은 게르만족을 비롯한 이민족 남성들을 용병으로 고용했다. 군대의 인적 구성 변화는 불가피하게 전투대형과 전투방식의 수세적 변용을 초래했다. 물론 해당 시대에 적합한 전략전술과 무기체계를 지속적으로 추구했으나, 근본적으로 이의 실천에 필요한 장병들의 전투 역량과 정신 전력은 회복이 불가능할 정도로 약화됐다.

결국에는 천하를 호령하던 로마제국도 서기 476년 게르만족의 침략 앞에 무너지고 말았다. 아무리 우월한 무기나 무기체계를 유지하고 있다고 하더라도 은연중에 밀려오는 자만심과 나태함을 경계하지 않을 경우, 어떠한 국가도 그 안위를 장담할 수 없다는 뼈아픈 교훈을 로마제국의 흥망사興亡史는 가르쳐주고 있다.

대이민족 전쟁은 지중해를 중심으로 사방팔방으로 영토를 확장하던 로마제국이 게르만족을 비롯한 주변 이민족들과 벌인 일련의 전쟁을 말한다. 승승장구하던 로마제국이 결정적으로 그 한계를 드러낸 것이 바로 378년에 보병 중심의 로마군단이 기병 중심으로 구성된 게르만족의 일파인 고트족과의 대결에서 참패한 아드리아노플 전투Battle of Adrianople였다.

로마의 애국심이 흔들리다

포에니 전쟁의 승리로 지중해 세계를 제패한 로마는 번영의 길로 접어들었다. 이후 영토 팽창을 지속하여 기원전 50년경에 이르면 그 영토가 동쪽으로는 오늘날 이라크까지, 서쪽으로는 오늘날 잉글랜드에까지, 북쪽으로는 라인 강까지, 그리고 남쪽으로는 북아프리카의 대부분 지역을 차지하기에 이르렀다. 이 과정 중에 정치체제도 변화를 거듭해 왕정에서 공화정을 거쳐서 기원전 20년경에 이르면 제정帝政시대가 개막됐다. 발전 과정 중 카이사르와 폼페이우스 간에 치열한 내전이 벌어졌다. 최종 승자였던 카이사르의 암살을 계기로 안토니우스와 옥타비아누스 간에 후계자 쟁탈전이 일어나 국력이 약화됐다. 하지만 기원전 27년 옥타비아누스가 최종 실권자로 등극하면서 점차 안정을 되찾았다. 로마 원로원으로부터 '아우구스투스(존엄자)'라는 칭호를 받은 옥타비아누스는 제정을 확립하고 광대한 로마제국에 평화와 질서를 가져다줬다. 이로써 이후 2백여 년간 로마제국은 '로마의 평화Pax Romana'를 향유할 수 있었다.

그러나 번영과 그로 인한 향락은 언제나 그 대가가 수반되는 법이었다. 세계를 호령했던 로마제국도 서기 3세기경에 이르면서 점차 쇠퇴의 징후가 나타나기 시작했다. 사방에 있는 속주屬州들로부터 엄청난 분량의 물품들이 제국의 수도 로마로 쏟아져 들어오면서 물질생활은 풍요로워졌으나, 이와는 반대로 공화정 시기 로마인들이 지녔던 애국심과 상무정신은 빠르게 약화되고 있었다. 군대도 마찬가지 병역 기피 현상이 만연하면서 젊은 로마인의 병역자원이 고갈됐다. 이를 보충하기 위하여 야만족(로마인들이 게르만족을 이렇게 칭함) 출신의 용병傭兵들을 군대에 받아들이게 됐다.

그런데 이민족 출신 용병 병사들이 로마군 내에서 차지하는 비율이 높아지면서 심각한 문제가 나타났다. 이제 병사들은 로마제국보다는 자신에게 급료를 주는 유력 장군에게 충성을 바치는 집단으로 변질됐다. 사병화私兵化의 심화는 곧 정치권력을 노리는 군부 내 야심가들 간에 권력쟁탈전으로 표출되어 이른바 '군인황제시대(235~284)'와 같은 살육이 판치는 혼란 상황을 초래했다. 결과적으로 한때 무적을 자랑하던 로마군단의 전투력은 크게 약화됐고, 급기야 콘스탄티누스 황제 통치기(306~337)에 제국을 동서東西로 분리해야만 되는 지경에까지 이르렀다. 하지만 다른 무엇보다도 기울어가던 로마군단의 위상에 결정적 치명타를 날린 사건은 서기 378년에 벌어진 아드리아노플 전투Battle of Adrianople였다. 오늘날 발칸반도의 동쪽 터키 영토에 속한 이곳에서 벌어진 전투에서 로마군은 게르만족의 한 분파였던 고트족Goths에게 치욕적인 패배를 당했다.

고트족에게 참패를 당하다

엄밀한 의미에서 게르만족의 강력한 전투력이 어느 날 갑자기 발현된 것은 아니었다. 전술한 바와 같이 3세기 중엽 이래로 로마제국이 경제적 및 군사적으로 쇠퇴의 길로 빠져들고 있을 때, 역으로 로마제국의 변방지대에 거주하고 있던 게르만족은 점차 흥기하기 시작했다. 이들은 용병으로서 로마군의 주축을 이루기 시작했고, 다양한 모습으로 점차 로마제국 영토 안으로 이주해 들어와 정착했다. 특히 4세기 후반에 접어들어 변방지대에 정착한 게르만족의 인구가 크게 늘어나면서 이들은 더욱 활기찬 생활상을 유지했다. 이러한 와중에 중국 한나라의 서진정책으로 본거지인 초원지대로부터 밀려나게 된 훈족이 동유럽 쪽으로 대이동하는 사태가 벌어졌다. 이는 곧바로 흑해 연안에 흩어져 살고 있던 게르만족 일파인 고트족을 압박했고, 급기야는 이들이 로마제국 영내로 이동할 수밖에 없는 연쇄반응을 초래했다.

결국 생존을 위해 필사적으로 로마제국의 경계선 안으로 들어오려는 고트족과 이를 저지하려는 로마군 간에 아드리아노플에서 충돌이 벌어졌다. 훈족을 피해 목숨 걸고 다뉴브 강을 건너서 로마제국 영토 내로 이동해온 고트족을 격멸하기 위해서 당시 동로마제국의 발렌스Valens 황제가 친히 지원군을 이끌고 수도 콘스탄티노플에서 아드리아노플로 이동해 왔다. 하지만 378년에 벌어진 전투에서 로마군은 로마제국 역사상 최악의 패배를 당했고, 심지어 황제마저도 이 싸움에서 전사하고 말았다.

어찌하여 이러한 끔찍한 사태가 벌어졌을까? 우선 당시 전투 상황을 살펴보자. 발렌스 황제가 6만 명의 대군을 이끌고 들이닥칠 상황이 벌어지자 당시 서고트족의 왕은 오늘날 불가리아에 해당하는 트라키아 지방을 로마로부터 양도받는 조건으로 강화를 요청했다. 하지만 발렌스 황제는 이번에야말로 일거에 야만족을 몰아낼 수 있는 호기好機라 판단하고 이 제안을 거부했다. 멀리 에게 해海가 바라다보이는 구릉지대에서 전투태세에 돌입한 발렌스 황제는 아드리아노플의 좁은 벌판에 고트족이 임시방편으로 짐수레를 모아 구축해 놓은 진지의 전방에 로마군을 배치했다. 그는 전체 병력의 80퍼센트에 달하는 중무장 보병대를 중앙에, 그리고 나머지 20퍼센트를 차지한 기병대를 양익兩翼에 배치하고 과감하게 선제공격을 개시했다.

먼저, 기병대를 고트족의 수레진지로 돌진시켰다. 하지만 문제가 이때부터 터지기 시작했다. 로마군의 기병대가 고트족의 수레진지에 거의 도달했을 때, 부근 숲속에서 갑자기 적의 기병대가 출현하여 대응했다. 결국 로마군 기병대는 적의 수레진지를 돌파하지 못한 채 뒤로 후퇴하는 상황이 벌어졌다. 설상가상으로 멀리서 기동 중이던 고트족 기병대의 주력이 접전 소식을 듣고 신속하게 복귀해 공격에 가담하면서 순식간에 로마군 진영은 큰 혼란에 빠지게 됐다. 협소한 공간에 수많은 병력이 밀집되어 있던 탓에 로마군 기병은 물론이고 무엇보다도 로마군의 핵심 전력인 중무장 보병들도 거의 움직일 수 없는 처지가 됐다.

이러한 상황에서 전장의 고지대를 선점하고 있던 고트족 기병대가 사방에서 쇄도했다. 고트족 보병 역시 화살을 쏘아대면서 돌격해 왔다. 진퇴양난의 상황에서 고트족의 포위망에 갇힌 신세가 된 로마군은 자신들의 자랑인 필룸이나 글라디우스를 던지거나 휘둘러보지도 못한 채 살육당하고 말았다. 어림잡아 한나절 정도

발렌스 황제

벌어진 짧은 전투에서 로마군은 약 4만 명의 최정예 병력을 잃었다. 심지어 발렌스 황제마저도 전사하는 참담한 패배를 당하고 말았다.

승리의 일등 공신은 고트족 기병대

그동안 야만족이라고 무시당해 온 고트족은 어떻게 이처럼 대승大勝을 거둘 수 있었을까? 적군의 실태와 전장의 지형적 특성을 제대로 파악하지도 않은 채 협소한 공간에 병력을 집중 배치한 채 무모하게 공격을 감행한 발렌스 황제의 우둔함이 로마군의 패배를 자초했

다. 하지만 이를 로마군의 작전 실패 탓으로만 돌리기에는 무리가 있다. 이 전투에서 고트족은 무기력한 로마군과는 달리 기병대의 신속한 기동력을 근간으로 보병대를 적절히 활용하면서 로마군을 포위 공격했던 것이다. 아드리아노플 전투 승리의 일등 공신은 고트족 기병대였다. 당시 고트족은 중앙아시아의 스텝지역에 살던 유목민의 후예답게 전체 병력의 3분의 2가량이 기마술에 능한 기병으로 편성되어 있었다. 아드리아노플 전투 이후로 유럽의 전장에서 보병의 시대가 끝나고 기병의 시대가 도래한 것으로 평가하는 것도 무리가 아닐 듯싶다.

도대체 기병은 언제부터 역사무대에 등장했을까? 말의 기동성을 이용하여 싸우는 병종인 기병이 처음으로 전장에 모습을 드러낸 것은 기원전 1천 년경으로 추정되고 있다. 중앙아시아의 평원지역은 물론 중동 지역에서도 기원전 525년 이집트 군이 페르시아 군과의 전투에서 대규모 기병부대를 동원했다는 기록을 발견할 수 있다.

그러나 기병대가 한 국가의 전투력에서 중요한 위상을 차지한 시점은 그리스 반도의 북쪽에서 발흥한 마케도니아에서 그 단초를 찾을 수 있다. 기원전 400년경 마케도니아의 필리포스 2세는 자신의 기병대를 그 무장武裝의 경중輕重에 따라 분류하고 이를 선별적으로 활용했다. 중무장 기병대는 적진 돌파용으로, 경무장 기병대는 적의 측방 공격이나 추격 시에 동원했다. 이른바 '동지 기병대Companion Cavalry'라고 불린 이들이야말로 애국심과 자긍심으로 똘똘 뭉친 마케도니아 군의 최정예 부대였다.

초기에 로마군도 이러한 마케도니아의 기병대 운용방식을 도입하여 활용코자 했으나 별다른 실효를 거두지 못했다. 로마군은 본질적으로 중무장 밀집보병대 위주로 운용된 부대였기 때문이다. 이러한 체제에서 기병은 규모도 적었고 그 역할도 정찰이나 측면 방어와 같은 다분히 보조적인 수준으로 제한됐다. 그러다가 3세기 중반~5세기 중반 시기에 일어난 로마군의 조직 및 교리상의 변화와 더불어 기병대가 군의 중요 전투력으로 자리 잡기 시작했다. 예컨대, 전장에서 카타풀트Catapult나 밸리스타Ballista와 같은 투사무기의 사용이 보편화되면서 중무장 보병대가 백병전을 수행할 수 있는 기회가 점차 감소했다. 4세기 이래 이민족의 침입에 시달리게 되는 로마제국은 이민족 기병에 대응하기 위해 자체 기병대를 육성할 필요성이 절실했다.

이러한 외적인 전장 환경의 변화와 더불어 기병의 중요성을 일깨운 결정적 계기가 바로 아드리아노플 전투였다. 4~5만 명의 로마군 정예 병력이 괴멸당한 이날 전투에서 로마군을 가장 크게 위협한 것은 고트족의 기마 부대였다. 이들은 전광석화처럼 기습공격을 감행하여 로마군 전열을 순식간에 와해시켰다. 이날의 참패 이후로 로마 군단은 기마 궁수병과 기마 투창병을 주축으로 하는 중무장 기병대 중심으로 전환하기 시작했다.

이처럼 기병대가 주력으로 대두하면서 무기체계상에 어떠한 변화가 있었을까? 원래 유럽 세계에서 기병의 주 무기는 창이었고, 보조무기로 칼이 사용됐다. 한 손으로 말의 고삐를 잡고 다른 한 손으로 길이 2.5~3미터 정도의 창을 휘두르면서 적의 보병부대를 공격했다. 그러다가 제국 말기에 이르러 주변의 이민족 출신 기마 궁수병들과 수시로 접하면서 활의 위력을 실감하게 된 로마군이 이를 기병의 무기로 채택했다. 접적 직전에 활을 발사, 적군의 대형을 흩트려서 보병부대의 진격을 용이하게 만드는 이들의 역할에 주목했던 것이다.

4세기경부터 로마군단 내에서 위상을 정립한 기병대는 로마가 게르만족에게 멸망(476년) 당한 이후에야 괄목할 만한 발전을 이뤘다. 그 이면에는 6세기경에 현실화되는 마구용 제작기술의 진전이 놓여 있었다. 기병에 필요한 도구들로는 안장saddle, 편자, 재갈 등 다양했으나, 기병대 발전에서 가장 혁명적인 변화를 가져다 준 것은 '등자鐙子. stirrup'이었다. 등자가 발명되기 이전에 기마병들은 안장용 담요에 앉거나 또는 말 등에 올라탄 채 머리 위로 창을 휘두르며 돌격했다. 등자가 원래 언제 어디에서 발명되어 사용됐는지에 대해서는 정확하게 알려진 바가 없다. 다만 기원전 1세기경에 인도에서 처음 등장해 이후 서쪽으로 전래되어 6세기경쯤에 서유럽 기병들도 이를 사용한 것으로 추정된다.

등자

본질상 등자는 살상용 무기가 아니었다. 단지 말 위에 탄 기사가 안정된 자세를 취할 수 있도록 두 다리를 고정시켜주는 보조도구였다. 하지만 이를 사용한 덕분에 기병의 공격력은 혁명적으로 증강됐다. 안장과 등자로 상체를 고정시킬 수 있게 된 기사는 빠른 속도로 내달리면서도 상체의 균형을 유지한 채 양손으로 적을 공격할 수 있었다. 이로써 기병대의 전투력은 크게 향상되어 보병부대 단독으로는 이들의 공격을 막아내기가 거의 불가능했다. 이제 말은 단순한 이동 수단이 아니라 기마병과 결합하여 전투의 승패마저 좌우할 수 있는 무기체계상 중요한 요소가 됐다.

지도자의 오만이 초래한 멸망

지중해 세계를 호령한 로마도 3세기 말경부터 쇠퇴의 기미를 보이기 시작했다. 이러한 추세에 결정타를 날린 사건이 바로 아드리아노플 전투였다. 이때 상당수의 정예병을 상실한 로마군은 그 이후에도 원래의 전력을 회복하지 못했다. 또한 이 전투를 계기로 로마군 내에서 기병대의 역할이 더욱 주목받기 시작했다. 하지만 한번 뚫린 로마의 국경은 이민족의 침입에 속수무책이 됐고, 종국에는 게르만의 족장 오도아케르에 의해 (서)로마제국이 멸망하는 지경에까지 이르렀다.

아드리아노플 전투가 오늘날 우리에게 주는 교훈은 무엇일까? 우선, 지도자의 중요성을 꼽을 수 있다. 로마 황제 발렌스는 전장의 상황과 상대방 무기체계에 대해 제대로 파악하지도 않은 채 중무장한 로마군단을 사지死地로 몰아넣었다. 자만심이 가져온 참담한 결과였다. 무엇보다도 전장의 환경에 알맞은 무기체계를 선구적으로 구비하는 것이 얼마나 중요한가를 깨닫게 한다. 왜냐하면 로마군은 과거에 눈부신 승리를 안겨준 보병 위주의 무기체계에 과도하게 집착한 나머지 기병 중시라는 변화의 필요성을 간과하고 있다가 고트족 기병에게 결정타를 맞았기 때문이다. 결론적으로 열려 있는 자세와 사고思考로 현재의 무기체계를 지속적으로 점검하고 시대의 변화 요구에 능동적으로 대응할 때 전쟁 승리의 주인공이 될 수 있음을 로마군의 역사는 암시하고 있다.

2부

732
투르-푸아티에
전투

대(對)이슬람 전쟁

481
프랑크 왕국 건설

바이킹의 침략전쟁

1066
헤이스팅스
전투

1346
크레시 전투

1337 ~ 1453

백년전쟁

1453
비잔티움 제국의 멸망

동서 문명전쟁

1453
콘스탄티노플
공성전투

중세 전쟁과 무기

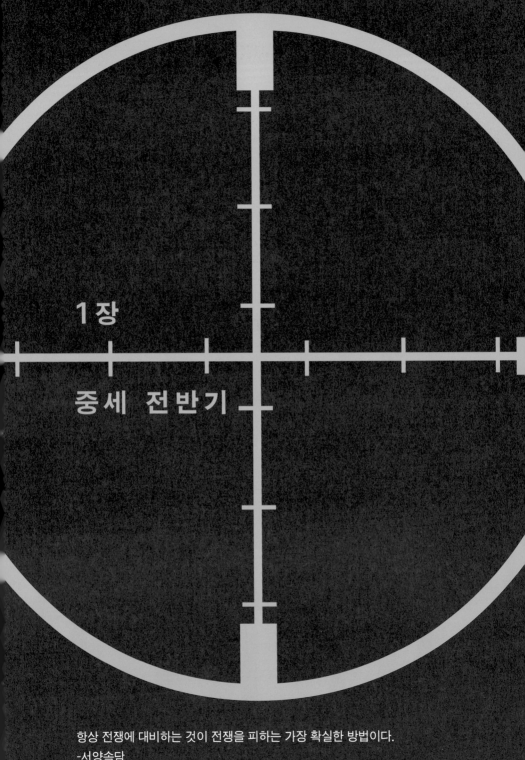

1 장

중세 전반기

항상 전쟁에 대비하는 것이 전쟁을 피하는 가장 확실한 방법이다.
-서양속담

대對이슬람 전쟁
투르-푸아티에 전투732

전 세계의
역사를
바꾸다

　　서기 476년 서로마 제국이 멸망한 이후 서유럽 지역은 극심한 혼돈에 빠졌다. 이후 6세기경 메로빙거 왕조가 수립되면서 미흡하나마 국왕의 통제력이 발휘됐다. 하지만 이것도 잠시 뿐, 7세기 말에 이르면 서유럽 지역은 중앙권력이 약화되고 지방의 유력자들이 위세를 떨치는 형국으로 변했다. 이와는 대조적으로 지중해 건너 중동지역에서는 이슬람 세력이 맹렬한 기세로 정복사업을 벌이고 있었다. 급기야 이들은 지브롤터 해협을 가로질러 스페인을 정복했다. 이베리아 반도에 꽈리를 튼 이슬람 세력은 8세기에 접어들면서 피레네 산맥 넘어 갈리아 지방을 노리기 시작했다. 파죽지세로 밀려오는 이슬람 기병대 앞에서 유럽인들은 망연자실할 수밖에 없었다. 풍전등화의 상황에서 프랑크 왕국의 궁재宮宰, Mayor of Palace였던 칼 마르텔Karl Martell이 혜성처럼 나타나 이슬람 군대에 일격을 가한 것이 바로 투르-푸아티에 전투Battle of Tours-Poitiers(732. 10)였다.

신흥종교를 발판삼아 빠르게 팽창하다

서로마제국의 멸망을 전후하여 게르만족의 다양한 분파들이 제국의 영내로 몰려들어 왔다. 이때 스페인 영토인 이베리아 반도를 차지한 것은 서고트족이었다. 피레네 산맥 바로 너머에는 완충지대격인 아키텐 공작령Duchy of Aquitaine이 있었다. 6세기 이래 서유럽의 지배자로 군림한 세력은 프랑크족Franks이었다. 5세기경 라인 강을 건너로마의 속주 갈리아로 들어온 이들은 다른 게르만족 분파들과는 달리 근거지였던 아헨을 중심으로 축차적으로 영토를 확장해 온 덕분에 새로운 맹주가 될 수 있었다.

그런데 7세기경에 이르면 갈리아 지방은 중앙권력이 공백인 상태에서 수많은 군소 귀족들의 각축장으로 변했다. 일찍이 로마군을 무찌르고 갈리아 지방을 석권했던 서고트족은 이후 프랑크족에게 밀려서 이베리아 반도로 쫓겨난 상태였다. 중앙권력이 약화된 갈리아 지방에서 그나마 권력을 행사할 수 있던 실질적 실력자는 메로빙거 궁정의 수상격인 궁재宮宰였다. 이는 원래 로마시대에 세도가 집안 노예들의 우두머리를 칭하던 용어였다. 피핀 사후 초래된 혼란상을 겪은 후 새로운 궁재로 등장한 인물이 바로 피핀의 서자庶子였던 칼 마르텔이었다. 그는 삼분(아우스트라시아, 네우스트리아, 아키텐)되어 있던 왕국을 재차 통합하려는 야망을 가다듬고 있었다.

프랑크 왕국에 비해 이베리아 반도에 둥지를 튼 서고트족의 국내사정은 더욱 비관적이었다. 7세기 이후 유력 귀족가문들 간에 다툼이 빈번해 지면서 중앙정부의 영향력은 더욱 줄어들었다. 이러한 이전투구의 상황 속에서 외세를 끌어들여서 실권을 장악하려는 세력이 나타났다. 급기야 목전의 이익에 사로잡혀 있던 한 집단이 지브롤터 해협 너머에서 호시탐탐 기회를 엿보고 있던 이슬람 군대에게 지원을 요청하기에 이르렀다. 하지만 일단 이베리아 반도에 발을 들여놓은 이슬람 군대는 서고트족 왕국을 멸망시키고 반도 전체를 장악했다. 한마디로, 빈대 잡으려다가 초가삼간을 불태운 꼴이 되고 만 것이었다.

이와는 대조적으로 당시 이슬람 세계는 엄청난 폭발력을 펼치고 있었다. 빠른 팽창의 근저에는 이슬람이라는 신흥종교가 자리 잡고 있었다. 610년경부터 마호메트에 의해 아라비아 반도에 전파되기 시작한 이슬람교는 이후 채 20년도 안되어 아라비아 반도에 흩어져 살던 다양하고 이질적인 아랍 부족들을 하나로 묶는 정신적 기반이 됐다. 계층과 교파를 초월하여 보편적인 평등주의를 주창한 유일신 종교 이슬람의 교리가 이들에게 어필했던 것이다. 이후 이들은 통합된 힘을 본격적으로 외부세계로 분출시키기 시작했다.

정복의 주 대상은 긴 세월 동안 중동지역을 지배하고 있던 비잔틴제국이었다. 승승장구한 이슬람 군대는 660년경에 이르면 중동과 소아시아의 비잔틴제국 영토 대부분을 장악했다. 제국의 수도 콘스탄티노플 정복에 실패한 이슬람 세력은 이제 그 눈을 북아프리카 쪽으로 돌렸다. 드디어 711년 이슬람 군대는 지브롤터 해협을 횡단하여 서고트족 기독교 왕국이 통치하고 있던 이베리아 반도로 진입했다.

이들의 침공에 맞선 서고트족 로데릭 왕의 군대는 힘없이 무너지고 말았다. 이슬람 군은 파죽지세로 북상하여 상륙한 지 채 10년도 안되어 이베리아 반도 전체를 차지하기에 이르렀다. 이슬람 기병대의 진격은 여기에서 멈추지 않았다. 곧바로 피레네 산맥을 넘어 갈리아 지방으로 쳐들어갔다. 프랑스 남부의 아키텐 공국과 주도±都인 보르도가 이교도 군대에 의해 약탈 및 방화됐다. 콘스탄티노플에 대한 배후 공격을 최종 목표로 삼고 북상을 거듭한 이슬람 군대는 732년 가을쯤 프랑스 중서부의 요충지까지 이르렀다. 바로 이곳에서 이교도 군대의 만행에 일침을 놓겠다고 벼르고 있던 칼 마르텔의 프랑크족 군대와 역사에 남는 일전-戰을 벌였다. 이것이 바로 '투르-푸아티에 전투'였다.

코가 납작해진 이슬람 세력

이슬람의 스페인 정복 및 갈리아 침공은 '약탈'의 형태로 시작됐다. 북아프리카 이슬람교도, 즉 무어인이라 불린 이들은 전통적으로 약탈문화에 익숙해져 있었다. 아니나 다를까 이베리아 반도 정복을 거의 마무리한 718년경에 이르러 이슬람 군대는 피레네 산맥을 넘어서 아키텐 공국이 있던 남부 갈리아 지방을 약탈하기 시작했다. 간헐적인 출몰은 곧 대규모 침공으로 바뀌었다. 아키텐의 통치자 오도Odo 대공大公이 꾀한 아랍인과 베르베르인 이간책에 격노한 스페인의 이슬람 총독 아브드 알 라흐만Abd ar-Rahman 장군이 약 2만~2만 5천 명의 병력을 이끌고 732년 갈리아로 쳐들어왔다.

이에 당황한 오도 대공은 프랑크 왕국에 도움을 요청했다. 이에 궁재 칼 마르텔은 중무장보병이 주축을 이룬 약 1만 5천~2만 명 규모의 부대를 이끌고 남하하여 프랑스 남서부의 투르와 푸아티에를 잇는 중간 지점에 진을 쳤다. 양측 군대는 732년 10월의 어느 날 드디어 조우했다. 프랑크족 병사들은 당시 쌀쌀한 날씨에 어울리게 쇠미늘 갑옷 위에 여우털 모피 옷을 입고 긴 칼과 도끼, 그리고 방패로 중무장하고 있었다. 이에 비해 아랍과 베르베르족 출신의 이슬람 군사들은 북아프리카 사막에서나 어울릴 법한 간단한 옷차림에 가벼운 창으로 무장하고 있었다. 아마도 온 몸과 마음으로 서늘한 냉기를 느꼈으리라 짐작된다.

양군은 진을 친 채 본격 접전을 피하면서 약 일주일 동안 간헐적인 탐색전으로 일관했다. 어느 정도 적군의 전력을 파악했다고 자신한 때문인지 8일째 되는 날 드디어 라흐만의 이슬람 군이 기병대를 앞세워서 대규모 공격을 감행했다. 하지만 젊은 시절부터 전장에서 잔뼈가 굵은 칼 마르텔은 영리했다. 그는 언덕배기 위에 병력을 배치했다. 더구나 이슬람 기병대의 막강한 전력을 무력화시킬 수 있는 전투대형을 취했다. 다름 아닌 과거 로마군의 장기였던 방진대형이었다. 밀집대형으로 방패와 방패를 서로 연결하는 방어벽을 형성, 이슬람 기병대의 돌격에 맞섰다.

쇄도한 이슬람 기마병들은 원래 자신들이 숙달한 전투방식대로 밀집해 있던 프랑크족 병사들을 향해 창을 던졌다. 하지만 이는 별다른 효과가 없었다. 이들이 투척한 창은 대형방패를 뚫지 못했고, 더구나 프랑크족 병사들은 원통형 철제투구에 쇠미늘 갑옷으로 온몸을 감싸고 있었기 때문이다. 사막에서 활동한 유목민적 특성 탓인지 이슬람 전사들은 중무장 보병대를 상대로 싸우는데 서툴렀다.

이슬람 기병대의 파상공격에도 프랑크족 병사들은 견고한 방어벽을 형성한 채 전열을 유지했다. 당대의 한 이슬람 연대기 작가는 "북쪽 사람들은 마치 벽처럼 조금도 흔들림이 없었다"고 기록했다.

이슬람 기병대가 프랑크족 진영의 방어망을 뚫고 중심으로 들어온 경우도 있었으나 전과확대로 이어지지는 못했다. 오히려 기회가 올 때마다 프랑시스카라 불린 투척용 도끼로 이슬람 군을 공격했다. 기동성을 중시한 탓에 갑옷이나 방패도 없이 단지 창으로만 무장하고 있던 이슬람 기병들은 하나둘씩 이 살벌한 무기의 제물이 됐다. 전투는 하루 종일 이어졌으나 진퇴양난의 상황만 반복됐다.

어둠이 깔리자 온종일 혈전에 지친 양측은 야영에 들어갔다. 이튿날 날이 밝으면서 이슬람 기병대의 재차 공격을 대비하고 있던 프랑크족 병사들은 이상한 낌새를 느꼈다. 왠지 점차 시간이 흘러도 상대편 이슬람 진영에서 아무런 인기척이 없었기 때문이다. 곧 정찰대가 파견됐고, 이슬람 군이 간밤에 온데간데없이 사라졌다는 보고가 들어왔다. 나중에 알려진 바에 의하면, 전날의 접전에서 이슬람 군 총사령관 라흐만 장군이 전사한 것이 철수의 주요인이었다. 졸지에 지도자를 잃은 이슬람 병사들은 전의를 상실한 채 소량의 전리품만을 챙긴 채 황급히 퇴각했던 것이다.

이날의 승리로 칼 마르텔은 한 세기 동안 지속된 이슬람 세력의 승세에 쐐기를 박았다. 이 전투에 대한 후대 학자들의 갑론을박이 어떠하든 간에 이는 기념비적인 승리임에 분명했다. 이슬람의 공세로부터 유럽을 구했음은 물론이고, 이 전투를 계기로 유럽인들은 '공포의 이교도 군대'에 대한 트라우마에서 벗어날 수 있었다. 이후 오히려 반격으로 나서서 이른바 '재정복운동'의 불씨를 마련할 수 있었다. 승리한 프랑크족은 최고지휘관이던 칼에게 마르텔, 즉 '망치'라는 별명을 붙여줬고, 그때 이후로 그는 '칼 마르텔'이라 불렸다.

승리를 안겨준 프랑시스카와 원형 방패

원래 로마군과 접전 시 게르만족 전사들은 경무장을 한 채 긴 칼을 휘두르며 돌진, 백병전을 전개하는 방식으로 싸웠다. 하지만 이슬람 군대와 맞닥뜨린 8세기경에 이르면 프랑크 전사들은 개별행동보다는 과거 로마군의 방식대로 집단으로 대형을 유지한 채 싸우는 방법을 선호했다. 이러한 방식으로 기병 위주의 이슬람 군대에 대응한 덕분에 전투에서 우위를 점할 수 있었다. 육중한 방패로 서로 몸을 밀착한 채 방어벽을 쌓고 있는 상태에서는 제아무리 숙달된 기병인들 충분한 기량을 발휘할 수 없었다. 그날 전투에서도 프랑크 군의 방어벽을 뚫을 수 없었던 이슬람 기병들은 기껏해야 화살을 쏘거나 이리저리 우회하면서 창을 던지거나 찌르는 것이 전부였을 것이다.

일반적으로 프랑크족 전사는 쇠미늘 갑옷을 입고 긴 칼과 방패, 그리고 도끼로 무장했다. 이 중 가장 대표적인 무기는 '프랑시스카francisca'라 불린 투척용 도끼였다. 이는 로마제국 말기인 4세기경 게르만족의 대이동 시 프랑크족과 함께 로마 영내로 유입된 무기였다. 어떤 학자들은 바로 이 무기로부터 오늘날 '프랑스'라는 명칭이 유래됐다고까지 말할 정도로 당시 프랑크족을 상징하는 무기였다.

원래 도끼battle axe는 신석기 이래 인류가 생활용 도구 및 무기로 겸용하여 왔다. 무기류의 역사에서 가장 오래되다보니 인류 역사가 진행되면서 지역별로 특성화된 모습의 도끼들이 등장했다. 문명화와 더불어 야만족 무기의 상징처럼 그려졌으나 금속제련술 발전으로 칼이나 창이 중시되기 이전까지는 도끼가 싸움의 대표적 무기였다고 볼 수 있다.

다양한 도끼류 중 프랑시스카 만큼 당대의 전장 및 무기체계에 최적화된 무기는 드물었다. 우선 프랑시스카는 모양부터가 특이했다. 전체 무게가 1.3킬로그램(이중 도끼날 무게는 0.6킬로그램)에 이르는 도끼의 몸통을 살펴볼 경우, 날카로운 도끼날은 상단과 하단의 모서리가 뾰족하고 넓은 각도로 곡선을 이루고 있었다. 날에서 자루와 연결된 부분으로 갈수록 차츰 좁아지는 아치 모양을 띠었다. 아치의 끝에는 다른 유형의 도끼들에 비해 상대적으로 짧은 50센티미터 정도의 나무 손잡이를 끼울 수 있는 원형 또는 타원형의 구멍이 뚫려 있었다. 생김새가 이렇다보니 투척했을 경우 표적에 박히는 것이 통례인 다른 도끼들에 비해 프랑시스카는 표적을 빠개든가 베어버리고 튕겨 나가는 식으로 살상력을 발휘했다.

이러한 프랑시스카의 위력은 이미 프랑크족이 로마제국 영내로 들어온 때부터 입증됐다. 특히 로마군단의 방진대형을 와해시키는데 매우 효과적인 무기로 부각됐다. 투척무기로서 로마군에 필룸이 있었다면, 프랑크족에게는 바로 프랑시스카가 있었던 것이다. 프랑크족 전사는 백병전 바로 직전에 적진으로 프랑시스카를 던져서 적병을 살상하거나 대형을 무너뜨렸다. 기록에 의하면, 프랑시스카의 최대 투척거리는 약 20미터였고, 12~15미터 거리에서 최고의 명중률과 최대의 살상력을 발휘했다. 특히 특이한 모양새로 인해 투척 시 회전하며 날아갔기에 표적에 명중하지 않더라도 땅에 떨어진 후 어느 방향으로 튈지 예측할 수 없었다. 이로 인해 대형의 후미에 있던 적병들에게조차도 위협적인 무기로 인식됐다.

이러한 중요성으로 인해 프랑크족은 프랑시스카를 신성한 무기로 여기고 일평생 성인 남성에게만 휴대를 허용했다. 하지만 아무리

프랑시스카를 포함한 프랑크족 전사의 무기와 군장

우수한 무기도 전장 환경이 변하면 퇴색되는 법. 투르-푸아티에 전투 승리 후 칼 마르텔에 의해 군대의 기병화가 본격화되면서 대표적 보병용 무기였던 프랑시스카도 역사의 뒤안길로 사라졌다.

　다음으로 꼽을 수 있는 무기는 프랑크족 전사들이 애지중지한 원형 방패round shield였다. 앞에서 살펴본 바와 같이, 이슬람 군과의 격돌에서 프랑크족에게 승리를 안겨준 일등공신은 다름 아닌 바로 이 방패였다. 보병 위주였던 프랑크족 군사들이 행군 시 불편하지 않도록 원형으로 제작됐다. 특히 언덕 위에서 밀집하여 이 방패로 방어벽을 구축할 경우, 이를 돌파할 수 있는 부대는 극히 드물었다. 방패는 약 3센티미터 두께의 참피나무를 상하로 여러 개 붙여서 원형으로 자른 후 엄보우umbo라고 불린 공 또는 원추 모양의 방패 심과 안쪽에 직경을 따라 덧댄 리벳을 이용하여 단단하게 고정하는 방식으로 몸체를 제작했다. 이어서 방패의 앞 표면에는 가죽을 덧대고 가장자리는 금속 고리를 끼우는 마무리로 결속력을 높였다. 고고학적 증거에 의하면, 이 방패는 최대 1미터의 직경에, 무게는 최대 2킬로그램 정도로 추정되고 있다.

이슬람의 공세로부터 유럽을 구해낸 칼 마르텔

앞에서 고찰한 바와 같이, 732년 칼 마르텔은 프랑스 서남부의 투르-푸아티에에서 벌어진 충돌에서 이슬람군을 물리치고 승리했다. 이전 로마시대의 대전투나 근대에 접어들어 벌어진 회전會戰에 비하면, 실제 전투에 동원된 병력 규모는 적었다. 하지만 이 전투가 지닌 역사적 함의는 컸다. 18세기의 저명한 역사가 에드워드 기번은 이

칼 마르텔

전투를 "전 세계의 역사를 바꿔놓은 적과의 조우"로 묘사한 바 있다. 또한 이날의 승리로 기독교 세계가 이슬람으로부터 구원됐다는 평가도 있다. 역사적 사실의 과장 여부를 차치하더라도 실제로 전투가 벌어진 투르로부터 당대 유럽의 중심도시 파리까지의 거리는 200마일에 불과했다. 더구나 칼 마르텔이 개창한 카롤링거 왕조에서 서로마

멸망 이후 유럽을 재통일한 샤를마뉴^{Charlemagne}(칼의 손자)가 등장하여 현대 유럽의 정치적 초석을 놓은 사실 또한 기억할 필요가 있다.

투르-푸아티에 전투의 승리는 유럽 자체의 역사에도 중요한 변화를 초래했다. 이슬람의 침략을 물리친 후 칼 마르텔은 기동성을 갖춘 기병대를 양성하는 쪽으로 군 개혁을 추진했다. 승리의 일등공신이 중무장보병대였음은 분명했으나 개활지라는 갈리아 지방의 지리적 특성상 느린 보병부대로는 외적의 침입에 효과적으로 대처하기가 힘들다고 판단한 것이었다. 그가 물꼬를 튼 변화의 물결은 시대의 흐름과 더불어 확산되어 얼마 후 프랑크족 군대는 대부분 기병으로 바뀌었다. 또한 그는 교회로부터 받은 땅을 부하들에게 충성도에 따라 차등적으로 분배하여 전문 전사계급 형성의 경제적 기반을 제공했다. 이후 1400년경 화약무기가 전장에 본격 등장하기 이전까지 무려 700년 동안이나 유럽사회를 지배한 중세의 기사시대가 개막됐다. 이러한 맥락에서 투르-푸아티에 전투에서 중세 봉건제도의 맹아를 찾을 수도 있지 않을까.

바이킹의 침략전쟁
헤이스팅스 전투¹⁰⁶⁶

중세
봉건사회의
기틀 마련

　　서기 476년 서로마 제국이 멸망한 이후 서유럽 지역은 스칸디나
비아 반도 일대에 흩어져 살고 있던 일명 바이킹(노르만족)의 침탈로
호된 시련을 겪었다. 특히 9세기~11세기까지 극성스럽게 이어진 이
들의 약탈 행위와 이에 대한 서유럽인들의 대응을 총칭하여 바이킹
의 침략전쟁이라 칭한다. 이때 바이킹의 후예들이 이룩한 최대 성과
는 노르만공公 윌리엄의 잉글랜드 정복이었다. 그리고 이러한 성공을
뒷받침한 결정적 계기가 바로 1066년 잉글랜드 남부에서 벌어진 헤
이스팅스 전투Battle of Hastings였다.

이민족의 침입에 휩쓸리는 유럽 대륙

　　로마제국이 쇠퇴의 길로 내달리고 있던 4세기 후반 유럽 동쪽
으로부터 훈족이 침략했다. 이러한 정세 변화는 흑해 연안 및 라인
강 주변에 산재해 살고 있던 게르만족에게 일대 충격을 가했다. 이

후 2백여 년간 유럽 대륙은 민족 이동의 거대한 물결에 휩쓸리게 됐다. 이러한 과정에서 게르만족이 세운 여러 왕국들이 과거 로마제국의 경계 내에 우후죽순 등장하여 세력을 떨쳤다. 하지만 로마제국 멸망 후 최종적으로 서유럽 세계를 재통합한 집단은 프랑크족Franks이었다. 오늘날 독일과 벨기에의 국경 부근에 있는 온천 도시인 아헨을 거점으로 영토를 확장한 프랑크족은 샤를마뉴Charlemagne 대제 때에 이르러 로마제국의 옛 영토를 거의 차지하기에 이르렀다. 하지만 샤를마뉴의 사망 후 그의 제국은 세 아들에게 분할 상속됐고, 이로 인해 국력은 쇠퇴하고 지방분권화가 가속화됐다.

제국의 삼분三分으로 불안정이 지속되고 있던 상황에서 서유럽 세계는 또 다른 이민족의 침입으로 시련에 처하게 됐다. 9세기~10세기 말에 사방에서 유럽의 핵심지역으로 이민족들이 밀려 들어왔다. 남쪽에서는 사라센인들이, 동쪽에서는 마자르인들이, 그리고 북쪽에서는 노르만인들이 쇄도하여 약탈과 파괴를 자행함으로써 유럽을 암흑시대로 빠뜨렸다.

이들 세 이민족들 중 장기간 유럽의 중심부에 가장 큰 타격을 준 것은 노르만인Normans들이었다. 일명 '바이킹Vikings'으로 더 잘 알려진 이들은 스칸디나비아반도 연안에 거주하면서 대대로 습득한 조선술과 항해술을 이용, 9세기 말~11세기 중엽에 유럽의 거의 모든 해안지방에 출몰해 약탈을 자행했다. 심지어 이들은 한때 서쪽으로는 아이슬란드와 그린란드까지, 동쪽으로는 우크라이나를 관통하여 비잔틴 제국까지, 그리고 남쪽으로는 북아프리카에까지 그 세력을 떨쳤다. 이들은 가볍고 빠른 배를 타고 유럽의 해안가에 기습적으로 상륙하여 마을을 약탈한 후 도주하는 '히트 앤드 런hit and run' 전술로 당시 유럽인들의 간담을 서늘하게 만들었다.

점차 이들은 하천을 거슬러 내륙에까지 진출했고, 종국에는 일정 지역을 점령 후 정주하며 지배할 정도로 세력을 떨쳤다. 예컨대, 노르만인들은 9세기 말에 브리튼 섬의 이스트 앵글리아를, 그리고 10세기 초에는 프랑스 센 강 하류의 노르망디 지방을 합법적으로 획득했다. 특히 노르망디에 정착한 바이킹의 후예들은 그동안 연마한 역량을 발휘하여 1066년 브리튼 섬 정복이라는 모험을 결행했다.

잉글랜드 군의 방어벽을 뚫은 윌리엄의 원정

바이킹 침략활동의 정점은 바로 1066년 노르만인 윌리엄의 잉글랜드 원정 성공이었다. 당시 잉글랜드 국왕 에드워드가 후사後嗣가 없이 죽고, 그의 처남인 해럴드Harold가 왕위를 계승했다. 이에 대해 프랑스의 노르망디 지방을 통치하고 있던 윌리엄William the Conqueror이 이의를 제기했다. 원래 유럽의 여러 해안지대에서 약탈을 일삼았던 이들은 프랑크 왕국으로부터 노르망디 지방을 봉건 영토로 하사받고 공국公國의 형태로 세력을 키워 나가고 있었다. 하지만 윌리엄의 이의 제기에도 아랑곳없이 해럴드는 웨스트민스터 사원에서 잉글랜드 왕으로 즉위했다. 이에 격분한 윌리엄은 영국 침공 계획을 세우고 마침내 1066년 9월 28일 이를 단행했다. 영국 남동부의 헤이스팅스Hastings 해안에 상륙한 노르만 원정군은 그해 10월 중순 잉글랜드 왕 해럴드가 지휘하는 군대와 결전을 벌이게 됐다.

1066년 가을, 양군은 헤이스팅스의 완만한 구릉지에서 대치했다. 잉글랜드 북부에서 이미 일전 –戰을 치른 후 황급히 남하한 해럴드의 군대와 도버해협을 건너온 윌리엄의 군대가 자웅을 겨루게 됐다. 양 진영은 각각 약 8천 명의 병력을 보유하고 있었으나 주력 군의 모습은 서로 많이 달랐다. 거의 대부분 보병으로 편성된 해럴드 왕의 잉글랜드 군은 약 1천 명의 왕실 호위대가 주축을 이뤘다. 이들은 철제 투구를 쓰고 긴 쇠 미

윌리엄 정복왕

늘 셔츠를 입고 있었다. 공격용 개인무기로 칼, 창 그리고 대형도끼를 갖고 있었다. 원형 방패를 휴대했으나 격전이 벌어지면 방패를 놓은 채 양손으로 도끼를 휘둘렀다. 이러한 왕실 호위군의 외관과는 달리 잉글랜드 군의 주류였던 의용군 병사들은 서둘러 동원된 탓에 무장 상태가 매우 허술했다. 일부는 석궁과 활을 갖고 있었으나 대부분의 병사들은 창, 벌목용 철제도끼나 조잡한 돌도끼 등으로 무장하고 있었다.

이에 비해 윌리엄의 군대는 편성 및 무장 상태가 양호했다. 전체 약 8천 명의 병력을 보병 창병 4천 명, 기병 3천 명, 궁수 1천 명으로 편성했으나 이중 주력은 빠른 기동력을 자랑한 중무장 기병대였다. 원래 윌리엄의 노르만족 군대도 초기에는 보병 위주였으나 노르망디 지방에 정착한 이후 당시 유럽의 선진 군사기술을 습득하여 중무장 기병대 양성으로 선회했다. 선천적으로 전투기질을 타고 난 노르

만인들은 정착지 프랑스로부터 수용한 기병전술을 더욱 발전시켰다. 그 결과 노르만 기병대는 당시 유럽의 봉건영주들에게 가능한 한 충돌을 회피하고 싶은 공포의 대상으로 인식되어 있었다.

헤이스팅스 전투의 개요를 살펴보면 다음과 같다. 구릉지의 상단부에 진을 치고 있던 해럴드의 군대와 대치한 상황에서 윌리엄은 자신의 부대를 크게 3개의 전열로 편성했다. 제1전열에 궁수부대, 제2전열에 중보병부대, 그리고 제3전열에 기병대를 배치하고 자신은 소수의 측근들과 함께 전열의 중앙으로 나아갔다. 윌리엄이 공격명령을 내리자 맨 먼저 궁수들이 적진을 향해 일제히 화살을 날렸다. 이어서 브르타뉴 지방 출신의 보병대가 공격을 가했다. 적군의 방어망이 이를 버텨내자 이번에는 후방에 있던 노르만 기병대가 1차 돌격을 감행했다. 이후 잉글랜드 군 진영을 향해 물밀 듯이 쇄도한 후 치고 빠지는 노르만 기병대의 파상 공격이 온종일 이어졌다. 마침내 저녁 무렵에 이르러 윌리엄의 원정군은 잉글랜드 군의 방어벽을 돌파하고 전투를 승리로 마무리했다. 영국사의 흐름을 바꾸어 놓은 '정복왕 윌리엄'이 탄생하는 순간이었다.

바이킹 전사들의 놀라운 해군력

바이킹은 어떻게 거의 2세기 동안이나 서유럽 지역을 공포의 도가니로 몰아넣을 수 있었을까? 이들은 방어 측면에서 철제 투구, 가죽 또는 쇠사슬 제작 갑옷, 원형 방패로 무장한 데 비해 공격용으로는 창, 칼, 그리고 도끼를 휴대했다. 초기에 이들은 소규모로 무리를

바이킹 검

지어서 돛과 노櫓의 힘으로 움직이는 작은 배를 타고 북해나 대서양에 연한 강 하구 및 해안 지대에서 약탈을 일삼았다. 점차 세력이 커지면서 수백 척의 함선을 동원하여 서유럽의 해안지대를 점령하고 심지어는 그곳에 정착했다.

다른 무엇보다도 바이킹들이 그토록 맹위를 떨칠 수 있었던 저력은 이들의 우수한 해군력에 있었다. 물론 보병 위주였던 바이킹 전사들의 남다른 용기와 충성심도 꼽을 수 있으나 당시 유럽세계 최고 수준의 조선술로 건조된 배와 선진된 항해술이야말로 이들이 지닌 최대 강점이었다. 출토된 유물에 의하면, 바이킹의 배들 중 큰 것은 대략 길이 20미터에 무게 20톤이라는 놀라운 규모를 자랑했다. 특히 배의 밑바닥용 용골을 판자가 아니라 단일 통나무로 만든 덕분에 거센 파도에도 견딜 수 있었다. 뱃전에 덧댄 널빤지에는 타르 칠을 한

밧줄로 틈새를 메꾸어 바닷물이 스며드는 것을 방지했다. 그리고 항해 시에는 배의 중앙부에 설치한 돛을, 공격 시에는 길이가 거의 5미터에 달한 16쌍의 노를 두 사람이 함께 저었다. 결과적으로 항해 속도가 빠를 수밖에 없었다.

해전의 경우, 바이킹들은 통상 세 단계로 전투를 벌였다. 우선, 침착하고 신중하게 적정을 살핀 후 최상의 공격 지점을 선정했다. 이어서 해당 장소로 은밀하게 접근해 적선을 향해 일거에 화살을 날리고 쇠뭉치나 돌멩이를 던졌다. 마지막으로, 적 선박을 쇠갈퀴로 걸어 잡아당긴 후 갑판으로 올라가서 주특기인 백병전으로 승부를 갈랐다. 해안가에 상륙하여 마을이나 수도원을 약탈할 시에도 배를 일종의 지상기지처럼 활용했다. 약탈 도중 전투가 벌어질 경우, 이들은 상대방 기사군이 접근하기 곤란한 물가나 늪지대, 또는 가파른 언덕 등에 잠복하고 있다가 적과의 거리가 좁혀지는 결정적 순간에 괴성과 함께 도끼를 휘두르며 돌격하여 백병전을 벌였다.

원래 바이킹의 주력군은 보병이었다. 이들의 주무기는 무시무시할 정도로 큰 양날 도끼와 어깨에 둘러맨 활이었다. 하지만 실제 접전에서 이들이 주로 사용한 무기는 바로 바이킹 검Viking sword이었다. 양날 도끼는 상대방에게 위압감과 공포심을 줄 목적으로 그리고 활은 주로 기습공격 시에만 사용됐기 때문이다. 적의 주력부대와 불가피하게 전투를 벌여야만 할 경우, 이들은 일렬로 방패와 방패를 조밀하게 맞댄 채 견고한 방어진을 형성해 수적 열세를 극복코자 했다. 바이킹이 유럽을 휩쓸었던 시기(9~11세기)의 주력무기였던 바이킹 검은 길이 80센티미터, 무게 1.2~1.5킬로그램 정도의 철제 양날 검으로 로마시대의 스파타 검과 비슷한 외형을 갖고 있었다. 로마군단의 전투방식처럼 밀집대형 하의 근접전에서 진정한 위력을 발휘할 수 있도록 최적화된 무기였다.

해외 원정으로 실행된 1066년 잉글랜드 침공 작전 시에는 노르만의 군대 중에서 중무장 기병대가 최고의 전투력을 발휘했다. 노르망디에 정착한 노르만인들은 프랑스로부터 선진된 전쟁기법을 습득하고 이를 지속적으로 개선해 왔다. 그 덕분에 이들이 육성한 중무장 기병은 원정 이전에 이미 그 명성을 유럽대륙에 떨치고 있었다. 중무장을 하고 있던 이들은 개인방어용으로 사슬갑옷(체인 메일)이나 단단한 금속 링을 꼬아 만든 갑옷을 착용했다. 갑옷은 당시 노르만 병사들을 상징하는 장비로서 그 효용성이 높았다. 무엇보다도 사슬갑옷은 머리에서 허벅지까지 거의 전신全身을 감싸서 착용자의 안전성을 크게 높여줬다. 갑옷 위에 코 보호대가 달린 금속 투구를 쓰고 왼손에는 길이가 1미터 가량 되는 서양 연鳶 모양의 방패를 들었다. 노르만 기병대의 주 무기는 끝에 쇠 촉이 달린 2.7~3미터 길이의 창과 1미터 가량의 양날 검이었다. 이들은 돌진하여 긴 창으로 적을 찌르거나 여의치 않을 경우 말 위에서 칼로 적의 머리통을 내리쳤다.

이처럼 헤이스팅스 전투는, 물론 윌리엄과 해럴드라는 두 지도자의 리더십과 전략전술상의 차이도 무시할 수 없으나, 근본적으로 기병대가 승리의 견인차 역할을 한 중세의 중요 전투들 중 하나였다. 노르만 기병대는 새로운 시대의 전장戰場 주인공은 바로 기병임을 만천하에 과시했다. 이와 더불어 무기발달상 기병의 충격력과 돌파력을 급신장시키는데 결정적 역할을 한 '등자鐙子'의 중요성은 더욱 부각됐다. 중세에 다양한 형태의 등자가 제작됐으나, 마상에서 기사의 몸을 견고하게 고정시키는 마구馬具라는 등자의 본질에는 변함이 없었다.

유비무환의 자세로 임한 헤이스팅스 전투

등자 활용에 따른 기병대의 위상 향상과 비례해 군대의 무게추가 점차 보병에서 기병으로 옮겨갔다. 이러한 무기체계상의 변화는 단순히 군사적 차원을 넘어서서 중세사회의 전반적인 측면에 영향을 미쳤다. 당시 말馬은 물론이고 기사의 무기나 갑옷 등은 웬만한 수입으로는 엄두조차 낼 수 없을 정도로 값비싼 물품이었다. 따라서 이를 구비하기 위해서는 상당한 경제력이 있어야만 했다. 더구나 기마술은 단기간의 훈련으로 습득될 수 있는 것이 아니었다. 어려서부터 전문적인 조련을 받아야만 그나마 가능한 고난도의 기술이었다. 따라서 기사騎士 지망생은 장기간 일체의 생산 활동에서 자유로울 수 있는 경제력을 구비하고 있어야만 했다.

따라서 중세에 대규모 기병대를 유지할 수 있던 부류는 국왕이나 대영주로 국한됐다. 이들은 예하 부하들에게 일정량의 토지를 주고 기사로 임명한 후 유사시에 기병으로 동원했다. 결국 정치권력이 중무장 기병의 자격을 갖춘 소수의 지배계급에게 집중되고 그렇지 못한 자들은 전적으로 생산활동에만 종사하는 중세 봉건사회가 형성됐다. 이처럼 무기체계의 진전은 비단 전투에서의 승패만이 아니라 더 나아가서는 해당 시대 사회구조의 형성과 변화에까지 상당한 영향을 끼쳤음을 알 수 있다.

윌리엄 왕은 해외 원정이라는 불리함을 극복하고 잉글랜드 정복에 성공했다. 실제 접적 시 그의 기병대가 승리의 핵심이 됐음은 분명하다. 하지만 그 이면에는 원정 이전 노르망디에서 기병대를 조련하고 보병대를 육성하는 등 충분한 사전 준비가 있었음을 엿볼 수 있

헤이스팅스 전투

다. 그의 잉글랜드 원정은 즉흥적 충동이 아니라 장기간에 걸친 사전 준비 끝에 단행된 것이었다. 이에 비해 해럴드 왕은 공교롭게도 잉글 랜드 북쪽에 침입한 또 다른 외적을 힘겹게 물리친 직후에 서둘러 남 하한 탓에 준비가 덜된 상태로 전투에 임했다. 결론적으로 헤이스팅 스 전투는, 실제 접전 이후에는 상황 전개를 예측할 수 없다고 하더 라도, 사전에 치밀하게 전쟁을 준비한 진영으로 승리의 여신이 안길 수 있음을 새삼 일깨워 준다.

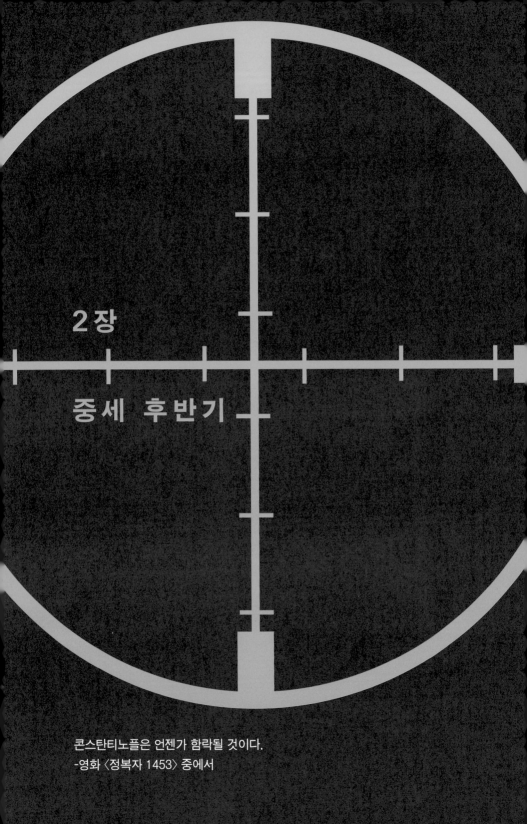

2장

중세 후반기

콘스탄티노플은 언젠가 함락될 것이다.
-영화 〈정복자 1453〉 중에서

백년전쟁은 1337~1453년까지 거의 백년간이나 영국과 프랑스 간에 프랑스 지역에 있던 영국 왕실의 영토를 둘러싸고 벌어진 전쟁을 말한다. 물론 종국에는 잔 다르크의 활약에 힘입은 프랑스의 승리로 전쟁이 마무리되지만, 전쟁 초기에는 장궁부대를 앞세운 영국군이 기사군 중심의 프랑스군을 연이어 격파하면서 전장의 주도권을 잡았다. 이때 결정적 계기가 된 것이 바로 1346년에 벌어진 크레시 전투Battle of Crecy였다.

폭력적 갈등이 절정에 달하다

중세의 핵심 무장력으로서 사회의 지배계층을 형성하고 있던 기사군은 14세기경에 이르러 그 쇠퇴의 징후를 분명하게 드러냈다. 이러한 변화는 군사적인 측면에만 국한된 것이 아니라 중세사회의 전반적인 쇠락과 병행하여 나타났다. 중세의 마지막 두 세기인 14, 15

세기에는 유럽 사회 전반에 걸쳐서 폭력적 갈등이 절정에 달했다. 영국과 프랑스 간에 벌어진 백년전쟁(1337~1453년), 장미전쟁(1455~1485년), 이탈리아 중북부 도시국가들 간에 충돌 등이 연이어 일어났다. 이러한 가열되는 생존경쟁 속에서 각국은 존속을 위해 몸부림치게 됐고, 이는 기병을 중심으로 한 중세의 기존 무기체계 변화로 이어졌다. 결과적으로 중세의 중추 무장력인 기사계급이 몰락하고 더불어 이를 지탱하고 있던 중세적 군사양식도 퇴조했다.

중세 후반기에 벌어진 제반 충돌들 중 가장 대표적인 것은 백년전쟁이었다. 말 그대로 이는 영국과 프랑스 간에 약 1백 년간에 걸쳐서 산발적으로 접전한 전쟁이었다. 긴 전쟁을 통해서 양국에서는 중세 봉건영주들의 세력이 쇠퇴하고 상대적으로 왕권이 강화됐다. 중세가 끝나고 왕권 중심의 근대국가가 출현할 수 있는 초석이 마련됐던 것이다. 근본적으로 백년전쟁은 영국에서 윌리엄 정복왕의 노르만 왕조가 성립된 이후 잠재되어 온 영국과 프랑스 왕실 사이에 영토를 둘러싼 오랜 대립에서 비롯됐다. 13세기 말경까지 영국 왕실은 프랑스의 남서지방 대부분을 차지하고 있었다. 점차로 민족의식이 싹트기 시작한 프랑스 지배층이 외세 축출을 시도하면서 문제가 심각하게 불거졌다.

이때 당시 모직물업의 중심지였던 플랑드르 지방(오늘날 벨기에에 속한 북해 연안의 저지대)이 가장 골칫거리로 떠올랐다. 왜냐하면 영국과 지리적으로 가까웠던 이 지방 주민들은 영국과의 모직물 교역을 통해 상당한 이득을 얻고 있었기에 만일의 사태가 벌어질 경우, 프랑스보다는 영국 편으로 가담할 가능성이 컸기 때문이다. 이러한 민감한 상황에서 프랑스 왕 필립 4세의 외손자인 영국의 에드워드 3세(플랜태지네트 왕가)가 후계자가 끊긴 프랑스 카페 왕가王家의 왕위계승권을 주장한 것이 불씨가 됐다. 1337년 양국 간에 최초 충돌이 일어난 이후 1백 년간 지속된 전쟁에서 중반기까지 수세에 몰려 있던 프랑스가 잔 다르크의 출현에 힘입어서 전세戰勢를 역전시키면서 마침내 1453년 최종적으로 승리를 걸머지게 됐다.

기병대의 한계가 드러나다

전쟁 초반에는 영국군의 연전연승이 이어져 한때는 프랑스 땅의 거의 절반을 차지할 정도로 기세가 등등했다. 백년전쟁 동안 벌어진 수많은 대소 충돌을 통해 중세 무기체계상에 중요한 변화가 일어났다. 이들 중 가장 대표적인 전투로 1346년 8월 말 경에 영국 원정군과 프랑스군 사이에 벌어진 크레시 전투Battle of Crecy를 꼽을 수 있다. 앞에서도 언급했듯이, 중세 무장력의 핵심을 이룬 것은 중무장 기병대였다. 전투가 벌어지면 이들은 부대의 후열에서 대기하고 있다가 공격 명령이 떨어지면 일제히 적진으로 돌격하여 전투의 승패를 결정했다. 중세 초기와는 달리 이 시기에 이르면 기사의 무장은 더욱 안전성을 높이는 방향으로 발전했다. 특히 이들이 착용하고 있던 갑옷은 그 두께가 두꺼워져서 당시 보병의 무기로는 감히 이에 맞설 수 없었다.

그런데 이토록 중세에 전성기를 구가하던 중무장 기병대의 한계가 결정적으로 드러나는 계기가 된 사건이 바로 크레시 전투였다. 이는 프랑스 내 영국령 가스코뉴 지방이 공격받고 있다는 소식에 분노한 영국 왕 에드워드 3세가 1346년 도버해협을 건너서 프랑스를 침공하면서 벌어졌다. 영국군은 크레시 마을 북쪽에 있는 구릉지에, 그리고 국왕 필립 6세가 이끈 프랑스 군은 마을 서쪽에 위치한 구릉지에 부대를 배치했다. 약 1만 명에 달했던 영국 원정군 병력에 비해 일종의 홈그라운드에 있던 프랑스 군은 영국군의 3배 이상에 달하는 약 3만 5천 명의 병력을 자랑했다.

영국 국왕 에드워드 3세는 휘하의 전군全軍을 크게 삼분三分하여 좌익과 우익, 그리고 중앙의 예비대로 배치했다. 갑옷을 착용한 창병과 방패와 창칼로 중무장한 기병이 주력을 이뤘다. 그런데 특이하게도 2~3천 명에 달하는 장궁병長弓兵, long bowman을 기병과 창병 부대의 양익兩翼에 배치해 놓고 있었다. 물론 전술상 이는 백병전에 취약한 장궁병을 보호하려는 의도였으나 어찌됐든 장궁부대는 영국군의 비장의 카드였다. 이에 비해 프랑스 군은 용병으로 고용한 이탈리아 도시국가 제노바 출신의 석궁부대를 부대 정면에 길게 포진시켰다. 그 뒤로는 당시 유럽세계에서 최강의 전투력을 자랑하던 중장기병대를 대기시켜 놓고 있었다.

프랑스군의 전면에서 사격명령을 기다리고 있던 제노바 석궁부대의 선제공격으로 전투가 시작됐다. 석궁부대의 명성은 이미 유럽 내에 널리 퍼져 있었다. 그러기에 프랑스 왕도 값비싼 대가를 지불하면서 이들을 고용했던 것이다. 하지만 이들의 공격은 기대와는 달리 별다른 성과를 내지 못했다. 방금 쏟아진 비로 인해 석궁의 성능이 저하된 탓도 있겠으나 근본적으로는 관통력이나 사거리, 그리고 발사속도 등에서 석궁은 영국군 장궁의 적수가 되지 못했다.

조바심에다가 적군을 얕잡아 본 프랑스의 필립 6세는 뒤쪽에 대기하고 있던 중무장 기병대에 돌격을 명령했다. 프랑스 군의 자랑인 기병대가 모습을 드러내자 영국군 진영에서 대기하고 있던 장궁병들이 이들을 향해 강하고 긴 화살을 쏟아대기 시작했다. 화살은 기병대의 말은 물론이고 심지어는 기사의 갑옷까지 관통하면서 이들을 땅바닥으로 떨어뜨렸다. 게다가 비좁은 전장 공간은 기병대의 전투력 발휘를 크게 제한했다. 이후 프랑스 기병대는 10여 차례 파상공격을 감행했으나 영국군 진영에 도달해 보지도 못한 채 전체 병력의 절반가량을 잃는 참패를 당하고 말았다. 한마디로, 영국군의 완승完勝이자 중세 1천 년간 지속되어온 기병의 시대가 저물고 있음을 암시하는 전주곡이었다.

기병대를 무너뜨린 장궁부대

당시 유럽 대륙에서 무적을 자랑한 프랑스 중무장 기병대를 격파하는 데 결정적 역할을 한 것은 영국군의 장궁부대였다. 전통적으로 기병은 빠르게 적진으로 돌진하여 적 진영을 교란시키는 역할을 수행했다. 하지만 장궁의 출현으로 프랑스 기병대는 돌격은 고사하고 영국군 주력과 접전하기도 전에 괴멸되고 말았다. 크레시 전투에서 프랑스 군은 무려 1,500여 명의 정예 기병을 상실했다. 한 명의 기병을 양성하는 데 소요되는 시간과 비용, 그리고 그가 구비한 장비들을 감안할 시 그 손실은 엄청났다. 원거리에서도 기병의 갑옷을 관통할 수 있는 장궁의 위력은 중세 전장의 균형을 뒤흔들기에 충분했다.

이 시기에 중세 기사의 방호력은 크게 향상됐다. 10세기경부터

영국 장궁병

개선되어 온 쇠사슬 갑옷으로 거의 온몸을 감싸고 있었다. 방어구 제작기술의 진전 덕분에 13세기경에 이르면 여러 개의 철제 금속판을 가죽으로 연결한 판금갑옷이 유행하게 됐다. 보다 뾰족해진 기병용 창끝과 래피어 검의 공격을 막기 위한 필요성에서 기술개발이 이뤄진 것이었다. 판금갑옷은 처음에는 기존의 쇠사슬 갑옷과 함께 사용됐다. 즉 어깨나 넓적다리처럼 부상당하기 쉬운 신체 부위를 보호하기 위해 쇠사슬 갑옷 안쪽에 착용했다. 야금술 및 판금 제작기술의 발전과 더불어 13세기 말 이후에는 아예 한 벌 전체를 판금으로만 제작한 갑옷이 등장했다. 이처럼 지속적으로 방호 능력이 향상되면서 기병은 가히 천하무적의 존재라도 되는 듯 중세의 전장을 휘저었다.

그런데 이때 이러한 기병의 위세를 일거에 무너뜨리는 신무기가 등장했다. 바로 장궁長弓이었다. 원래 장궁은 영국 웨일즈 지방에서 평민들이 사냥용으로 사용한 무기였다. 점차 그 위력이 입증되면서 하층계급 출신 병사들의 무기로 정착됐다. 13세기 후반에 장궁의 위력을 간파한 잉글랜드의 에드워드 1세가 아이러니하게도 웨일즈 지방을 평정할 시 이를 영국군 무기로 채택하여 효과를 보았다. 영국산 주목朱木이나 느릅나무로 제작된 장궁은 활의 몸체가 거의 1.9미터에 달할 정도로 길었고, 화살의 길이도 1미터에 육박했다. 활의 무게는 0.6~0.8킬로그램에 화살의 무게도 이에 버금갈 정도였기에 활시위를 당기기 위해서는 45킬로그램 이상의 완력腕力이 필요했다. 그럼에도 불구하고 석궁에 비해 제작 과정이 단순하고 큰 활에서 나오는 관통력이 뛰어나서 프랑스 기병대의 갑옷을 무용지물로 만들었다. 소켓모양의 철제 화살촉이 무적을 자랑하던 기병의 판금갑옷을 관통하여 치명상을 입혔다.

중세에 장궁과 위력을 겨룬 무기로 당대의 가장 강력한 대인용對人用 투사무기였던 석궁石弓, crossbow을 꼽을 수 있다. 석궁은 관통력이 강력해서 상대방에게 치명상을 입힐 수 있었기에 교황청에서 이의 사용을 엄격하게 제한할 정도였다. 실제로 1139년 교황청은 제2차 라테란 공의회 결정에 따라 포고령을 내려 기독교도 간의 전쟁 시 석궁의 사용을 금지했다. 세로 0.6~1미터, 가로 0.5~0.7미터, 그리고 무게 3~10킬로그램에 달한 석궁은 대목臺木의 끝에 십자형으로 고정시킨 탄력성이 우수한 기계식 활로서 빠른 속도로 방전촉quarrel을 발사했다. 석궁은 장궁에 비해 명중률과 관통력은 높았으나 복잡한 사용법과 느린 사격속도, 무거운 하중, 그리고 상대적으로 짧은 사거리 등과 같은 약점으로 인해 보편적으로 사용되지 못했다.

석궁에 비해 장궁이 갖고 있던 최대의 장점은 긴 사정거리와 무엇보다도 빠른 발사 속도였다. 장궁의 사거리는 최대 약 350미터에 유효사거리는 230미터로서 석궁의 두 배에 달했다. 특히 장궁의 발사속도는 석궁에 비교될 수 없을 정도로 빨랐다. 석궁의 경우 숙달된 전문 궁수가 분당 2발을 발사할 수 있던 데 비해 장궁병은 그 5~6배인 분당 10~12발을 쏠 수 있었다. 숙달된 장궁병은 거의 연속 동작으로 활시위를 턱뼈에 닿을 때까지 끌어당긴 후 표적을 조준해 발사했다. 이때 양손에는 가죽으로 만든 보호대를 착용해 부상을 방지했다.

물론 장궁이라고 장점만 갖고 있던 것은 아니었다. 가장 큰 한계점으로 장궁병 양성에 소요되는 긴 훈련기간을 꼽을 수 있다. 즉 활쏘기에 필요한 힘과 조정기술의 습득을 위해서는 수년에 걸친 훈련과 반복적인 연습이 불가피했다. 고로 소집 동원기간이 평균 40일에 불과했던 중세 봉건군 체제로는 장궁병 양성이 불가능했다. 국왕이 급료를 지불하면서 지속적으로 유지할 수 있는 병력, 즉 상비군적 성격의 직속부대가 필요했던 것이다. 상대적으로 봉건제적 전통이 약했던 영국의 왕실에서 바로 지속적 반복 훈련이 요구되는 장궁부대를 유지할 수 있었다.

크레시 전투를 비롯하여 푸아티에 전투(1356년), 아쟁쿠르 전투(1415년)에서 그 진가를 발휘한 영국군 장궁부대는 15세기 말에 이르면 그 효용성이 급격하게 떨어졌다. 표면적으로는 백년전쟁 종전 직후 영국 내에서 벌어진 장미전쟁(1455~1485년)으로 인해 우수한 장궁병사가 대거 손실된 점을 지적할 수 있다. 하지만 가장 근본적인 요인은 개인화기의 발달과 이의 빠른 확산이었다. 장기간의 양성기간이 필요했던 장궁병에 비해 소총병은 길어야 한 달이면 숙달이 가능했다. 더구나 소총의 성능이 향상되면서 장궁에 버금가는 사거리와 관통력을 얻을 수 있었다. 급기야 엘리자베스 1세 여왕 통치 말기인 1595년에 추밀원은 장궁을 영국군의 공식 무기목록에서 제외했다.

크레시 전투가 남긴 의미와 교훈

장궁과 같은 신무기의 출현으로 중세 이후 기병대가 전장에서 완전히 사라진 것은 아니었다. 비록 그 임무와 역할이 축소되기는 했으나 19세기 후반에 내연기관과 같은 새로운 기동수단이 전장에 도입되기 이전까지 기병은 여전히 필요한 존재였다. 중세의 전장에서는 방어가 중시됨에 따라 갑옷과 같은 방어구가 발달했다. 혹자는

크레시 전투 중 기사군 접전 장면

무기발달의 역사에서 중세의 역할을 무시하기도 하는데, 이는 중세의 위상을 과소평가하는 선입견에서 기인한다. 어느 시대든 시대의 필요에 걸맞게 무기가 발달되어 왔듯이 중세도 예외일 수 없었다.

크레시 전투에서 영국군은 현지 지형에 어두운 원정군이라는 약점을 극복하고 대승을 거뒀다. 물론 에드워드 3세의 영국군에는 장궁이라는 비밀병기가 있었다고 하더라도 이의 효과를 극대화할 수 있는 전투여건이 마련되지 못했다면, 3배 이상 차이가 나는 병력의 열세를 극복하기가 어려웠을 것이다. 그런데 운이 좋게도 프랑스의 필립 6세가 전장 환경을 제대로 파악하지도 않은 채 좁은 공간으로 병력을 집중 투입, 결과적으로 자국군 기병대의 기동성을 마비시키는 우愚를 범하고 말았다. 근본적으로 이는 영국군을 얕잡아 본 필립 6세의 자만심에서 배태된 것으로 후세의 지도자들이 유념해야 할 교훈임에 분명하다. 더불어 시대 변화에 적절하게 부응하지 못하는 무기체계는 언제든지 무용지물이 될 수 있음을 명심해야겠다.

동서東西 문명 전쟁
콘스탄티노플 공성전투1453

1453년 4월 초순의 어느 날, 보스포루스 해협이 내려다보이는 언덕에서 한 사내가 비잔틴 제국의 수도 콘스탄티노플과 도시를 감싸고 있는 거대한 성벽을 응시하고 있었다. 그는 이 도시를 손아귀에 넣기 위해 찾아온 오스만 제국의 술탄 메흐메드 2세Mehmed II였다. 술탄의 군대는 무적의 명성을 떨치고 있었으나 콘스탄티노플의 주민들은 이 난공불락의 성벽이 이번에도 침략자

술탄 메흐메드 2세(Sinan Bey, 15세기)

를 격퇴해 주리라 믿고 있었다. 그런데 이번에는 어쩐지 불길한 기운이 감돌았다. 성벽 너머 멀리서부터 시끄럽게 들려온 황소 떼의 울음소리가 바로 성벽 앞에서 멈췄기 때문이다. 소문으로만 들어온 '우르반의 거포土砲'가 그 위용을 드러냈다. 이것이 불을 토하기 시작하자

그토록 듬직하게 버텨온 성벽은 흔들리기 시작했다. 이후 두 달여의 치열한 공방전 끝에 천 년의 세월을 버티어온 동서 문명의 접점도시 콘스탄티노플은 함락Fall of Constantinople(1453. 5. 29)되고 말았다.

콘스탄티노플에 드리우는 오스만 제국의 그림자

무려 1,100년 동안 이어진 비잔틴 제국의 역사에서 콘스탄티노플은 수많은 침략을 당했다. 하지만 1204년 제4차 십자군 원정 때를 제외하곤 완전히 정복된 적이 없었다. 이때도 십자군은 비잔틴 제국 정복이 원래 목표가 아니었기에 불안정한 라틴제국이 단기간 콘스탄티노플에 존재했을 뿐이었다. 주민들은 1261년 도시를 재탈환하는 데 성공했다. 이후에도 2세기 동안 비잔틴 제국은 주변 민족들이 가하는 위협에 끊임없이 시달렸다. 그 결과 1453년 오스만 군대가 침공했을 때, 비잔틴 제국의 영토는 고작 콘스탄티노플 자체에 불과할 정도로 쪼그라들어 있었다.

오스만 제국의 침공은 결코 즉흥적인 시도가 아니었다. 이들은 장기간에 걸쳐서 원정준비를 했다. 오스만 제국의 술탄 바예지드 1세는 보스포루스 해협의 아시아 쪽에 아나돌루 히사르로 알려진 대형 요새를 건설했다. 이에 뒤질세라 그의 증손자인 술탄 메흐메드 2세는 유럽 쪽 해협에 두 번째 요새를 세웠다. 이로써 해협에 대한 오스만 제국의 지배는 한층 공고해 졌고, 콘스탄티노플에 대해 보다 실질적인 위협을 가할 수 있었다.

비잔틴 황제가 동방정교회와 로마가톨릭의 통합을 조건으로 서방에 도움을 요청했으나 이미 때가 지난 상황이었다. 1054년 동방정교회와 로마 가톨릭교회가 최종 분열한 이후 양측은 지속적으로 재통합을 추구해왔다. 하지만 결정적으로 1204년 제4차 십자군의 콘스탄티노플 기습 점령으로 인해 무산되고 말았다. 오스만 군대의 침공 시 로마교황 니콜라이 5세가 비잔틴 제국 지원을 시도했으나 실현 가능성은 거의 없었다. 당시 서유럽 각국은 내부 문제로 인해 먼 동방에까지 신경 쓸 여력이 없었다. 영국과 프랑스는 오랜 백년전쟁으로 지쳐있었고, 독일의 제후들은 서로 물어뜯고 있었다. 이베리아 반도의 왕국들은 재정복 사업에 몰두해 있었다.

이에 비해 몽골군에 의해 중앙아시아의 스텝지역에서 소아시아로 밀려온 투르크인들은 탁월한 지도자 오스만의 영도 하에 점차 세력을 키우고 있었다. 14세기 초에는 소아시아 지역에서 비잔틴 세력을 몰아냈고, 14세기 중엽 즈음에는 해협 너머 유럽으로 진출할 태세였다. 곧 콘스탄티노플 주위를 포위한 채 발칸반도의 중요 도시들을 차례로 점령했다. 운 좋게도 콘스탄티노플은 오스만 군의 공격을 세 번이나 비껴갈 수 있었다. 때마다 오스만 제국 내에 심각한 문제가 발생했던 것이다.

원래 오스만 제국에서는 민간인과 군인의 역할 구분이 없었다. 술탄은 황제이자 총사령관이었고, 행정부서의 책임자도 군 장교들이었다. 군대 조직 중에서는 술탄의 친위부대였던 예니체리가 가장 유명했다. 직업 보병들로 이뤄진 이 부대는 발칸반도의 기독교도 가정에서 납치해온 어린이들을 교육 훈련시켜서 병력을 충원했다. 강한 훈련과 엄정한 군기로 명성을 떨친 이들은 무엇보다도 이슬람교의 종교적 열정으로 충만해 있었다. 전성기에 예니체리는 그 규모가

12,000~15,000명에 달했다.

1451년 메흐메드 2세가 새로운 술탄으로 즉위하면서 발칸반도에는 전운戰雲이 감돌기 시작했다. 19세라는 어린 나이였으나 그는 냉혹한 성격에 야심만만하고 비범함을 겸비한 통치자였다. 즉위 직후 그는 콘스탄티노플을 함락시켜서 천 년 왕국 비잔틴 제국의 숨통을 끊는 것이 자신의 최우선 과제임을 천명했다. 그가 자신감을 표출한 이면에는 10만 명에 이르는 대병력 이외에 난공불락을 자랑한 도시의 삼중성벽을 무너뜨릴 비밀병기를 갖고 있었기 때문이다.

우르반의 거포에 무너져 내린 테오도시우스 성벽

이 도시는 과거 동로마 제국의 수도였다. 서로마 제국의 멸망(476년) 이후 비잔티움으로 개명됐으나 설립자인 콘스탄티누스 황제의 이름을 따서 흔히 콘스탄티노플로 불렸다. 동서문명의 접점에 있던 이 도시를 천 년 동안 보호해준 비장의 카드는 4세기 말에 처음으로 성벽의 기틀을 놓은 테오도시우스 황제(재위: 379~395)의 이름을 붙인 '테오도시우스 성벽'이었다.

얼마나 견고했기에 긴 세월 동안 다양한 이민족의 침입으로부터 도시를 방어해 줄 수 있었을까? 전체적으로 삼각형 모양의 도시를 감싸고 있는 총 22킬로미터(육지에 면해 잇는 5.5킬로미터의 테오도시우스 성벽, 금각만과 면해 있는 7킬로미터의 해안 성벽, 마르마라 해와 면한 7.5킬로미터의 성벽)에 이르는 성벽은 긴 세월을 거치면서 보강되어 왔다. 특히 육지에 면한 성벽의 경우 그 견고함은 상상을 초월했다. 성벽은 도

우르반 거포의 실제 모습

성 쪽을 기준으로 약 12~20미터의 간격을 두고 내성內城 벽, 외성外城 벽, 그리고 방책 등 삼중三重 구조로 축성되어 있었다. 방책 앞에는 넓이가 20미터에 이르는 물을 가득 채운 해자垓子가 있었다. 외성 벽의 높이는 약 8미터, 내성 벽의 높이는 10미터에 달했다. 무엇보다도 50여 미터의 간격으로 거의 100개에 달하는 사각형의 내성 성탑과 외성 성탑들이 방어작전이 용이하도록 엇갈리게 배치되어 있었다.

이러한 성벽에 의지하여 불과 7천 명의 병력이 수성守城에 임하고 있었다. 이에 비해 오스만 제국군은 약 2만 명의 예니체리 군단 병력을 포함하여 총 10만 명에 달했다. 하지만 메흐메드 2세에게 도시 정복의 자신감을 심어준 요인은 다른 곳에 있었다. 바로 '우르반의 거포'였다. 대포의 본격 등장 이전에 콘스탄티노플 시민들은 도시를 둘러싸고 있는 삼중 성벽 안에서 맘 편히 지낼 수 있었다. 하지만 이번에는 사정이 달랐다. 술탄의 전폭적인 지원 하에 헝가리 출신의 우르반이란 인물이 1453년 초반 세계 최대의 공성용 대포 제작에 성공했기 때문이다. 이 대포는 포신의 길이가 무려 8.2미터(구경은 0.9미터)에 달했고, 450킬로그램의 석환石環을 최대 1.6킬로미터까지 날려 보낼 수 있었다. 발사 시 뿜어져 나오는 굉음마저도 적에게 공포감을 일으키기에 충분했다.

술탄은 테오도시우스 성벽을 관통하는 공성전을 감행하기로 결심했다. 이를 위해 200명의 인원과 황소 60마리를 동원하여 거포를 200킬로미터 이상이나 떨어진 주조공장으로부터 도시 성벽의 전면으로 이동시켰다. 오스만 제국군은 부활절 다음 날인 1453년 4월 2일 월요일에 도시 외곽에 진영을 편성했다. 하지만 기대와는 달리 수 주일에 걸친 치열한 포격에도 성벽은 좀처럼 뚫리지 않았다. 오스만 제국 해군마저 비잔틴 측에서 금각만 입구를 봉쇄한 굵은 쇠사슬에 막혀서 만灣 안으로 진입하지 못했다. 이에 대응하여 술탄은 기상천외의 작전으로 대응했다. 즉 기름칠한 통나무를 땅바닥에 깔고 그 위로 함선을 굴려서 구릉지를 넘어 금각만 안쪽으로 투입했다. 이 대담한 작전이 효과를 발휘하면서 오스만 군은 점차 승기를 잡아가기 시작했다.

그러나 누가 뭐래든 오스만 제국군의 주 공격방향은 육상의 성벽 정면이었다. 엄청난 인명 손실을 감수하면서 수차례 돌파를 시도했으나 번번이 실패했다. 성벽이 워낙 견고했기 때문이다. 급기야 5월 중순 경부터는 성벽 밑으로 터널을 파서 성벽을 관통하려고 시도했으나 이마저 실패했다. 비잔틴 군의 역逆 터널 파기 작전에 말려들었던 것이다. 정교하게 만든 청음장치를 이용, 오스만 군의 터널 굴착 위치를 탐지하여 역 터널을 파고 그 안에서 화약을 터트려 봉쇄했던 것이다. 성벽에 걸치는 사다리형 공성무기마저도 비잔틴 군의 화망火

網작전에 번번이 불타고 말았다.

비잔틴 제국 황제 콘스탄티누스 11세는 열세한 병력을 이끌고 성벽에 의지하여 거의 한 달 이상을 버텨냈다. 하지만 점차 수비병들의 피로가 누적되고 물자부족이 심각해졌다. 온갖 불길한 소문이 떠돌면서 도시민들의 사기마저 빠르게 저하됐다. 설상가상으로 5월 29일 오스만 제국군의 총공세가 개시됐다. 제1공격은 5만여 명의 비정규군 보조병 부대가 담당했다. 이들이 한바탕 휘저은 후 곧바로 정규군인 아나톨리아 군단의 파상공세가 이어졌다. 공격이 도시 북서쪽의 취약한 성벽지대에 집중된 탓에 점차 방어선이 흐트러졌다. 이때 최정예부대였던 예니체리 군단이 세 번째로 최종 공세를 가했다. 이러한 와중에 비잔틴 군의 핵심인물이던 제노바의 용병대장이 심각한 부상을 당했다. 이 소식이 알려지면서 황제의 독려에도 불구하고 용병들의 전열이 무너지기 시작했다. 이 틈을 타서 침투한 예니체리 병사가 외성 성탑에 오스만 제국의 초승달 깃발을 내걸었다. 이를 계기로 방어선이 급격히 와해되면서 오스만 군대가 성문을 열고 도시 안으로 쇄도해 들어왔다.

술탄의 병사들은 소피아 대성당 앞 황제의 광장으로 몰려들었다. 대성당의 청동문 뒤로는 수많은 도시 주민이 몰려들어 수호성인에게 기도하고 있었다. 하지만 이러한 염원도 잔혹한 약탈을 막을 수 없었다. 소란의 와중에 약 4만 명의 인구 중 4천여 명이 살해됐다. 술탄은 이 도시를 오스만 제국의 새로운 수도로 선포했다. 이어서 도시 및 동방교회의 상징이던 소피아 성당을 이슬람 모스크로 개조시켰다. 난공불락을 자랑하던 동방정교회의 심장도시 콘스탄티노플은 이제 이스탄불이라는 이슬람교의 중심도시로 바뀌었다.

콘스탄티노플에 입성하는 메흐메드 2세
(Jean-Joseph Benjamin-Constant, 1876년)

대포의 발달이 축성술에 미친 영향

술탄 메흐메드 2세가 동원한 가장 대표적인 무기는 다양한 구경의 대포였다. 난공불락의 성벽을 무너뜨리기 위해서는 불가피한 선택이었다. 우르반의 거포 이외에 오스만 군은 약 70문의 대포를 14~15문 단위의 포대로 편성해 성벽의 취약지점에 배치했다. 1453년 4월 12일, 최전선에 배치된 포대가 불을 뿜으면서 치열한 포격전이 시작됐다. 이날의 공성전은 화약무기 시대의 본격 도래를 알리는 역사적인 신호탄이었다. 쉼 없이 날아간 거대한 돌덩이들이 견고한 성벽에 점차 균열을 내기 시작했다. 천 년에 걸쳐 완성된 테오도시우스 성벽의 붕괴는 콘스탄티노플의 멸망을 의미했다. 우르반의 거포에서 발사된 포탄은 성벽을 넘어 시내 한복판에 떨어지기도 했다. 도시 전체가 공포 분위기에 휩싸였다.

대포는 고대의 카타풀트catapult에서 그 유래를 찾을 수 있으나 최초 등장에 대해서는 정확하게 알려진 바가 없다. 대포 제작에 대한 기본지식은 13세기 말~14세기 초 중국에서 전래된 것으로 추정할 뿐이다. 중세의 대표적인 공성무기는 트레뷰셋trebuchet이었다. 전장에서 대포의 위상이 점차로 높아졌으나 제반 한계로 인해 중세말까지 주류는 여전히 트레뷰셋이었다. 14세기의 전형적인 대포로 15~20피

트레뷰셋

트의 포신을 지닌 철제 봄바드Bombard를 꼽을 수 있다. 이후 철 주조 기술의 발달과 더불어 점차 포신이 길어지고 성능이 향상됐다. 15세 기 중엽에는 포탄이 점차 석환石丸에서 철환鐵丸으로 대체되면서 파괴 력도 높아졌다.

대포의 발달은 중세의 축성술에 결정적인 영향을 미쳤다. 원래 로마시대 이전부터 석조石造의 수준 높은 성이 있었으나 중세로 접어 들면서 토성을 쌓고 그 둘레에 판 구덩이를 울타리로 둘러치는 단순 한 형태로 퇴화됐다. 유럽에서 축성술이 향상된 계기는 십자군 원정 이었다. 성지 예루살렘으로 가는 길에 콘스탄티노플에 입성한 바 있 던 서유럽의 기사들은 삼중 성벽의 위용에 경악을 금치 못했다. 이에 자극을 받아서 13세기부터 서유럽 지역에서도 축성술 상에 진전이 이뤄졌다. 성문 바로 위쪽이나 성벽의 가장자리에 설치된 석조 돌출 물인 성혈城穴, machicolation과 성벽의 중요지점에 쌓아올린 성탑을 대표 적 발전 사례로 꼽을 수 있다.

그러나 15세기 중엽에 이르면 대포의 위용 앞에서 중세의 성곽 자체가 거의 무용지물이 됐다. 1453년 콘스탄티노플 함락은 그 결정 적 증거였다. 중세의 성벽은 대포의 위력을 견디기에는 부적합했다. 적군의 공성사다리에 대응해 높게 축성한 성벽이 이제는 약점으로 작용했다. 높은 성탑은 적에게 포격목표와 그 사거리까지 가늠케 하 는 애물단지로 변했다. 포격으로 두께가 얇은 성벽 상단부를 명중시 킬 경우, 와해되어 성벽으로 침입할 수 있는 돌계단이 됐다. 대포의 성능 향상과 반비례해 중세 성의 정치군사적 기능은 약화됐고, 포대 의 공성攻城에 맞서는 새로운 축성술이 요청됐다.

이러한 시대적 흐름에 이탈리아의 도시국가들이 가장 적극적으로 반응했다. 이들은 서로 간에 충돌이 잦았고, 특히 1494년 프랑스 샤를 8세의 침공 이래 줄곧 외세의 개입에 시달려 왔기 때문이다. 실전 경험을 바탕으로 지속적으로 성채城砦 축성술을 발전시킨 결과, 1520년경에 이르면 우수한 방어력을 갖춘 일명 '이탈리아형 요새trace italienne'가 그 모습을 드러냈다.

핵심적인 변화는 성벽을 낮추어 요새화하고 성벽 상단부에 대포 설치 공간을 확보한 것이었다. 무엇보다도 중세 시대에 성벽 중간마다 높게 솟아 있던 성탑을 대폭 낮추어 일명 '능보稜堡, bastion'로 발전시켰다. 초기에 능보는 원형이었으나 근접하는 적군에 대한 감시가 제한된다는 약점이 드러나면서 5각형의 '각진 능보angle bastion'로 진화했다. 모든 방향에서 전방으로 수렴되는 모양새로 능보가 축성되면서 흡사 반짝이는 별 모양의 요새가 탄생하게 됐다. 이러한 혁신적인 축성술은 16세기 초반 이래 알프스를 넘어서 서유럽 전역으로 빠르게 전파됐다.

콘스탄티노플의 멸망 이후 근대를 맞이하다

1453년 5월 29일, 마침내 콘스탄티노플은 오스만 제국의 젊은 술탄 메흐메드 2세의 수중으로 떨어졌다. 이 사건으로 천 년의 세월 동안 이어져 온 비잔틴 제국은 역사의 뒤안길로 사라졌다. 오스만 제국은 이를 발판으로 동지중해 및 발칸반도에 대한 지배권을 강화할 수 있었다. 한편, 천 년 넘게 그리스-로마의 문화를 간직해온 비잔티움의 멸망으로 수많은 학자들이 삶의 터전을 뒤로한 채 서유럽으로 망명했다. 이때 이들이 가져온 지식과 문서들에 담긴 고대 그리스-로마의 전통은 이탈리아를 중심으로 르네상스라는 근대의 흐름을 일으키는 원동력이 됐다. 이러한 맥락에서 역사가들은 콘스탄티노플 함락을 중세와 근대의 분기점으로 보고 있다.

　대포의 본격적 활용과 이로 인한 성채의 발전은 공수攻守 진영을 가리지 않고 엄청난 비용을 요구했다. 중세처럼 한 지역의 영주가 자신의 성에 의지해 안보를 유지하던 시대는 이제 옛말이 됐다. 대포가 정교화 및 대형화 되면서 마을의 대장간에서 망치질로 주조하던 시대도 기억 저편으로 사라졌다. 축성술 발전으로 16세기 중반 이래 지속적인 공성작전의 수행이 힘들어지면서 점차 대규모의 병력이 요구됐다. 바야흐로 서로마제국의 멸망 후 6세기 이래 전장의 주축이었던 기병의 시대가 지나가고 보병의 시대가 도래한 것이었다.

3부

1757
로이텐 전투

1756
1763

7년 전쟁

1485	1589	1789
영국 튜더 왕가의	프랑스 부르봉	프랑스 대혁명 이후
절대왕정 수립	왕가 절대 왕정 수립	부르봉 왕조 몰락

30년 전쟁   나폴레옹 전쟁

1618
1648

1799
1815

1631
브라이텐펠트
전투

1805
아우스터리츠
전투

1863
게티즈버그
전투

1898
옴두르만
전투

1861
1865

미국 남북전쟁

제국주의 전쟁

1863
링컨 대통령의
노예제 폐지 선언

제2차 산업혁명

보오(普墺) 전쟁

1866
쾨니히그라츠
전투

근대 전쟁과 무기

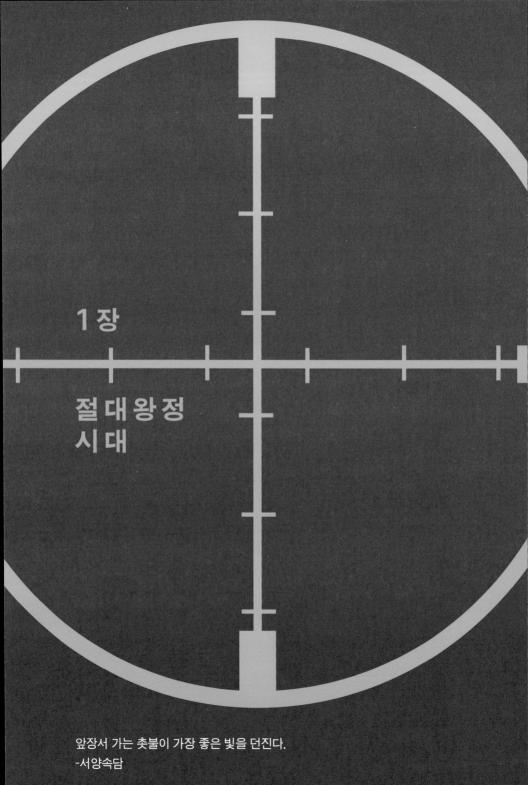

1장

절대왕정
시대

앞장서 가는 촛불이 가장 좋은 빛을 던진다.
-서양속담

30년 전쟁
브라이텐펠트 전투[1631]

밀집대형의
종말

30년 전쟁은 프로테스탄트 진영과 가톨릭 진영으로 분열된 유럽의 여러 국가들이 1618~1648년에 벌인 전쟁을 말한다. 이는 1648년 베스트팔렌 국제조약으로 종결될 때까지 30년 동안 치열하게 전개되어 특히 독일을 비롯한 중부 유럽지역을 황폐화시켰다. 전쟁 초반 수세에 몰리던 프로테스탄트 진영이 전세를 역전시키는 계기가 된 것이 바로 1631년 스웨덴의 구스타푸스 아돌프스의 군대와 신성로마제국의 틸리 군대가 격돌하여 전자가 승리한 브라이텐펠트 전투Battle of Breitenfeld였다.

짐이 곧 국가인 절대왕정 시대

16~18세기의 기간을 서양역사에서 '절대왕정 시대'라고 부른다. 15세기에 접어들어 지방분권적이던 중세사회가 해체되고 국왕을 정점으로 한 중앙집권화가 경쟁적으로 추진됐다. 이때 영국에서는 튜

더 왕가, 프랑스에서는 부르봉 왕가, 오스트리아에서는 합스부르크 왕가가 절대왕정을 수립했다. 물론 이러한 변화는 정치면에만 국한된 것은 아니었다. 정치·경제·사회·문화 등 모든 측면에서 새로운 움직임들이 나타났다.

무엇보다도 국왕에게 권력을 집중시키기 위해서는 실질적인 수단이 필요했다. 관료제도, 조세제도, 법률의 체계화 등 제반 조건이 요구됐으나, 가장 직접적이고 절실했던 것은 바로 군사력의 구비였다. 대내적으로는 왕권에 도전하는 저항세력을 견제하고, 대외적으로는 외세의 침략에 맞서기 위함이었다. 따라서 이 시기에 각국은 상비군 제도를 도입하고 이를 정예화하면서 앞 다투어 군대의 규모를 늘렸다. 자연스럽게 전쟁이 빈발하고 승리를 향한 열망은 더욱 높아졌다. 생사生死를 넘나드는 긴장된 분위기 속에서 새로운 전략전술 및 무기체계가 대두했다.

이러한 절대왕정 시대에 벌어진 가장 대표적인 충돌로 30년 전쟁(1618~48)을 꼽을 수 있다. 1970~80년대에 서양 역사학계를 뜨겁게 달궜던 '군사혁명' 논쟁도 이로부터 촉발됐을 정도로 30년 전쟁은 중요한 사건이었다. 명칭처럼 30년 동안 간헐적으로 벌어진 이 전쟁은 처음에는 프로테스탄트 세력과 가톨릭 세력 간의 종교적 갈등으로 시작됐다. 1517년 10월 말에 독일의 마르틴 루터Martin Luther가 비텐베르크에서 불을 붙인 종교개혁으로 인해 프로테스탄트 교도들이 급성장하면서 이후 1백여 년 동안 가톨릭 교도들과의 불협화음이 지속됐던 것이다.

승리를 움켜쥔 아돌푸스

1618년 첫 충돌이 벌어진 후 그 범위가 점차 확대되면서 이제 전쟁은 단순히 종교적 갈등 차원에 머물지 않았다. 유럽 내 힘센 왕가들 간의 이권쟁탈전으로 그 성격이 변질됐다. 프라하의 백산 전투(1620), 루터 전투(1626), 브라이텐펠트Breitenfeld 전투(1631), 뤼첸 전투(1632), 로크루아 전투(1643) 등 치열한 접전이 주로 중부 유럽에서 벌어졌다. 이 과정에서 마우리츠Maurice, 구스타푸스 아돌푸스Gustavus Adolphus, 발렌슈타인Albrecht von Wallenstein 등과 같은 탁월한 군사지도자들이 등장했다. 이들 덕분에 연속사격방식, 선형전술linear tactics, 야전포의 활용과 같은 전략전술상의 진전이 이뤄졌다.

이러한 변화의 이면에는 근본적으로 소총이나 대포와 같은 화약무기의 개량과 효율적 사용이라는 무기체계상의 발전이 놓여 있었다. 이 점을 잘 보여주는 사례가 바로 브라이텐펠트 전투(1631. 9)였다. 바로 여기에서 국민개병제 도입, 대포의 경량화 및 표준화 등 성공적으로 군사개혁을 단행한 아돌프스(재위 1616~1632)의 스웨덴 군이 당대 유럽의 최강을 자랑하던 스페인의 테르시오tercio 부대를 격파하고 프로테스탄트 진영에 첫 승리를 안겨줬다. 무기체계의 삼박자라고 할 수 있는 인원, 무기, 그리고 전술훈련을 숙달한 스웨덴군은 이후 한동안 유럽 군대의 전범典範으로 명성을 떨쳤다.

15세기 이래 발전해온 화약무기 및 대규모화된 병력을 체계적으로 조직, 이를 실전에 적용한 것이 스웨덴군의 승리 비결이었다. 이를 구체적으로 살펴보면 다음과 같다. 유럽 북방의 스칸디나비아 반도에서 국력을 키워온 아돌푸스는 1630년 약 2만 4천 명의 병력을

구스타푸스 아돌푸스

이끌고 독일 북부 해안에 상륙
했다. 유럽의 중앙부에서 이미
10여 년 이상 지속되고 있던 30
년 전쟁에 뛰어든 것이었다. 그
는 참전 명분으로 가톨릭의 위
협으로부터 프로테스탄트 교도
들을 보호한다는 슬로건을 내
걸었다. 하지만 그 이면에는 발
트 해에 대한 유럽 열강의 진출
을 사전에 봉쇄하고 이를 스웨
덴의 내해內海로 굳히겠다는 야
심이 깔려 있었다.

　마침내 1631년 9월 17일, 독일 라이프치히 북쪽 약 8킬로미터 지
점에 있던 브라이텐펠트 벌판에서 첫 충돌이 벌어졌다. 아돌푸스 국
왕이 이끄는 스웨덴-작센 연합군(프로테스탄트 진영)과 틸리Tilly 백작이
지휘하는 신성로마제국 황제군(가톨릭 진영)이 격돌한 것이었다. 이전
에도 양측 간에 몇 차례 충돌이 있었으나 본격적인 대결이 이뤄진 것
은 이번이 처음이었다. 이 전투를 계기로 아돌푸스라는 유럽 변방국
가의 지도자가 탁월한 전략가로서 유럽 전역에 그 명성을 떨치었음
은 물론, 그동안 수세에 몰려있던 프로테스탄트 진영이 우위를 점하
게 됐다. 무엇보다도 장기간 유럽 전장을 지배해 온 스페인의 테르시
오 군 체제가 쇠퇴하고 새로운 유형의 전투방식이 대세로 부상했다.

　보병과 기병으로 구성된 양측의 총병력은 각각 약 3만 5천~4만
명으로 수적으로 비슷했다. 벌판의 완만한 구릉지를 선점先占한 틸리

휘하의 황제군은 전형적인 테르시오 대형을 취했다. 이는 지난 1백여 년간 스페인군을 유럽의 패자覇者로 만들어준 밀집형 전투대형이었다. 화승총병과 창병으로 혼합 편성된 이 대형은 사방四方의 최전면에 총병을, 그리고 중심에는 창병을 배치하여 적 기병의 기습으로부터 아군 총병을 엄호했다. 이날 틸리 백작은 총 17개의 테르시오를 횡대로 정렬시키고 그 좌우측에는 기병대를 배치했다.

이에 대응하여 스웨덴군 역시 총병과 창병, 그리고 기병으로 부대를 편성하고 개인 간격을 다소 넓게 배치했다. 그런데 스웨덴군에는 틸리의 황제군에 없는 것이 하나 있었다. 바로 포병부대로서 스웨덴군의 모든 연대에는 3파운드짜리 포탄용 야전포가 2문씩 있었다. 특히 부대의 중앙 선두에는 수십 문의 대포로 무장한 야포부대가 집중 배치됐다. 약 3킬로미터 길이의 횡대로 상호 대응하게 병력 배치를 마친 양군은 9월 17일 정오경에 화끈한 포격전을 시작으로 거의 5시간 동안 공방전을 펼쳤다. 전투 초반에 우세한 듯했던 틸리 군의 예봉을 꺾고 승전하는 데 결정적으로 기여한 것은 스웨덴군의 야전포였다. 활짝 트인 개활지에서 전투가 벌어진 덕분에 스웨덴 포병은 그 진가를 발휘할 수 있었다. 이 전투에서 아돌푸스 군의 5천여 명에 비해 틸리 군은 거의 2만 명에 달하는 전상자를 낼 정도로 참패를 당했다.

효율적인 부대 운용과 야전포의 개발

어떻게 구스타푸스 아돌푸스 국왕의 스웨덴 군은 병력 상의 열세에도 불구하고 이처럼 대승을 거둘 수 있었을까? 이에 대한 답을 찾기 이전에 먼저 틸리 백작이 지휘한 신성로마제국 황제군의 핵심을 이룬 테르시오Tercio에 대해 살펴볼 필요가 있다. 테르시오는 스페인 보병군의 기본전술 대형이었다. 이는 소총병을 사방四方 전면前面에 그리고 파이크 창병을 중앙에 배치하는 정방형 대형의 병력운용 단위였다. 이 신전술은 스페인의 코르도바Gonsalvo de Cordoba 장군이 창안했다. 느린 장전 속도로 인해 재再발사 시 적에게 무방비 상태로 노출될 수밖에 없는 소총병을 창병을 이용하여 보호할 수 있었다. 초기에는 소총병과 창병의 비율이 1 대 6 정도였으나, 세월이 흐르면서 소총병이 차지하는 비중이 높아졌다. 이러한 창의적인 전술 덕분에 16세기 중엽 이후 약 1세기간 스페인 군은 유럽에서 강자로 군림할 수 있었다. 하지만 테르시오는 기본적으로 방어대형이자 무엇보다도 밀집대형이었기에 포병의 집중 화력에 취약했다. 바로 이점을 파고든 것이 구스타푸스 아돌푸스 국왕이었다.

그는 재위 초반에 혁신적인 군 개혁을 단행하여 스웨덴 군의 전력을 크게 신장시켰다. 우선 스웨덴에서 징병제를 체계화하여 역사상 최초로 근대적인 국민군에 견줄만한 군대를 만들었다. 유럽의 다른 나라들에 비해 스웨덴은 춥고 척박한 북방에 위치하고 있던 탓에 동원할 만한 병역 자원이 매우 제한되어 있었다. 그렇다고 대규모로 용병을 고용할 만한 재정적 여력도 없었다. 이러한 상황에서 자국민 남성들(18~30세) 중 약 4만 명을 징집하여 군대를 편성했던 것이다.

이후 아돌푸스는 이러한 국민군대의 전투력을 극대화할 수 있는 방향으로 무기와 무기체계를 표준화했다. 우선, 개인용 화기인 머스킷(화승총)의 길이를 줄이고 경량화 했다. 이를 토대로 소총병의 수를 늘려서 소총병과 창병의 비율을 거의 동일한 수준으로까지 만들었다. 좀 더 구체적으로 말해, 4개의 중대로 편성된 1개 대대를 216명의 창병과 192명의 소총병으로 구성하여 화력을 대폭 증강했다. 이러한 구성상 이점을 극대화할 목적으로 이른바 'T자형 전투대형'을 창안, 부대를 공세적으로 운용했다. 한마디로 무기 및 부대편성, 그에 따른 전투대형을 표준화함으로써 전술적 병력 운용을 가능케 했다.

그러나 스웨덴 군의 무기체계에서 무엇보다도 눈에 띄는 점은 경량화된 야전용 대포였다. 사실상 14세기 초 이래 꾸준한 발전에도 불구하고 당시 전장戰場에서 사용되고 있던 대포는 여전히 많은 한계를 안고 있었다. 가장 커다란 문제는 대포가 너무 무겁다는 점이었다. 야전의 지휘관들은 장거리 화력과 기동성을 갖춘 야전포를 필요로 했으나 이것이 불가능했던 것이다. 제한된 기동성과 부정확한 포격술도 문제였으나 대포를 발사 가능 상태로 원위치시키는데 너무 많은 시간이 걸렸다. 이러한 문제로 인해 16세기까지 대포를 주력 화기로 채택하여 군사적 우세를 점해 온 프랑스의 헤게모니가 쇠퇴했다. 그 대신에 기동성과 빠른 발사속도를 갖춘 야전포를 개발, 이를 보병 및 기병 전투력과 효과적으로 결합한 스웨덴이 새로운 군사강국으로 부상할 수 있었던 것이다.

아돌푸스는 금속 제련술과 제작기술상의 혁신을 통해 대포 포신의 길이를 줄이고 특히 무게를 경감시켜서 전장에서 보병과 함께 운용할 수 있는 '야전포'를 개발했다. 일명 '연대포Regimental gun'로 불린 소형 대포는 스웨덴 군 무기체계 개혁의 대표적 산물이었다. 이 대인용對人用 대포는 3파운드짜리 포탄을 분당 8~12발까지 발사할 수 있었다. 특히 이는 무게가 123킬로그램(당시 보통 철제 대포의 무게는 500~550킬로그램)으로 가벼워서 한 필의 말이나 세 명의 병사가 운반할 수 있었다. 이처럼 발사속도와 기동성이 우수한 야전포를 대대별로 2~3문씩 배치하고 이를 증강된 소총병의 화력과 효율적으로 결합시킴으로써 막강한 집중 화력을 얻을 수 있었다. 이러한 전술상의 혁신을 통해 전투력을 대폭 강화한 스웨덴 군은 1631년 브라이텐펠트 전투에서 그동안 유럽에서 무적無敵을 자랑해 오던 틸리 백작의 정예 테르시오 군을 완파할 수 있었다.

승리의 밑바탕이 된 아돌푸스의 군제개혁

군사적 측면에서 볼 때, 브라이텐펠트 전투는 그리스 팔랑크스로부터 이어져 온 밀집대형의 종말을 초래했다. 약 1세기 동안 무적의 전투력을 자랑해 온 테르시오 부대가 스웨덴 군의 유연한 대형 운용과 막강한 화력 앞에서 속절없이 무너졌다. 전형적인 테르시오 부대의 전투방식을 고집한 틸리 백작에 비해 아돌푸스는 T자형으로 편성한 보병대형과 빠른 기병대를 융통성 있게 운용하여 반격했다. 무엇보다도 경량의 야전포를 이용하여 적군이 한 발을 쏠 때 스웨덴 군 포병은 세 발 이상을 발사할 수 있었다. 결과는 이미 앞에서 언급한 바처럼 스웨덴 군의 완승이었다.

무엇보다도 승리의 원동력은 아돌푸스가 선제적으로 단행한 제반 군제개혁에 놓여 있었다. 하지만 그가 당대의 천재적 군사전략가임에는 분명하나 그렇다고 하여 전혀 새로운 전략전술이나 무기체계를 고안해낸 것은 아니었다. 기존에 이미 존재하던 무기체계를 기발한 창의성을 발휘하여 체계화하고 효율성을 향상시킨 것에 불과했다. 당대 무기의 발전을 적극 수용하고 이를 부대 훈련과 결합시켜서 전투력을 극대화했던 것이다. 이 전투에서 승리한 덕분에 프로테스탄트 진영은 독일 중북부 지역에 대한 가톨릭 진영의 지배권 확대를 저지할 수 있었다. 한 국가 지도자의 창의성과 비전이 얼마나 중요한 부국강병의 열쇠인가를 단적으로 보여주는 사건이 바로 30년 전쟁의 중요 전환점으로 평가되는 브라이텐펠트 전투가 아닐까 한다.

발전된 형태의 야전포

강국으로
급부상한
프로이센

7년 전쟁은 1756~1763년에 영국과 프랑스가 전 세계에 산재되어 있던 식민지를 둘러싸고 벌인 일종의 세계사적 패권 쟁탈전이었다. 이때 유럽대륙에서는 영국과 연합한 프로이센이 프랑스 및 러시아와 연합한 오스트리아를 격파하면서 유럽의 강국으로 부상했다. 이 과정에서 프로이센 흥기의 발판을 마련한 것이 바로 1757년 프리드리히 대제의 프로이센군과 오스트리아 군대가 격돌한 로이텐 전투 Battle of Leuthen였다.

영국과 프랑스의 틈새를 뚫은 프로이센

절대왕정의 절정기인 17세기에 유럽에서 일어난 대부분의 전쟁은 신성로마제국(오스트리아 중심)의 합스부르크 왕가王家와 프랑스 부르봉 왕가의 대립에서 비롯됐다. 그러다가 18세기 중엽에 이르면 여기에 신참자가 가세하게 되는데, 바로 프로이센의 호헨쫄레른 왕가였다. 17세기의 대표적 전쟁으로 중부 유럽지역을 장기간 피로 물들인 30년 전쟁(1618~1648)은 1648년 베스트팔렌 조약으로 종지부를 찍었다. 그렇다고 그 이후로 유럽에 평화가 정착된 것은 결코 아니었다. 수많은 대소 규모의 충돌이 이어졌다. 이들 중 아우크스부르크 동맹전쟁(1688~1697), 스페인 왕위계승 전쟁(1702), 그리고 무엇보다도 7년 전쟁(1756~1763)을 18세기의 대표적 힘겨루기로 꼽을 수 있다.

7년 전쟁은 18세기 세계의 무역과 식민지 쟁탈전에서 주도권을 다툰 영국과 프랑스를 중심으로 벌어졌다. 직접적 발단은 양국이 경쟁적으로 식민지 팽창정책을 추구하고 있던 북아메리카 대륙의 오하이오 계곡 소유문제였다. 여기에서 시작된 양국의 주도권 다툼은 곧 아시아의 인도로까지 확대됐다. 이러한 대립은 국제정세의 변화를 촉발시켜서 유럽 각국은 프로이센과 연합한 영국과 스페인·오스트리아·러시아 등과 손잡은 프랑스라는 양대 적대 진영으로 나뉘게 됐다. 이후에도 유럽 국가들의 이합집산이 지속됐고 그때마다 극단적 대립과 유혈적 충돌이 벌어졌다.

그러나 7년 전쟁의 실질적 주인공은 영국도 프랑스도 아닌 프리드리히 2세(일명 프리드리히 대제) 통치 하의 프로이센이었다. 그는 온갖 역경을 극복하고 부국강병을 추구한 덕분에 여황제 마리아 테레지아의 오스트리아군을 격파하고 중부유럽의 실레지엔 지방을 손아귀에 넣을 수 있었다. 이를 계기로 유럽 변방의 이류 국가였던 프로이센을 유럽 열강의 반열에 올려놓았다. 7년 동안에 콜린 전투(1757. 6), 플라시 전투(1757. 6, 인도), 로스바흐 전투(1757. 11), 로이텐 전투(1757. 12), 조른도르프 전투(1758. 8), 퀘벡 전투(1759. 8), 리그니츠 전투(1760. 8) 등 수많은 충돌이 있었다. 이 중 가장 대표적인 전투로 프로이센 흥기의 기틀을 마련한 로이텐 전투Battle of Leuthen를 꼽을 수 있다. 더구나 이 전투에서 18세기 후반기 유럽대륙을 호령한 프리드리히 국왕의 전략전술 및 무기체계가 그 진가를 발휘했다.

유감없이 발휘된 프로이센의 전투력

유럽 변방의 약소국 프로이센을 유럽 강대국의 일원으로 일으켜 세운 인물은 다름 아닌 프리드리히 대제大帝였다. 1740년 28세의 나이로 프로이센의 왕위에 오른 프리드리히는 당시 자국自國이 처해 있던 열악한 상황을 냉철하게 직시했다. 당시 프로이센은 서로 경계가 불분명한 여러 공국公國들의 느슨한 연합체로 이뤄져 있었다. 무엇보다도 오스트리아, 러시아, 프랑스와 같은 주변 열강들에 의해 포위되어 있는 형국이었다. 따라서 프리드리히의 입장에서는 이러한 지정학적 처지를 불가피한 운명으로 수용하든가 아니면 스스로 영토를 확장하여 이러한 조건에서 벗어나든가 둘 중 하나를 선택해야만 했다. 절체절명의 갈림길에서 프리드리히는 과단성을 갖고서 후자의 방향으로 나아갔다.

강국의 꿈을 실현하는 방법은 오직 하나, 강병强兵을 육성하는 것이었다. 하지만 그 앞길에는 험난한 많은 난제들이 버티고 있었다. 기본적으로 프로이센의 인구 규모는 주변의 다른 열강들에 비해 턱없이 적었다. 현실적으로 자국 인구에서 15만 명 이상의 병역 자원을 확보하는 일은 불가능한 것처럼 보였다. 이러한 본질적 약점을 그는 프로이센군을 질적으로 향상시키는 방향으로 극복하고자 했다.

우선, 상대적으로 열세한 규모의 병력으로 승리하기 위해서는 부대의 기동성을 향상시키는 것이 관건이라고 판단했다. 이를 위해 혹독한 훈련과 엄정한 군기의 확립에 중점을 뒀다. 부단한 훈련을 통해 프로이센 군대는 상호 보조를 맞춘 상태에서도 빠르게 행군할 수 있는 기동력을 갖춘 군대로 거듭날 수 있었다. 물론 행군 능력 향상만이 아니라 머스킷 소총을 빠르고 정확하게 사격하는 훈련도 게을리하지 않았다. 이러한 철저한 조련 덕분에 1750년대에 이르면 프로이센 군대는 유럽의 열강들도 두려워하는 강군強軍으로 거듭날 수 있었다.

막연하게 소문으로만 들려오던 프로이센군의 막강 전력은 1756년 7년 전쟁이 발발하면서 드디어 그 베일을 벗었다. 오스트리아·프랑스·러시아라는 대륙의 3대 열강들이 동맹을 맺어 새롭게 부상하려는 프로이센을 둘러쌌다. 사면초가에 놓이게 된 프로이센은 사전 선전포고 없이 기습공격을 감행하는 모험을 통해 위기 탈출을 모색했다. 1756년 8월 프로이센군이 오스트리아의 작센 지방을 공격하면서 7년 전쟁의 서막이 올랐다. 이듬해 11월 작센의 로스바흐에서 벌어진 오스트리아·프랑스 동맹군과의 싸움에서 대승을 거둔 프리드리히는 12월 초에 중부유럽 슐레지엔 지방의 로이텐에서 또 다른 결전에 직면하게 됐다.

로이텐 전투에서 프로이센군은 엄청난 병력의 열세를 극복하고 승리했다. 처음 접전이 벌어졌을 때, 프로이센군은 약 3만 6천 명의 인원에 160여 문의 대포를 보유하고 있었다. 이에 비해 오스트리아군은 거의 두 배에 달하는 7만여 명의 병력에 200여 문의 대포를 갖고 있었다. 오스트리아군은 로이텐 북쪽의 니페른 늪지대에서 남쪽의 자그슈츠에 걸쳐서 약 9km의 전선을 형성한 채로 배치되어 있었다. 전력이 열세였던 프리드리히는 오스트리아군이 전혀 예상치 못한 '사선진斜線陣'(이 대형은 기원전 4세기에 벌어진 전투에서 그리스 테베의 명장 에파미논다스가 사용한 바 있었다)으로 상대의 허를 찔렀다. 전투가 시작되자 프로이센군 선봉부대가 오스트리아군의 우익을 공격했다.

그러나 이는 오스트리아군을 기만하기 위한 일종의 '양동작전'이었다. 우익 쪽에 공격을 받은 오스트리아군은 이에 대응하기 위해 좌익에 배치되어 있던 병력의 상당수를 우익으로 이동시켰다. 그런데 이 틈에 약화된 오스트리아군의 좌익을 빠르고 은밀하게 남쪽으로 이동한 프로이센군의 주력이 공격하여 승기를 잡았던 것이다. 당일 날 저녁 즈음에 완벽한 승리를 거둔 프로이센군은 이후 약 2주간에 걸쳐서 오스트리아군 잔여병력을 소탕한 후 슐레지엔 지방을 장악했다. 이로써 유럽의 열강으로 발돋움할 수 있는 디딤돌을 놓을 수 있었다.

프러시아군의 선형대형

신속한 부대이동을 가능하게 만든 개인 화기의 발달

프러시아 융커하우스

어떻게 프로이센군은 병력과 장비의 열세를 극복하고 승리할 수 있었을까? 우선, 프리드리히 대제는 체계화된 장교단을 확보했다. 귀족출신의 자제들만 장교로 임명하고 이들에게 다양한 특권을 부여하여 충성과 헌신을 이끌어냈다. '융커Junker'라고 불린 귀족계층은 국왕으로부터 혜택을 받은 대가로 적극적으로 장교 복무를 자원했다. 이들은 유년시절부터 군사학교에서 다년간 고강도의 훈련을 감내하면서 군주에 대한 충성과 사명 완수를 최고의 덕목으로 체득했다. 바로 이들 융커 계층을 근간으로 프리드리히는 자신의 군대를 유럽 최강의 전쟁 기계로 변모시킬 수 있었다.

철저한 정신무장의 토대 위에서 신전술을 개발하고 이를 군대에 적용했다. 엄격한 기율과 고도의 훈련을 통해 신속한 부대이동 능력을 갖췄다. 기동성은 평소 강도 높은 훈련이 없이는 결코 달성될 수 없음을 프리드리히는 잘 알고 있었다. 이렇게 단련된 병력을 소총으로 무장시켜서 공세 위주의 전투를 감행했다. 즉, 소총병을 3열의 선형線形 대형으로 정렬하여 근거리에서 일제사격을 가함으로써 화력을 극대화했다. 치열한 반복훈련을 통해서 마치 공작기계가 움직이듯이 선형 전술의 완성도를 높였다.

사실상 선형대형은 프리드리히에 의해 처음 시도된 것은 아니었다. 16세기부터 소총이 본격 도입되면서 이를 효과적으로 활용할 수 있는 방법이 모색되어 왔다. 맨 먼저 관심을 기울인 인물은 일제사격법volley을 창안한 마우리츠Maurice of Nassau(1567~1625)였다. 그의 방법은 10열로 늘어선 소총병들이 번갈아 사격한 후 뒤로 빠지는 방식으로 사격의 연속성을 유지하는 것이 관건이었다. 당시 복잡한 장전 단계로 인해 매우 느렸던 소총의 사격속도를 보완하는 획기적인 시도였다.

그러나 마우리츠가 고안한 신형 전술은 장창과 소총의 혼성 편성에서 초래되는 경직성을 벗어나지 못했다. 창병들이 일제사격을 위해 바쁘게 움직이는 소총병들과 조화를 이루면서 엄호 임무를 수행하기가 용이하지 않았던 것이다. 무엇보다도 소총병이 10개열로 늘어선 까닭에 연속사격을 위해 개별 소총병의 원활한 진퇴進退가 어려웠다. 이후 아돌푸스에 의해 6열로 줄어든 선형대형은 마침내 프리드리히에 의해 3열 횡대대형으로 개선되면서 진정한 선형대형의 모습을 갖추게 됐다.

무엇이 3열의 선형대형을 가능하게 만들었을까? 무엇보다도 소총이라는 개인화기의 등장과 지속적인 기술개발을 꼽을 수 있다. 무기의 발전이 무기체계의 창의적 형성을 가능케 한 것이었다. 물론 화약시대 초창기에 소총은 다양한 문제를 안고 있었다. 크기가 10인치 정도에 구경이 25~45밀리미터에 불과했고, 사격법도 한 손으로 든 채 다른 한 손으로 발화시켜야만 했다. 하지만 화약의 폭발력이 점차 향상되면서 소총의 최대 핸디캡으로 꼽혀온 안전한 발화와 정확한 조준사격이 가능하게 됐다. 이제 소총은 조준한 상태로 방아쇠를 당기면 불심지(화승match)가 타들어가면서 약실의 화약에 불을 붙이고 이어서 폭발력이 발생, 탄환을 멀리까지 날려 보낼 수 있었다.

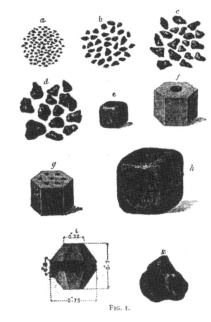

화약의 종류

이러한 격발장치를 장착한 초기의 소총이 바로 화승총火繩銃, matchlock musket이었다. 초기에 화승총은 무게 약 10~15파운드에 사거리가 100~200야드 정도였다. 하지만 화승총은 몇 가지 치명적인 약점을 지니고 있었다. 발사속도가 3분에 2발 정도로 기존의 장궁 및 석궁에 비해 느렸음은 물론, 불심지를 사용한 탓에 우천 시에는 거의 무용지물이나 마찬가지였다.

따라서 화승총 출현 이후 서양에서 소총은 격발장치를 개선하는 방향으로 발전했다. 16세기에 접어들어 '차륜식 머스킷wheellock musket'이 개발됐다. 이는 황철광이나 부싯돌을 강철에 부딪칠 때 발생하는 불꽃으로 팬 속의 점화약을 발화發火시키는 기계장치였다. 불심지가 타들어 갈 때까지 기다리는 시간을 없앰으로써 소총병은 보다 정확한 조준사격을 가할 수 있었다. 하지만 이는 너무 정교하게 제작된 탓에 여전히 발화에 문제가 있었고, 무엇보다도 고가高價인지라 널리 보급하기가 어려웠다. 따라서 척후대나 기병대처럼 특수 임무 수행자들에게만 지급하고 여타 병사들은 화승식 머스켓을 소지했다.

17세기 후반에 이르러 보다 개선된 '수석식燧石式 머스켓flintlock musket'이 등장했다. 이는 방아쇠를 당기면 용수철이 작동, 일체화된 공이와 약실뚜껑에서 공이가 부싯돌을 때리면서 불꽃을 일으켜 약실에 들어있는 점화화약에 불을 붙이는 방식으로 작동했다. 그 덕분에 소총병은 더 이상 불씨를 보존하느라 신경 쓸 필요가 없었고, 우천 시에도 전투를 수행할 수 있었다. 수석식 방아틀로 무장한 덕분에 사격속도가 빨라지면서 소총병은 스스로를 방어할 수 있었다. 화약무기 등장 이후에도 적군 기병대의 돌격으로부터 소총병을 엄호하기 위해 유지되어 온 창병이 드디어 역사의 뒤안길로 사라졌다. 이제 소총병 만으로 전투 수행이 가능해짐에 따라 다양한 전술대형을 구사할 수 있었다.

프로이센군만이 고도의 선형대형을 유지할 수 있던 비결은 무엇일까? 그동안 일반화된 소총병과 창병을 결합한 대형은 근본적으로 공격보다는 방어에 유리했다. 하지만 신형 머스킷으로 무장한 소총병의 경우 적 기마대의 공격으로부터 자신을 지킬 수 있게 되면서 전투대형은 공격위주로 전환됐다. 이러한 대형이 제대로 공격력을 발휘하기 위해서는 각개 병사들의 기민하고 정확한 움직임이 필수적이었다. 프로이센군은 엄격한 반복 훈련을 통해 바로 이러한 선결조건을 구비했던 것이다. 바로 이러한 신형 군대를 갖고서 프리드리히 대제는 로이텐 전투(1757)에서 프랑스·오스트리아 연합군을 대파할 수 있었다.

7년 전쟁으로 세계의 판도가 뒤집히다

1763년 2월에 체결된 파리조약으로 7년 전쟁은 종결됐다. 하지만 전쟁의 결과는 이후 유럽사는 물론이고 세계사 전개에 중요한 영향을 미쳤다. 우선, 전쟁을 통해서 유럽의 이류 국가였던 프로이센이 유럽 열강의 일원으로 부상했다. 프로이센의 동맹국이던 영국은 프랑스로부터 아메리카 대륙과 인도 전체의 지배권을 양도받았다. 7년 전쟁에서의 승리를 발판으로 이후 영국은 세계를 지배하는 국가로 발전할 수 있었다. 이와는 반대로 패전국 프랑스는 국력 쇠퇴가 완연해져서 급기야는 1789년 발발한 대혁명으로 부르봉 왕조 자체가 몰락하는 비운을 맞았다.

원래 프로이센은 30년 전쟁이 끝난 1648년경에는 주변 강대국들의 틈바구니 속에서 약소국의 설움을 면치 못하고 있었다. 그러다가 선왕先王 프리드리히 1세가 다져놓은 기초 위에서 프리드리히 대제가 부국강병에 성공한 덕분에 유럽 내에서 강국으로 부상할 수 있었다. 로이텐 전투는 군사과학기술의 발전을 감지하고 이를 적극적으로 수용하여 전투력을 향상시킨 측이 전쟁 승리의 주인공이 될 수 있다는 교훈을 담고 있다. 이를 재차 입증이라도 하듯이 고도의 훈련에 기초한 프로이센군의 선형대형은 18세기 후반에 나폴레옹의 프랑스 국민군대가 등장하기 이전까지 유럽의 전장을 주도했다.

2장

산업화 시대

전쟁은 그 자신을 주어진 상황에 맞추어 손쉽게 적응시키는
카멜레온보다도 더 변화무쌍하다.
-클라우제비츠

나폴레옹 전쟁
아우스터리츠 전투¹⁸⁰⁵

내 사전에
불가능은
없다

나폴레옹 전쟁은 1799~1815년에 나폴레옹의 프랑스 군이 영국·오스트리아·러시아·프로이센 등 유럽의 열강들과 벌인 일련의 전쟁들을 총칭하여 말한다. 1789년 일어난 프랑스혁명의 소용돌이 속에서 선보인 탁월한 군사적 능력을 발판으로 1799년 정치적 실권을 장악한 나폴레옹은 이후 혁명정신과 애국심으로 무장한 프랑스군을 이끌고 유럽 대륙을 종횡무진 휩쓸었다. 이러한 과정에서 이른바 '군사적 천재'라는 명성에 걸맞게 나폴레옹이 자신의 재능을 십분 발휘한 사례가 바로 1805년 12월 초 나폴레옹 군과 오스트리아-러시아 동맹군 간에 벌어진 아우스터리츠 전투Battle of Austerlitz였다.

혼란한 혁명 와중에 혜성처럼 등장한 나폴레옹

나폴레옹 전쟁의 배경은 무려 10년 동안이나 프랑스는 물론이고 유럽 전역을 뒤흔들어 놓은 프랑스혁명(1789~99)이었다. 혁명 속에서

프랑스 혁명 바스티유감옥습격

성장하고 그 와중에 군인으로서 국가적 명성을 얻은 나폴레옹이란 인물이 종국에는 프랑스의 통치자로 부상할 수 있었기 때문이다. 프랑스혁명은 부르봉 왕조의 실정失政으로 인한 재정적 위기, 불평등한 신분제에서 배태된 사회경제적 모순의 심화, 그리고 중산계급의 성장과 불만 등이 상호작용하여 폭발했다. 국왕 루이 16세의 단두대 처형과 일명 '자코뱅의 공포정치'로 대변되는 급진적 개혁으로 프랑스 사회는 요동쳤고, 이러한 혁명의 열기는 프랑스 국경을 넘어 주변의 절대왕정 국가들로 확산됐다. 곧 '자유·평등·우애'라는 혁명 이념의 자국自國 전파를 우려한 주변 열강들이 프랑스로 쳐들어왔다.

바로 이 전쟁의 바람을 타고서 지중해 코르시카 섬 출신의 시골

뜨기 청년장교 나폴레옹Napoleon Bonaparte(1769~1821)이 출세의 날개를 달게 됐다. 코르시카에서 어린 시절을 보낸 나폴레옹은 10대 중반에 파리의 브리엔느 사관학교에 입학했다. 이곳에서 약 6년간 수학하면서 그는 기베르, 부르셰 등 당대 프랑스를 대표한 군사사상가 및 볼테르, 루소 등 계몽사상가의 저술을 탐독했다. 1785년 포병장교로 임관 후 자기계발에 몰두하던 나폴레옹은 드디어 1795년 툴롱 항에서 일어난 대규모 반정부 시위를 효과적으로 진압하는데 성공하면서 주목받기 시작했다.

특히 그는 자코뱅파의 실각 후 들어선 총재정부의 신임을 받았다. 정부를 위기에서 구출했다는 공로로 약관 26세에 장군으로 승진했고, 이어서 이탈리아 원정군 사령관에 임명(1796)됐다. 이후 여러 전투에서 연전연승하면서 프랑스의 국가적 영웅으로 떠올랐다. 1798년 또 다른 승리를 약속하며 시도한 이집트 원정에서 영국의 넬슨에게 일격을 당한 나폴레옹은 1799년 이집트를 탈출하여 파리로 돌아왔다.

마침내 그해 11월에 쿠데타를 일으켜 정치적 실권마저 장악했다. 계속된 군사적 승리를 등에 업고 전 국민적 인기를 얻은 그는 1804년 국민투표를 통해 프랑스의 새로운 황제가 됐다. 1814년 엘바 섬으로 유배될 때까지 약 10년 동안 그는 민법전民法典을 편찬하고 가톨릭과의 관계를 개선하는 등 내치內治에 힘썼다. 무엇보다도 대외 군사원정에서 클라우제비츠의 평가처럼 가히 '군사적 천재'에 어울리는 빛나는 승리의 발자취를 남겼다.

아우스터리츠 전쟁 승리로 나폴레옹의 시대가 열리다

1799년 쿠데타로 집권한 나폴레옹이 1815년 가을 남대서양의 외딴 섬 세인트헬레나로 유배당할 때까지 약 15년 동안 주변 열강들과 치른 전쟁을 '나폴레옹 전쟁Napoleonic Wars'이라고 부른다. 마렝고 전투(1799), 아우스터리츠 전투(1805), 예나 전투, 러시아 원정(1812), 라이프치히 전투(1813), 워털루 전투(1815) 등이 주 내용이었다. 제반 전투를 수행하면서 나폴레옹은 군사전략가로서의 면모를 유감없이 발휘했다. 이러한 그의 활약은 이후 서양 군사학의 발전에 크게 기여했다. 현대의 전략전술 및 무기체계가 그로부터 출발한다고 해도 과언이 아닐 정도로 말이다.

무엇보다도 그의 전략전술의 정수精髓를 엿볼 수 있는 사례가 바로 아우스터리츠 전투였다. 1805년 12월 초 나폴레옹은 약 7만 명의 병력을 이끌고 체코 동부의 아우스터리츠(현재 슬로바키아 슬라브코프)에서 약 8만 명의 오스트리아-러시아 동맹군에 맞서서 대승을 거뒀다. 당시 오스트리아·러시아·영국은 나폴레옹의 대제국 건설에 대응하여 제3차 대불大佛동맹을 결성한 상황이었다. 일명 '삼제회전三帝會戰'으로 불린 이 전투에서 승리한 나폴레옹은 틸지트 조약(1807)으로 러시아의 연합전선 이탈을 강요하고, 이어서 10세기 중반 이래 거의 1천 년 동안 존속해온 신성로마제국을 해체시켰다.

어떻게 나폴레옹은 이 전투에서 승리할 수 있었을까? 그는 병력이 우세한 적군을 자신이 원하는 지형으로 유인하여 함정에 빠뜨리는 작전으로 이길 수 있었다. 아우스터리츠 근방에서 오스트리아-러시아 동맹군이 지속적으로 증원되고 있다는 첩보를 접한 나폴레옹은 아우스터리츠 전방에 야영지를 정하고 그곳에서 적군을 유인해 섬멸하기로 결심했다. 마침 전장의 중앙 부근에 프라첸 고지라는 감제고지가 있었다. 이 고지의 후방에 자신의 예비대를 은폐시킨 후 약 4만 명의 병력을 적군이 식별할 수 있는 남쪽의 골드바하 강변에 배치했다. 이는 적군을 유인하기 위해 치밀하게 계산된 나폴레옹의 미끼였다. 동맹군 총사령관이던 러시아의 쿠투조프 장군으로 하여금 자신이 거느린 병력이 곱절로 많은 것처럼 오판케 하여 선제공격을 유도했기 때문이다.

나폴레옹의 예상은 적중했다. 1805년 12월 1일 야간에 몰래 부대의 주력을 남쪽으로 이동시킨 러시아군이 이튿날 새벽에 선제공격을 가해왔기 때문이다. 러시아군의 총공세는 큰 성과를 얻지 못하고 일진일퇴의 공방전이 아우스터리츠 평원에서 벌어졌다. 오전 9시경이 되자 평원에 낮게 깔려있던 안개가 태양 빛에 걷히면서 나폴레옹의 작전술이 진가를 발휘했다. 공격명령 신호가 떨어지자 그동안 프라첸 고지 후방에 웅크리고 있던 프랑스군이 안개 속에서 홀연히 나타나서 신속하게 프라첸 고지를 점령하고 러시아군을 양분兩分했다. 이후 나폴레옹 군은 남과 북으로 분리된 러시아군을 각개 격파하면서 대승을 거뒀다. 이때 프랑스군은 약 7천 명의 인명 손실을 입은 반면에 러시아군은 약 2만 7천 명의 병력과 180여 문의 대포를 잃었다.

황제 등극 1주년에 거둔 빛나는 승리로 나폴레옹은 명실상부한 대륙의 지배자로 떠올랐다. 아우스터리츠 전투에서 패한 후 오스트리아는 대불동맹에서 이탈했고 그 자리를 프로이센이 채웠다. 하지만 18세기 중엽 이래 불패의 신화를 자랑해온 프로이센군도 이 전투에서의 승리로 한껏 고조된 나폴레옹의 승기를 잠재울 순 없었다. 오히려 이듬해에 벌어진 일련의 전투에서 참패한 프로이센은 수도 베를린이 점령되는 수모를 감내해야만 했다. 섬나라 영국만이 홀로 나폴레옹의 프랑스 제국에 대항할 뿐이었다. 이처럼 아우스터리츠 전투는 나폴레옹 전쟁의 백미白眉로서 이후 10년 동안 지속될 나폴레옹 제국의 서막을 여는 이정표나 다름없었다.

체계적인 대포 운용과 융통성 있는 전술대형

나폴레옹은 자신의 군대를 어떻게 운용했기에 이토록 눈부신 승리를 거둘 수 있었을까? 그가 전략전술을 구사하는 데 활용한 무기 발달상의 특징은 무엇일까? 나폴레옹은 천재적 군사전략가임에 분명하나 그렇다고 그가 모든 것을 무無에서 유有로 만든 것은 아니었다. 그는 당시 프랑스 군의 군사전통과 무기체계를 모체로 자신의 군사적 창의성을 발휘했다. 18세기 중엽 이래로 추진된 군 개혁을 통해 프랑스 군의 전력이 향상되고 있었고, 나폴레옹은 바로 그 성과를 십분 활용했던 것이다.

무엇보다도 대포의 기동성을 높여서 집중 배치를 통한 화력의 극대화를 꾀했다. 대포의 체계적인 운용이야말로 나폴레옹 전술의 가장 두드러진 특징이었다. 그 자신 포병장교 출신답게 대포의 중요성을 십분 인식하고 전술적으로 전진 배치하여 공격준비사격을 실시하는 등 창의적으로 운용했다. 엄밀한 의미에서는 프랑스혁명 이전부터 추진해온 발전을 나폴레옹이 적극 활용한 것이라고 볼 수 있다. 포병에 관한 한 프랑스 군은 주변 열강들에 비해 혁명 이전부터 선진화되어 있었다. 7년 전쟁(1756~63)에서 참패를 당한 후 의욕적으로 추진해온 군 개혁과 기술 측면의 진전 덕분이었다.

특히 '포구 천공법穿孔法'이라는 기술혁신이 대포 발전의 돌파구 역할을 했다. 1740년경에 장 마리츠Jean Maritz 부자父子는 포신에 드릴로 구멍을 뚫는 방식으로 포구를 제작하는 법을 개발했다. 이 신형기술 덕분에 동일 구경의 대포 제작이 가능해 짐에 따라 전술적 차원에서 일제사격을 시도할 수 있었다. 또한 대포의 무게를 줄일 수 있게 되면서 기동성의 향상을 꾀했고 덕분에 야전에서 공격용으로 활용할 수 있었다.

그러나 이러한 기술적 진전이 진정한 성과를 내기 위해서는 또 다른 인물이 필요했다. 그는 바로 7년 전쟁에서 프랑스 군 포병 장군으로 활약한 바 있는 그리보발Gribeauval(1715~1789)이었다. 그는 1765년 이래 포병 감찰관으로 재직하면서 다방면으로 포병 개혁을 추진

마리츠 천공법으로 제작된 대포

했다. 대포의 포신과 구경의 크기를 줄이는 경량화 작업으로 포병대의 기동성을 높였다. 대포 이동에 필요한 운반용 포차의 수레바퀴 및 포가砲架를 개량하고 견인방식도 두 줄로 끄는 말로 대체했다. 포탄도 12·8·4 파운드의 무게로 통일하여 발사속도를 단축하고 효율성을 높였다. 이러한 표준화 및 기동성 향상 덕분에 포병대는 야지작전 시 보병과 보조를 맞출 수 있었다.

그리보발의 군사개혁은 단순히 기술적 차원에만 머물지 않고 군 조직상의 변화로 이어졌다. 우선, 군사 작전 시 민간인에게 위탁해 온 대포 운반 책임을 군 병력이 직접 담당하는 체제로 변경했다. 대포 발사의 효율성을 높이기 위해 포병 병사에 대한 훈련을 체계화했다. 이제 포병은 과거의 보조적 위치에서 벗어나 보병 및 기병과 어깨를 겨루는 독립병과로 올라섰다. 이러한 기존 개혁의 바탕 위에서 나폴레옹은 자신의 전술적 감각과 지휘방식을 더해 전투력을 배가했다. 그는 유리한 위치를 선점한 후 다수의 대포를 집중 운용하여 본격적 접전 이전에 적의 대형을 와해시킴으로써 아군 보병대의 진격을 용이하게 만들었다.

당시 나폴레옹 군대가 무장한 보병용 무기는 17, 18세기에 사용된 소화기와 유사한 머스킷 소총이었다. 전장식 실탄 장전방식에다가 격발은 부싯돌을 때려서 발화시키는 수발식이었다. 고로 격발을 위해 부싯돌을 수시로 교체해야만 했고, 화약의 질이 나빠서 간혹 총신 자체가 망가지기도 했다. 사격속도도 숙달된 사수가 분당 2발을 발사할 수 있을 정도로 느렸고, 유효사거리는 약 180미터에 오차범위는 무려 3미터에 달했다.

기존 개혁 작업의 토대 위에서 나폴레옹이 이룩한 업적들은 무엇

알프스를 넘는 나폴레옹(Jacques-Louis David, 1800년)

일까? 나폴레옹의 프랑스 군이 유럽의 주변 강대국 군대보다 우월했던 강점은 빠른 기동성과 전술대형의 융통성에 있었다. 기동성 향상을 위해 그는 프랑스 군의 행군 속도를 기존 분당 70보에서 120보로 늘렸다. 덕분에 전투 개시 전에 유리한 고지를 선점할 수 있었다. 또한 당시 대세였던 선형의 횡대대형 일색에서 벗어나 필요시에는 종대대형을 유지했다. 전장의 지형과 상황에 따라 적의 공격을 견제하는 부대는 횡대로, 적군의 취약한 부분을 집중 공격하여 돌파하는 부대는 종대로 배치하는 '혼합형' 전술대형으로 병력운용의 융통성을 높였다.

나폴레옹은 기병의 역할에도 변화를 가했다. 정찰 및 엄호라는 기존의 보조적인 임무에서 탈피하여 기병의 장기인 속도감을 살려서 전투 초반에 적진으로 돌격, 적군의 대형을 교란하는 임무를 부과했다. 이를 위해 그는 기병의 조직을 개편하여 경장기병은 새로 편제된 사단(6천~9천 명)에 포함시키고, 중장기병은 독립부대로 편성하여 전투 시 적진 돌파 임무를 수행케 했다.

이처럼 나폴레옹은 부대의 제 분야에 변화를 가했다. 효과적인 병력 운용을 위해 독립적으로 운용되어 온 보병·포병·기병을 한 개 사단으로 혼합 편성하고, 2~3개 사단을 합해 군단을 만든 후 군단장에게 독자적인 작전권을 부여했다. 이러한 부대를 이용하여 그가 구사한 작전술의 핵심은 기동과 집중이었다. 이를 효과적으로 수행할 수 있도록 지휘권을 단일화하고 이를 바탕으로 신속한 의사결정과 실행을 꾀했던 것이다.

다양한 병력을 통합적으로 구사한 점이 핵심

나폴레옹의 군사작전을 통해서 이제 전쟁의 성격은 제한전쟁에서 섬멸전쟁으로 바뀌었다. 그는 프랑스혁명 와중에 제정된 징병법을 통해 엄청난 규모로 증가한 국민군을 이용하여 자신의 군사적 재능을 펼쳤다. 근본적으로 그의 전략전술은 적군을 격퇴시키는 선에서 머물지 않고 이를 추격하여 섬멸시키는 단계까지 나아갔다. 이를 위해 그는 부대의 기동성을 높이고 이를 토대로 접적 전에 적군 퇴로 차단을 시도했다. 이러한 맥락에서 나폴레옹 전쟁을 천착한 클라우 제비츠는 나폴레옹 전략의 요체로 적군의 '무게중심'을 타격하고 와 해시키는 '섬멸전' 개념을 제시했다. 20세기에 본격화되는 총력전 시 대를 암시하는 새로운 전쟁 개념을 던져 놓고서 나폴레옹 자신은 역 사의 뒤안길로 사라진 셈이다.

무기발달사적 측면에서 볼 때, 나폴레옹 전쟁 기간에 신형무기 가 등장했거나 무기의 위력이 크게 향상된 것은 아니었다. 기존에 개 발된 무기를 전략전술과 연계하여 적절하게 활용했다고 볼 수 있다. 특히 나폴레옹은 대포를 집중 운용하여 접전 초기에 적의 대형을 와 해시키고 전투력 소모를 강요함으로써 아군 보병부대의 원활한 작전 수행을 가능케 했다. 그는 화약 사용 이래 개별적으로 발전해 온 군 사연구의 제반 요소들을 통합하고, 이를 머스킷 소총과 활강식 대포 라는 재래식 무기로 무장한 군대를 통해 실현했다. 한마디로 나폴레 옹은 다양한 부류의 병과와 병력을 통합적으로 구사하는 전쟁방식을 완성한 인물이었는바, 이를 십분 과시한 대표적 사례가 바로 아우스 터리츠 전투였다.

미국 남북전쟁
게티즈버그 전투 1863

전쟁의
신이 보낸
마지막 경고

　　미국 남북전쟁은 1861~1865년 사이에 미국이 공업 위주의 북부 주州들과 농업 위주의 남부 주들로 분열되어 살육전을 벌인 '내전' 성격의 전쟁을 말한다. 객관적 전력상 매우 열세일 것으로 예상됐던 남군南軍이 초전에 기선을 잡았다. 하지만 중반전에 접어들면서 북부가 링컨 대통령의 노예제 폐지 선언(1863. 1)으로 도덕적 우위를 점했다. 게다가 전쟁마저 총력전 양상을 띠면서 전세戰勢는 인적 및 물적 자원 동원 능력에서 월등히 앞섰던 북부군의 우세로 기울어졌다. 마침내 1865년 4월 북군北軍의 승리로 막을 내렸다. 이러한 전쟁 승리의 결정적 계기가 된 것이 바로 가공可恐할 살육전으로 전개되어 이후 약 반세기 후에 벌어질 제1차 세계대전의 전조前兆로 평가되는 게티즈버그 전투Battle of Gettysburg(1863. 7)였다.

미국을 하나로 만든 남북전쟁

오늘날 미국은 세계 최강대국의 지위를 점하고 있다. 그렇다면 무엇이 오늘의 미국을 가능케 했을까? 물론 광대한 영토, 엄청난 천연자원의 혜택, 그리고 지속적인 이민의 물결 등을 발전의 원동력으로 꼽을 수 있다. 하지만 무엇보다도 결정적인 것은 미국을 하나로 뭉치게 만든 역사적 계기였다. 이는 바로 1861년 4월 발발해 막대한 인적 및 물적 피해를 남긴 후 1865년 4월 북부의 승리로 막을 내린 남북전쟁American Civil War이었다. 둘로 나뉠 뻔 했던 미국은 이 전쟁을 통해 단일국가로 거듭나서 세계를 향해 비상飛上할 수 있었다.

남북전쟁은 미국 역사에서 가히 대전환의 사건이었기에 그 영향도 심대했다. 이 충돌로 무려 군인 62만 명이 죽었고 무수한 민간인 사상자들이 발생했다. 이러한 인명 피해와 더불어 건국 이래 미국 남부사회의 버팀목이던 노예제도가 폐지됐다. 또한 식민지 시기이래 미국 사회와 정치계에서 주도적 역할을 담당해 온 남부의 위상이 하락하고 이후 미국 역사의 주도권은 공업 지향의 북부로 넘어갔다. 그 덕분에 전후 미국은 빠르게 산업화를 추진할 수 있었고, 세기말에 이르면 세계 제일의 공업국으로 올라섰다.

남북전쟁은 왜 일어났을까? 그 원인을 밝히는 작업은 시대에 따라 그리고 역사가 자신이 속한 계층과 상황에 따라 달리 해석되어 왔다. 전체적으로 노예제도, 정치적 갈등, 경제구조의 차이, 헌법 해석상의 차이, 그리고 감정의 대립 등을 중요 요인으로 꼽을 수 있다. 전쟁 원인에 대한 다양한 해석에도 불구하고, 대부분의 역사가들은 1850년대에 이르면 남부와 북부간의 대립이 정상적인 대화와 타협이 불가능할 정도로 첨예화됐다는 점에 동의한다. 초창기 식민지 시기부터 형성된 지리적 지역주의가 세월이 흐르면서 배타적 지역주의로 변질됐던 것이다. 마침내 1850년대에 흑인 노예제를 둘러싸고 발생한 대소 사건들로 인해 남부와 북부 간의 갈등의 골이 더욱 깊어져서 급기야 충돌로 이어졌다.

1860년 대통령 선거에서 노예제 폐지를 표방한 링컨이 당선되자 그해 연말 남부의 7개 주가 연방에서 탈퇴하여 남부연합을 수립했다. 이듬해 4월 섬터 요새에서 포성砲聲이 울리자 추가로 4개의 남부 주가 연방에서 이탈하여 남부연합에 가담했다. 북부와 남부 양측은 그동안 겹겹이 쌓여온 적대감과 증오심을 일거에 분출시키려는 상호 파괴의 구렁텅이로 빠져들었다. 1861년 4월 북부 23개 주와 남부 11개 주는 이후 4년여에 걸친 치열한 싸움터로 내동댕이쳐졌다.

리 장군의 안일함이 가져온 참담한 결과

1860년 4월 남부연합의 군대가 고립되어 있던 북군의 섬터 요새를 포격하면서 전쟁의 불길이 치솟았다. 전쟁 발발과 더불어 남부 측은 수도를 버지니아 주의 리치먼드로 옮겼다. 이에 따라 워싱턴과 리치먼드 사이를 가로질러 흐르고 있던 포토맥 강과 요크 강이 자연스럽게 양측의 국경선이자 전쟁 중반기까지 실질적인 주主 전장이 됐다. 북군은 주력인 포토맥 군을, 남군 역시 주력인 북버지니아 군을 이곳에 배치하고 전자는 맥클레런 장군(전쟁 후반에는 그랜트 장군)이 그리고 후자는 리Robert Lee 장군이 지휘권을 잡았다.

개전 초기 포토맥 강을 경계로 일진일퇴의 공방전이 펼쳐졌다. 1862년 여름부터 대소 교전을 이어온 양 진영은 마침내 1863년 7월 초 펜실베이니아의 게티즈버그에서 격전을 벌이게 됐다. 남북전쟁의 분수령으로 회자되는 이 전투에서 북부의 조지 미드 장군이 이끄는 포토맥 군이 남부의 로버트 리 장군이 이끄

전시사령부를 방문한 링컨 대통령

는 북버지니아 군의 필사적 공격을 결정적으로 패퇴시켰다. 이로써 워싱턴을 직접 공략해서 남부의 독립을 승인받고 전쟁을 끝장내고자 했던 남부연합의 전략도 무산됐다.

게티즈버그 전투는 양군 간의 우연한 조우로 시작되어 7월 1일~3일까지 5킬로미터에 이르는 전선에서 파상적으로 전개됐다. 남군의 리 장군은 장기전을 벌일 시 승산이 없음을 인식하고 모험적인 작전을 시도했다. 다름 아니라 북군의 수도인 워싱턴을 직접 공격하기로 작정한 것이었다. 7만 6천 명의 대군을 이끌고 리 장군은 북군의 방어선을 우회하여 새너도어 계곡을 따라서 워싱턴 북쪽의 펜실베니아로 진군해 들어갔다.

갑자기 나타난 대규모 남군의 공격에 대항하여 링컨 대통령은 약 10만 명으로 구성된 북군의 포토맥 군에게 대응 명령을 내렸다. 하지

만 이때 북군은 제대로 훈련된 상태가 아니었다. 당시까지 북군은 인적 및 물적인 우세에도 불구하고 남군에 내세울 만한 승리를 거두지 못하고 있었다. 그러다 보니 남군 총사령관 리 장군은 북군의 전력을 과소평가한 채 구체적인 공격 및 방어 전략을 수립하지도 않는 실수를 범하고 말았다. 당시 포토맥 군에는 조지 미드가 신임 지휘관으로 부임하여 부대의 전투력을 크게 향상시켜 놓은 상태였다. 공격의 방아쇠를 먼저 당긴 것은 북군이었다. 7월 1일 첫날의 충돌에서는 가까스로 남군이 이겼으나, 2일과 3일에 벌어진 결전에서는 최종적으로 북군이 승리했다.

첫날 승리의 여세를 몰아서 쉼 없이 북군을 압박하지 않은 것이 리 장군의 결정적 패착이었다. 무엇보다도 전쟁의 전환점을 이룬 결전답게 엄청난 사상자가 발생했다(약 5만 명: 북군 2만 3천, 남군 2만 8천). 당시 전장을 촬영한 사진들이 무언의 시위를 하듯이 게티즈버그의 들판에는 수많은 시체들이 처참하게 나뒹굴고 있었다. 6.25전쟁 말기에 벌어진 백마고지 전투 때처럼 전장에 있던 초목들도 산산 조각난 처연悽然한 풍경이었다.

이 전투의 승리로 북군은 완벽하게 전쟁의 주도권을 장악했다. 이후 세 방향에서 남군을 거세게 몰아붙인 결과, 마침내 1865년 4월 초 남군 수도였던 리치먼드 남쪽의 피터즈버그에서 북군 총사령관 그랜트 장군은 남군 총사령관 리 장군으로부터 항복을 받아낼 수 있었다. 4년간에 걸친 전쟁이 북군의 승리로 종결되는 순간이었다.

산업혁명으로 발달된 과학기술이 승패를 가르다

남북전쟁은 최초의 현대전이라고 말할 수 있다. 당대인들은 의식하지 못했을지언정 이로부터 반세기 후에 벌어지는 제1차 세계대전의 전쟁 양상이 나타났기 때문이다. 무기와 전술 측면에서의 획기적 변화가 남북전쟁에서 발아發芽했다. 비약적으로 발전된 화약무기의 위력이 여지없이 과시되면서 엄청난 인명 피해가 초래됐다. 초기에는 나폴레옹 전쟁 시처럼 선형으로 전진하는 전투방식이 유행했으나, 중반 이후 화약무기의 위력이 발휘되면서 일렬 전진대형 및 밀집대형은 전장에서 점차 모습을 감추게 됐다.

이처럼 남북전쟁은 산업혁명이 잉태한 각종 과학기술이 본격적으로 동원되어 승패를 결정한 싸움이었다. 전쟁 중에 기관총, 철갑선, 잠수함 등과 같은 신무기들이 모습을 드러냈다. 특히 전쟁을 통해 철도의 전장 활용 가능성이 분명하게 과시됐다. 전신망의 도움을 받은 철도의 활용으로 전장의 폭은 크게 확대됐고, 이전 전쟁과는 비교가 안 될 정도로 막대한 인원과 물자가 동원됐다. 대전 중 북군은 각종 공작기계를 활용하여 약 170만 정의 소총과 7,800문의 대포를 생산하는 군수능력을 발휘했다. 인명 피해도 엄청나서 전쟁을 통해 약 62만 명이 사망하고 50여 만 명이 부상을 입었다.

당시 두 진영은 비슷한 유형의 무기로 싸웠다. 전쟁 초반에는 구경과 모양이 다양한 전장식 활강 머스킷이 주류를 이뤘다. 전쟁이 무르익으면서 강선식 소총의 보급이 늘어나고 미니에 탄환의 사용이 보편화되면서 사거리와 정확도가 향상됐다. 초보단계이기는 하지만 기관총까지 전투에 동원됐다. 반半자동식 개틀링 기관총은 남북전쟁

남북전쟁시 북군 기병대

동안에 발전을 거듭, 무려 1분에 600발을 사격할 수 있는 가공할 화기로 변했다. 그 결과 양측 보병부대는 기본적으로는 병사들을 밀집 간격으로 늘어세우는 선형대형을 유지했으나, 수시로 산개대형으로 흩어지고 필요시 참호를 파고 엄폐물을 활용하는 방향으로 대응하는 것 외에 달리 방법이 없었다.

　　무엇보다도 전쟁의 승패에 영향을 끼친 것은 철도와 전신電信이었다. 19세기 중엽 유럽에서 일어난 철도 건설 붐이 대서양 너머 미국에도 빠르게 전파됐다. 워낙 광대한 영토를 갖고 있던 터라 미국에서 철도는 병력과 물자 수송에서 거의 절대적 존재가 됐다. 미국 전체적으로 1830~60년에 총 4만 8천 킬로미터에 달하는 철도가 부설됐다. 특히 남군에 비해 두 배 이상의 철도망을 갖고 있던 북군은 인원과 물자의 집중을 통한 전력의 우세를 꾀할 수 있었다. 게다가 1832년 모스가 발명한 전신을 활용한 덕분에 전후방의 지휘관들 간에 신속하고 원활한 정보교환이 가능하게 됐다.

남북전쟁 동안 등장한 특이한 신무기로 증기기관으로 추진된 철갑선ironclad ship을 꼽을 수 있다. 1862년 3월 초 미국 버지니아의 햄프턴로즈에서는 두 진영의 철갑선이 마치 결투를 하듯이 함포 사격 대결을 벌이는 진풍경이 벌어졌다. 강철판으로 뒤덮인 북군의 군함 모니터 호와 남군의 군함 메리맥 호가 바로 그 주인공들이었다. 이날 전함에 장착된 강력한 장갑 덕분에 양측이 발사한 포탄이 모두 튕겨 나감으로써 대결은 무승부로 끝났다. 하지만 이 사건은 이제 목선木船 전함의 시대가 종곡을 고하게 됐음을 알리는 결정적 신호탄이 됐다.

특히 북군의 모니터 호는 회전포탑rotating gun-turret과 스크루 프로펠러라는 놀라운 신기술을 장착하고 있었다. 회전포탑 덕분에 이제 전함은 해상에서 방향을 바꾸지 않고서도 사방四方으로 함포사격을 가할 수 있었다. 스웨덴 이민자 출신의 에릭슨John Ericsson이 발명한 스크루 추진 장치 덕분에 철갑선 건조가 가능해졌다. 증기력을 활용함으로써 이제 자연풍風의 도움이 없이도 자유롭게 항행할 수 있었다. 물론 철갑선의 두꺼운 장갑을 관통할 수 있는 함포용 신형 포탄이 모습을 드러내는 데는 그리 긴 시간이 걸리지 않았다.

보병전술 측면에서도 남북전쟁에서 중요한 변화의 조짐이 나타났다. 최후의 구시대 전쟁이자 최초의 현대전쟁이라는 평가처럼, 남북전쟁은 18세기의 선형전술과 엄폐호에 숨어서 사격하는 현대적인 소부대전술이 동시에 구사된 과도기적 전장의 모습을 띄었다. 대략적으로 전쟁 전반기에는 양측이 광廣정면에 선형으로 넓게 포진한 채 마주 서서 사격을 가하는 방식으로 전쟁이 진행됐다. 하지만 점차 살상력이 높은 무기들이 전장에 도입되면서 마주선 채로 사격하는 것은 자살행위나 다름없게 됐다. 이에 따라 어깨가 맞닿을 정도로 밀집되어 있던 보병 대열은 옛 이야기로 변하고 개인별 간격은 점차 넓어졌다. 또한 적의 가공할 화력 앞에서 살아남을 수 있는 길은 최대한 자세를 낮추거나 땅을 파고들어가는 수밖에 없었다. 제1차 세계대전을 특징짓는 깊고 길게 파인 참호가 이제 전장의 일상적인 풍경으로 다가왔다.

과연 물량공세는 승리의 지름길이었을까

남북전쟁은 근대 역사에서 그 유례를 찾아보기 힘든 살육전이었다. 미국 백인 인구 6명당 1명꼴인 약 300만 명이 참전했고 이들 중 3분의 1에 해당하는 1백만 명이 목숨을 잃었다. 살상력이 향상된 개인화기 및 대포의 도입으로 인명 피해가 급증했던 것이다. 연방이 성립된 이후 50여 년의 세월을 거치면서 형성된 남부와 북부 간의 지역주의가 배타적 지역감정으로 격화되면서 양측은 운명의 한판 승부를 피할 수 없었던 것이다.

전쟁 발발 전의 각종 지표상으로 볼 때, 남군은 북군의 적수가 될 수 없었다. 산업화의 노정에 있던 북부가 화력은 물론이고 병력에서도 절대적인 우세를 점하고 있었다. 남부는 전쟁 중반까지 상대적으로 강한 정신력에 의지하여 북군과 대등한 싸움을 벌일 수 있었다. 하지만 1863년 7월 초 게티즈버그 전투 패전 이래로 자원이 절대적으로 부족했던 남군은 더 이상 정신력으로 버틸 수 없었다. 초기의 예상과는 달리 4년이라는 긴 기간 동안 이어진 남북전쟁은 1865년 4월 북부의 승리로 막을 내렸다.

무엇보다도 남북전쟁은 전쟁 승리를 위해서 국가의 인적 및 물적 역량을 총체적으로 투입해야만 하는 현대 총력전의 서곡序曲이었다. 이전까지 전투의 승패를 좌우했던 정신력과 군대의 사기士氣는 점차 그 중요도가 낮아졌다. 무기 성능과 화력이 크게 향상되면서 무조건적인 돌격은 대량살상으로 이어지는 지름길이 될 수 있었다. 이것이 바로 전쟁의 신神이 남북전쟁을 통해 세계에 전한 경고의 메시지였으나, 애석하게도 유럽의 정치가 및 군사 지도자들은 이러한 교훈을 간과하고 말았다. 그 결과가 반세기 이후에 한때 세계를 호령했던 유럽 대륙의 파멸로 나타났음을 오늘날 우리는 잘 알고 있다.

철갑선

보오^{普奧} 전쟁
쾨니히그라츠 전투¹⁸⁶⁶

독일통일에
성큼 다가선
프로이센

프로이센-오스트리아 전쟁(이하 보오전쟁)은 1866년 독일통일의 주도권을 놓고서 신흥 강국 프로이센과 전통적 터줏대감 오스트리아 (합스부르크 제국) 간에 벌어진 전쟁을 말한다. 프랑크푸르트 국민회의 (1848. 5) 이래 전개된 통일 주도권 경쟁에서 다른 열강들은 전통 강대 국 오스트리아의 절대적 우위를 당연시하고 있던 터였다. 하지만 독 일 북쪽 변방국가 프로이센에는 비스마르크라는 걸출한 정치가와 몰 트케라는 탁월한 장군이 버티고 있었다. 이들의 눈부신 활약으로 프 로이센이 오스트리아와 일대 결전을 벌여 승리, 독일통일을 향한 군 건한 디딤돌을 놓는 계기가 된 사건이 바로 쾨니히그라츠 전투^{Battle of} ^{Koniggratz}(1866. 7)였다.

통일 방해국가를 상대로 한 전쟁이 시작되다

중세 말 이래 점진적으로 통일국가를 형성해온 영국이나 프랑스와는 달리 독일은 19세기 후반기에 이르러서야 국가 통일을 이룩할 수 있었다. 이렇게 늦게나마 독일이 단일국가로 탄생할 수 있던 이면에는 혈통, 언어 등을 공유하는 '동질적 집단의식'이라고 할 수 있는 민족주의의 영향이 컸다. 19세기 후반기에 외세의 지배나 간섭으로 분열되어 있던 주민들의 민족의식이 형성 및 분출되면서 통일국가를 향한 열망이 봇물처럼 일어났던 것이다.

그동안 주변 강대국, 오스트리아와 프랑스의 방해로 통일국가를 이루지 못하고 있던 독일이 가장 대표적이었다. 주변 열강들은 유럽의 중앙부에 하나의 통일된 국가가 등장하여 기존 세력균형에 변화가 일어나게 될까봐 항상 독일의 동향을 주시하고 있었다. 이로 인해 독일 지역은 베스트팔렌 조약(1648) 이후 지방의 세력가들이 지배하는 300여개의 군소 영방국가領邦國家로 분열된 채 서로 간에 반목과 대립을 거듭해오고 있었다.

베스트팔렌 조약이 체결된 독일 중북부의 뮌스터시가

하지만 19세기에 이르러 이러한 독일 땅에도 변화의 조짐이 나타났다. 세기 초반 나폴레옹의 독일 지역 침공에 이어서 프랑스 2월 혁명(1848. 2) 성공 소식이 전해졌던 것이다. 1848년 5월 소집된 프랑크푸르트 국민회의는 긴 통일과정의 출발점이 됐다. 애석하게도 회의는 순조롭지 않았다. 무엇보

프로이센 수도 베를린의 3월혁명

다도 통일 노선을 둘러싸고 갈등이 표출됐다. 다민족국가인 오스트리아 중심의 대大독일주의와 오스트리아를 제외하고 순수하게 게르만족만의 통일국가를 수립하자는 프로이센의 소小독일주의가 팽팽하게 맞섰다. 예상외로 프로이센의 소독일주의가 표결에서 이겼으나, 당사국 프로이센 국왕의 거부로 민의民意를 통한 통일 시도는 실패하고 말았다.

점차 토론이나 표결이 아니라 무력을 통한 통일을 외치는 목소리가 힘을 얻게 됐다. 이때 등장한 인물이 바로 철혈재상 비스마르크Otto von Bismarck였다. 1862년 빌헬름 국왕에 의해 프로이센 수상으로 발탁된 그는 군대의 정예화 및 장비의 선진화를 기치로 내걸고 강력한 부국강병책을 추진했다. 그는 장차 독일통일은 낭만적 이상理想이 아니라 현실에 기초한 군사력 증강과 전쟁, 즉 '철鐵과 혈血'을 통해서만 가능하다고 주장했다. 의회에서 군비증강 예산을 확보한 비스마르크는 그 실천 책임을 국방상 론과 특히 참모총장 몰트케Helmuth von Moltke에게 맡겼다. 이들이 추구한 통일방식은 한마디로 통일 방해국 가를 상대로 한 전쟁이었다. 1864년 덴마크와 전쟁을 벌여서 슐레스비히-홀스타인 지방을 획득하는 데 성공한 이들은 곧이어 1866년 전통 강국 오스트리아를 상대로 독일의 장래를 건 일전-戰을 벌였다.

불리했던 프로이센이 지배권을 잡다

1864년 오스트리아를 끌어들여 덴마크를 격파하는 데 성공한 비스마르크는 곧바로 그 총부리를 영원한 적수, 오스트리아를 향해 겨눴다. 덴마크 전쟁 승전의 전리품으로 획득한 영토의 분할을 둘러싸고 의도적으로 오스트리아를 자극하여 먼저 전쟁을 도발하도록 유도했다. 전쟁 발발 시 예상은 제반 측면에서 프로이센에게 불리한 형세였다. 원래 오스트리아의 국력이 프로이센에 비해 월등하게 우세한 것은 어찌할 수 없다고 하더라도 설상가상으로 프로이센은 그 영토가 하노버와 작센 공국으로 인해 동서로 분열되어 있었다. 또한 수도인 베를린 방향으로 보헤미아의 영토가 펼쳐져 있어서 여차하면 오스트리아군에게 국가의 심장인 베를린이 짓밟힐 수도 있었다.

이것이 객관적 상황이라면, 예로부터 불리한 상황에 굴하지 않고 이를 역전시키는 것은 위대한 인간들의 역할이었다. 당시 프로이센에는 부국강병의 조타수인 비스마르크와 그의 비전을 군사력으로 실천한 몰트케 참모총장이 있었다. 오늘날까지 이어지는 독일군 특유의 임무형 지휘와 일반참모제도를 정립한 장본인인 몰트케는 전쟁 발발 직후인 1866년 6월 말경 신속하게 프로이센의 1개 야전군을 동원하여 오스트리아의 동맹국이던 하노버와 작센 공국을 점령했다. 동서로 분열된 프로이센의 영토를 하나로 연결하기 위한 사전 조치였다.

넓게 보아 양국 간 전쟁은 남부의 이탈리아 전장, 서부의 하노버-작센 전장, 그리고 북부의 보헤미아 전장 등 세 곳으로 이뤄져 있었다. 이들 중 전쟁 승패의 향방을 결정한 것은 북부의 보헤미아 전장이었다. 1866년 6월 몰트케는 총 5개의 발달된 철도망을 이용하여 3개 야전군을 작센 공국을 경유, 오스트리아의 보헤미아 지방(오늘날 체코)으로 이동시켰다. 철도망 미비로 단일 철도노선에만 의존할 수밖에 없던 오스트리아군에 비해 두 배나 빠른 속도로 병력을 이동시킬 수 있었다. 이로써 내선內線작전이라는 결정적 이점을 제대로 살리지 못한 오스트리아군은 프로이센군에게 작전의 주도권을 내어주고 말았다.

7월 초 이동을 마친 양군은 보헤미아의 프라하 동쪽 50마일에 위치한 쾨니히그라츠 요새 부근에서 맞닥뜨렸다. 오스트리아의 북군 사령관 베네덱 장군은 약 20만 6천 명의 병력을 이끌고 쾨니히그라츠 평원에서 접전 당시에는 12만 4천여 명에 불과하던 프로이센의 제1야전군과 충돌하게 됐다. 결과는 제2야전군(약 9만 7천 명)이 늦게 도착하는 바람에 예기치 않게 두 방향에서 오스트리아군을 공격하게 된 프로이센군의 대승이었다. 물론 프로이센군이 전투가 벌어지는 동안 계속해서 우세를 점했던 것은 아니었다. 접전 초기에는 우월한 포병 화력을 앞세운 오스트리아군의 공격에 거의 후퇴일보 직전 상황에 처하기도 했다. 평소 훈련으로 다져진 장병들의 굳건한 정신력과 프로이센군의 비장의 무기인 후장식 라이플소총의 도움으로 전세를 뒤집고 승리할 수 있었다.

1866년 7월 3일 하루 동안 벌어진 전투에서 프로이센군이 1만 명 미만의 인명 손실을 입은 데 비해 오스트리아군은 약 4만 명의 전상자戰傷者를 냈다. 포로가 된 병력도 거의 2만 명에 달했다. 이 전투에서 참패를 당한 오스트리아군은 이후 더 이상 버티지 못하고 전쟁 발발 7주 만에 항복하고 말았다. 동년 8월 말 양국이 프라하 조약에 서명하면서 전쟁은 프로이센의 승리로 막을 내렸다. 일찍이 클라우제비츠가 예견했듯이 단지 한두 번의 결전을 통해 프로이센은 전통적 숙적宿敵 오스트리아를 물리치고 독일통일을 향해 힘차게 나아갈 수 있었다.

독일 제국의 선포(Anton von Werner, 1885년)

후장식 라이플소총, 철도, 그리고 전신

주변 열강의 예상을 뒤엎은 프로이센 승리의 비결은 어디에 있었을까? 19세기 초반 프랑스의 나폴레옹 군에 참패를 당한 이래로 프로이센군은 절치부심하며 다각적으로 국방력을 강화시켜 왔다. 산업혁명의 확산과 더불어 빠르게 발전한 당대의 과학기술을 무기개발에 적극 응용하여 신형 소총과 양질의 대포를 개발했다. 무엇보다도 철도로 병력을 수송하거나 전신을 활용하여 장거리 통신망을 구축하고 군사작전 수행 시 적절하게 활용했다.

앞글에서 살펴본 바와 같이 전쟁 발발 이전에 프로이센은 전쟁을 효율적으로 수행하기에는 특히 공간적으로 매우 불리한 형세에 있었다. 하노버와 작센 공국이 오스트리아의 동맹국이 되는 상황이 벌어지면서 영토가 동서로 양분됐다. 이러한 상황에서 몰트케는 후장식 라이플소총, 철도, 그리고 전신電信이라는 세 가지 과학기술상의 발전을 활용하여 결과적으로 취약점을 극복하고 독일통일 달성의 주역이 될 수 있었다.

1835년 최초로 독일에서 증기철도가 개통됐을 때, 프로이센군 지도부는 철도의 향후 가능성에 대해 별로 주목하지 않았다. 제반 제약사항으로 인해 초창기에 철도의 수송 능력은 그다지 크지 않았기 때문이다. 하지만 프로이센군에는 철도의 군사적 잠재력을 내다본 선견지명을 가진 한 장교가 있었다. 바로 몰트케Helmuth von Moltke였다. 그는 청년장교 시절부터 철도의 엄청난 수송능력과 이의 군사적 활용 가능성을 간파하고 이에 대한 연구에 심혈을 기울여 왔다. 그리고 이는 마침내 1858년 그가 프로이센군 참모총장 직책에 임명됐을 때,

찬란하게 빛을 발하게 됐다.

몰트케는 병력의 동원 및 이동에 이용할 목적으로 국가의 철도 운용을 체계화했다. 이제 모든 화물열차들은 전시에 군인과 말馬, 그리고 여타 군수물자를 수송할 수 있는 설비를 갖추어야만 했다. 전시 철도수송을 총괄적으로 지휘 및 감독하는 임무를 수행할 특별 철도부서가 참모본부에 신설됐다. 인접한 프랑스나 오스트리아에 비해 전체 병력 규모 면에서 열세였던 프로이센에게 철도를 이용한 인원과 물자의 신속한 이동은 전쟁의 승패를 가름할 정도로 중요한 요소였다. 실제로 그 자체로는 무해無害한 철도 운송은 19세기 후반기에 점차 전쟁수행에 중요한 영향을 미치게 됐다. 이는 시간·공간·힘이라는 전략의 3대 요소 중 특히 시간 요소를 크게 변화시켰기 때문이다.

엄청난 규모의 병력이 빠르게 이동하는 상황에서 어떻게 상부의 명령을 예하부대에 하달할 수 있었을까? 당시까지 거의 모든 군대는 일정한 공간적 범위 내에서만 전투를 수행할 수밖에 없었다. 물론 기병 전령을 활용하여 지휘관의 명령을 빠르게 하달하기도 했으나, 이것 역시 백퍼센트 믿을 만한 수단은 아니었다. 이때 몰트케는 전신의 군사적 활용에 눈을 돌렸다. 당시 빠르게 발전하기 시작한 전신이 참모본부와 최전방 전투사단 사이에 즉각적인 정보교환을 가능케 했다. 철도망을 따라 길게 늘어선 전신선 덕분에 프로이센군은 보다 광활한 지역에서 효과적으로 부대를 지휘 및 통제할 수 있었다. 더구나 몰트케는 이러한 통신의 발달로 상급지휘부에서 전장의 사소한 사항까지 간섭하는 것을 방지하기 위해 '임무형 지휘'라는 독일군 특유의 부대 지휘 방식을 병행하여 강조하는 융통성을 발휘했다.

만일 프로이센군의 선진화가 철도와 전신에만 머물렀다면, 그 효과는 그다지 크지 않았을 것이다. '화룡점정畵龍點睛'이랄까, 여기에 결정적인 하나가 더해져야만 했다. 엄밀한 의미에서 철도와 전신은 병력을 멀리 이격된 전장까지 신속하게 배치하는 수단에 불과할 뿐, 실질적으로 전투의 승패를 좌우한 것은 적군과 대면한 각개 병사들의 무장이었기 때문이다. 사실상 19세기 중반에 이르기까지 유럽 각국에서 군의 기본화기는 기술적으로 내세울 만한 진전이 없었다. 화승총 발명 이래 격발장치의 개량이 지속적으로 이뤄져왔으나 병사들은 16세기 이래 줄곧 전장식前裝式 머스킷 소총으로 무장하고 있었다. 이는 짧은 유효사거리와 낮은 명중률 때문에 전투 시 상대방에게 기대하는 만큼의 치명타를 가할 수 없었다.

이러한 문제를 프로이센군은 당대의 신형화기인 후장식後裝式. breech loading 강선(라이플)소총을 군의 개인화기로 채택함으로써 해결할 수 있었다. 발명자Johann von Dreyse의 이름을 붙여 '드라이제 소총'으로 알려진 이 신형 소화기는 격발 시 탄환의 뇌관을 때리는 장치가 뾰족한 바늘모양인지라 일명 '니들건needle gun'으로 불리기도 했다. 때마침 개발된 '미니에 탄환'을 적용한 이 신형소총 덕분에 프로이센군은

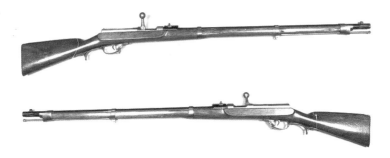

프로이센군의 니들건

보다 빠르고 정확하게 사격할 수 있었다. 예컨대, 구식 전장식 소총으로 무장한 오스트리아군이 1발을 사격할 때 프로이센군은 무려 6발을 보다 멀리까지 사격할 수 있었다. 무엇보다도 후장식인 터라 엎드린 자세로 장전이 가능했기에 직립자세를 취할 수밖에 없었던 오스트리아군에 비해 매우 유리한 조건에서 전투를 수행할 수 있었다. 1840년대부터 점차 프로이센군에 도입된 드라이제 소총은 1866년에 이르러 마침내 현역과 예비역 전체를 망라하는 모든 프로이센 보병 병사의 기본화기가 됐다.

산업혁명이 가져온 전쟁 수행상의 변화

18세기 중엽 영국에서 시작된 산업혁명의 물결이 유럽 대륙으로 전파되어 19세기 중반기에 이르면서 그 영향이 각 분야에서 나타나기 시작했다. 산업화라는 거대한 역사적 변화의 물결 앞에서 군사 분야도 예외일 수 없었다. 산업화가 전쟁에 미친 영향은 기본적으로 기술발전을 통한 무기의 개량과 대량생산이지만, 보다 근본적으로는 철도와 통신수단의 발달을 통한 전쟁 수행 방식의 혁신이었다. 무엇보다도 엄청난 규모의 인적 및 물적 자원을 군대와 군수산업 분야로 흡수하여 대규모 군대의 등장을 가능케 했다. 결과적으로 전시와 평시의 구분은 무의미해 졌고, 이제 전쟁은 단순히 군인만의 임무가 아니라 해당 국가 사회구성원 모두의 과업이 됐다. 이제 역사상 처음으로 대규모 전쟁, 즉 총력전total war의 가능성이 점차 현실로 다가왔다.

그러나 아무리 과학기술이 발전하더라도 그 가능성을 간파하고 이를 부국강병으로 연결시키는 주체는 단연코 여전히 인간임을 쾨니히그라츠 전투는 재차 우리에게 일깨워준다. 즉 비스마르크와 특히 몰트케처럼 목표를 정하고 이를 올곧고 줄기차게 경우에 따라서는 평생토록 추구하는 '창조적 소수자'의 존재와 역할이 시공을 초월하여 전쟁 승리의 핵심 요건이라는 점이다.

제국주의 전쟁
옴두르만 전투 ¹⁸⁹⁸

유럽 군대의
일방적인
승리

19세기 중엽 이래 영국과 프랑스를 비롯한 유럽의 열강들은 경쟁적으로 아시아와 아프리카 지역으로 진출하여 20세기 초경까지 이들 지역의 대부분 영토를 자국의 식민지로 만들었다. 이 과정 중에 유럽의 군대와 원주민 군대 간에 수많은 충돌이 벌어졌다. 이러한 충돌들 중 양 진영 간의 군사력 및 무기체계상의 차이를 극명하게 드러낸 것은 바로 1898년 9월 초 키치너 장군의 영국군과 마흐디의 이슬람 원주민군 간에 아프리카 동부 수단의 옴두르만에서 벌어진 전투 Battle of Omdurman였다.

세계를 뒤덮은 서구 열강의 제국주의

19세기는 서양 열강의 제국주의가 가장 기승을 부린 시기였다. 특히 19세기 후반기에 유럽 열강들은 별다른 방해도 받지 않은 채 세계 각지로 진출하기 시작했다. 물론 서양 제국주의 군대가 식민지 원주민군에 항상 승리했던 것은 아니었다. 하지만 전체적으로 볼 때 제국주의 시대에 벌어진 무력충돌에서 대부분의 경우 서양 군대가 압도적인 우세를 점했다. 이러한 경향은 아프리카에서 벌어진 전투에서 특히 두드러졌다. 군사적 승리를 토대로 제국주의 열강들은 아시아와 아프리카 지역을 무자비하게 분할 점령했다. 이러한 제국주의 팽창 시대의 대표주자는 바로 영국이었다. 영 제국은 제1차 세계대전 이전에 이미 지표면의 5분의 1에 달하는 면적을 지배할 정도로 거대해 졌다.

　　제국주의 시대에 유럽인들은 자신들의 세계 지배의 원천을 식민지 원주민들에 대한 도덕적 우월성에서 찾곤 했다. 하지만 실질적인 측면에서 가장 중요한 요인은 쌍방 간 무기체계의 현저한 격차에 있었다. 즉, 유럽 군대는 우월한 화력firepower을 바탕으로 근본적으로 원정군이 안고 있던 각종 취약점(보급의 어려움, 낯선 기후와 풍토병, 현지 지형에 익숙한 적군의 게릴라 전법)을 극복하

고 토착민들을 지배할 수 있었다. 키치너Horatio H. Kitchener 장군 인솔 하에 1898년 나일 강 상류의 수단 옴두르만으로 파병된 영국군은 후장식 라이플소총, 맥심기관총, 그리고 경輕야포로 무장했다. 이에 비해 상대방 칼리파 군대의 경우 병력은 수만 명에 달했으나 재래식 근력무기와 기껏해야 전장식 머스킷 소총을 휴대하고 있었다.

키치너 장군

서양 열강의 제국주의 진출 배경에 대해서는 그동안 많은 연구가 이뤄져 왔다. 그런데 문제는 배경에 대한 설명만으로는 무엇인가 미흡하다는 점이다. 19세기 말 서양의 제국주의 팽창을 좀 더 정확하게 이해하기 위해서는 무엇보다도 팽창을 가능하게 해준 수단에 대한 고찰이 병행될 필요가 있다. 그리고 제반 방식들 중 가장 중요한 것은 바로 당시 서양의 우월한 과학기술 특히 무기체계와 관련된 군사기술이었다. 이점을 극명하게 보여주는 사건은 바로 1898년 9월 2일, 동부 아프리카 수단의 하르툼 인근 옴두르만에서 키치너 장군 휘하의 영국군과 이슬람 신비주의자 마흐디를 계승한 칼리파Khalifa 압달라히의 군대가 충돌한 옴두르만 전투였다. 이는 당시 세계 최대의 제국주의 국가였던 영국의 정규군과 수단의 원주민 군대 간에 벌어진 일대 결전이었다.

칼리파의 군대가 영국군에게 무참히 깨지다

1898년 9월 1일 키치너 장군은 하르툼으로부터 나일 강을 횡단하여 수단의 옴두르만에 영국인과 이집트인 혼성군을 인솔하고 도착했다. 그는 2만 명 이상의 병력과 야포 및 맥심기관총을 장착한 10척의 소형 포함砲艦, 그리고 보급부대를 거느리고 있었다. 이튿날 아침 무려 4마일에 걸쳐서 전투대형을 형성한 약 5만 명의 수단인 원주민들로 구성된 마흐디의 과격파 이슬람교도 부대가 영국군을 공격하기 시작했다. 이른바 옴두르만 전투가 시작된 것이었다.

1869년 수에즈 운하가 개통된 이래 '인도에 이르는 최단 통항로'

확보에 신경을 곤두세우고 있던 영국 정부는 때마침 이집트에서 일어난 반란을 계기로 1882년 그곳을 아예 식민지화 했다. 이에 따라 이집트가 통치하고 있던 수단 지역이 자동적으로 영국의 지배권으로 편입됐다. 때마침 수단에서는 그동안 쌓인 불만이 극에 달해 무하마드 아미드라는 이슬람 지도자를 중심으로 반란이 일어났다. 급기야는 1883년 수단 전 지역을 장악한 반란세력에 의해 수단 주둔 이집트군(약 1만 명)이 포위되는 사태가 벌어지고 말았다. 설상가상으로 이들을 구출하기 위해 파병된 영국군이 반란군에 에워싸이고 급기야 1885년 1월 지휘관 고든Charles Gordon 장군이 살해되는 사태마저 발생했다. 제반 이유로 토벌을 망설이고 있던 영국정부가 마침내 1896년 군 병력 파병을 결정함에 따라 당시 식민지 이집트군 총사령관이던 키치너 장군이 그 임무를 맡게 됐다.

가장 큰 문제는 칼리파의 세력 거점이자 전략적 요충지였던 나일 강 상류의 옴두르만 지역까지 대규모 병력과 물자를 이동시키는 일이었다. 철도를 새로 부설하는 악전고투 끝에 난제를 극복한 키치너는 마침내 1898년 9월 초에 약 2만 5천 명의 영국군을 옴두르만 북쪽의 나일 강둑 언저리에 배치할 수 있었다. 영국군은 사막지역의 가시덤불을 이용하여 약 1,500미터에 달하는 반원형의 방어벽을 구축했다. 방어벽 안에 앉고 서는 자세로 2열 횡대대형으로 병력을 배치하고 적당한 간격으로 대포와 맥심기관총을 설치했다. 무엇보다도 영국군은 부대 진지 후면의 나일 강에 대포와 맥심기관총으로 무장한 소형 포함砲艦들을 대기시켜 놓고 있었다.

영국군과 대치한 칼리파 압둘라히의 이슬람 군대는 약 5만 명 규모에 보병과 기병으로 혼성 편성되어 있었다. 주 무기는 창과 칼, 그리고 방패 등 근력무기였으나 이들 역시 1만여 정의 소총과 50여 문의 대포 등 상당량의 화약무기를 보유하고 있었다. 물론 대부분의 화약무기는 구식인데다가 제대로 정비되지 않아서 원래 성능을 발휘하지 못하고 있었다. 먼저 선방을 날린 것은 영국군이었다. 9월 1일 영국군은 나일 강 상의 포함에서 옴두르만 시내의 마흐디 무덤을 향해 포격을 가했다. 예상과는 달리 적군으로부터 별다른 반응이 없는 채로 당일 하루가 지나갔다.

옴두르만 전투(William Barnes Wollen, 1899년)

전날의 포격에 무반응을 보였던 칼리파군이 이튿날 오전부터 공격해 오기 시작했다. 먼저 약 4천 명에 달하는 흰 옷 차림의 이슬람 근본주의자 결사대를 필두로 엄청난 수의 이슬람 전사들이 칼과 창을 휘두르며 영국군 진지 앞으로 돌격해 왔다. 하지만 이들은 영국군 진지 정면 300미터에 이르기도 전에 최신형 소총과 특히 맥심기관총의 총탄세례를 받고 전멸하고 말았다. 2시간에 걸친 총격전은 전투라기보다는 차라리 '살육'에 가까울 정도로 영국군의 대승이었다. 칼리파군은 1만여 명이 죽은 데 비해 영국군의 인명 손실은 고작 48명에 불과했다. 불과 5시간에 걸친 전투에서 당시 아프리카에서 가장 강력하고 잘 무장되어 있던 칼리파의 군대가 괴멸당한 것이었다.

산업혁명의 산물이 만들어낸 영국군의 대승

이토록 엄청난 인명 피해 상의 차이가 난 이유는 무엇일까? 근본적으로 양측의 현격한 화력 차이에서 그 해답을 찾을 수 있다. 물론 이외에도 군의 훈련 수준 및 보급 상태, 그리고 병력 및 화력운용 측면에서 양측의 총사령관 격인 키치너와 칼리파가 발휘한 지휘관으로서의 능력 차이 등을 승패 요인으로 꼽을 수 있다. 설령 이러한 점들을 인정하더라도 병력은 적군의 절반에 불과한데다가 현지 지형에도 낯설었던 영국군이 이토록 대승을 거둔 것은 결코 우연이 아니었다. 옛날 방식대로 칼과 특히 창을 주 무기로 무장한 칼리파군에게 후장식 라이플총, 맥심기관총, 대포 등 서구 산업혁명의 산물로 맞선 것이 가장 중요한 승인勝因이었다. 특히 기관총은 끊임없이 총알을 토해

내는 가공할 '살육기계' 그 자체였다.

　유럽과 아프리카 간에 이러한 격차는 어디에서 연유됐을까? 바로 19세기 중반 이래 유럽인들이 이룩한 화약무기 발전이 그 이면에 놓여 있었다. 서양 역사에서 19세기만큼 화약무기 분야에서 빠른 진전이 달성된 시기는 없었다. 특히 장전의 용이성, 사격속도 및 명중률 향상, 그리고 사거리 신장 등의 측면에서 놀라운 향상이 있었다. 이로 인해 신형화기로 무장한 집단과 그렇지 못한 집단 간에 전투력 격차는 더욱 벌어졌다. 특히 후장식 소총 및 기관총이 빠르게 보급되고 있던 19세기 말에 이르면 창이나 칼과 같은 근력무기나 서양에서 폐기된 구식 화약무기로 무장한 아프리카 원주민들은 결코 유럽인들의 적수가 될 수 없었다.

　18세기 후반에 산업혁명이 시작됐으나 서유럽에서 화약무기의 비약적 발전은 1840년대에 이르러 가시화됐다. 그 이전까지 유럽 군대의 표준 개인화기는 전장식에다가 활강 총열을 갖고 있던 수석식 머스킷이었다. 영국에서 브라운 베스Brown Bess로 불린 이 소총은 1704년 블렌하임 전투 이래 군의 주력무기로 사용되어 왔다. 이는 50야드(약 46미터) 거리에 있는 표적은 명중시킬 수 있었으나 80야드(약 70미터)를 넘으면 거의 무용지물이 될 정도로 성능이 떨어졌다. 또한 전장식인지라 장전을 위해서는 일단 일어서서 1분가량 소요되는 복잡한 연속동작을 취해야만 했다.

　19세기 초반 격발 점화장치가 개선되면서 총기 제작 분야의 장기간에 걸친 답보상태에 돌파구가 마련됐다. 1807년 스코틀랜드의 포사이스A. Forsyth는 강한 충격을 가할 경우 폭발하는 뇌산염을 특허 출원했다. 이를 약실 팬에 놓고서 망치로 때리면 성냥이나 부싯돌 없이

도 점화화약에 불을 붙일 수 있었다. 이에 더해 유럽 각국은 보다 성
능이 양호한 개인화기를 만들기 위해 치열하게 경쟁했다. 프러시아
가 '니들건'이라 불린 후장식 라이플소총을 개발하는 동안 프랑스 군
은 총탄을 개선하는 방향으로 관심을 집중했다. 1848년 프랑스군의
미니에 대위는 발사되면 원추형 탄환의 꼬리부분이 확장되어 총신의
강선에 꽉 들어맞는 신형 탄환을 발명했다. 일명 '미니에Minie 탄환'이
라고 불린 이 신제품 덕분에 라이플총의 장전 속도는 더욱 빨라졌다.

개량된 소총에 대한 수요가 급증하면서 대량생산 시스템 역시
도입됐다. 공작기계의 발달로 소총의 제반 부품에 대한 표준화가 달
성되어 필요시 교체가 가능하게 됐다. 1851년 런던 수정궁에서 최초
로 세계산업박람회가 개최됐을 때, 영국 관리들은 박람회장에 전시
되어 있던 미국제 무기에 깊은 인상을 받았다. 이후 영국정부는 엔필
드Enfield에 조병창을 신설하여 '미국식 시스템'으로 알려진 소총의 대

미니에 탄환

량생산체제를 구비했다. 1853년 첫 제품이 출시된 전장식 엔필드 라이플총은 유효사거리가 800야드(730미터)에 달할 정도로 우수한 성능을 자랑했다. 1860년대 중반에는 여기에 미국인 스나이더J. Snider가 발명한 노리쇠뭉치를 장착하여 후장식 소총으로 개량했다. 일명 스나이더-엔필드 라이플총으로 알려진 이 혼합형 소총은 1867년 이래 영국군의 기본화기가 됐다.

소총에 더해 식민지 전쟁에서 무서운 성능을 발휘한 무기는 기관총이었다. 최초로 미국 남북전쟁에서 선보인 개틀링 기관총은 사수가 직접 총신 회전용 핸들을 돌려야만 하는 수동식이었다. 그러다 보니 사격속도도 느리고 무엇보다도 작동에 많은 불편이 뒤따랐다. 이 난제를 해결한 인물은 1884년 자동식 기관총을 발명, 이후 '기관총의 아버지'로 불리게 된 맥심Hiram Maxim이었다. 그는 총탄이 발사될 때 발생하는 가스의 반동력을 이용하여 연속적으로 자동장전이 가능한

'기관총의 아버지'라는 호칭을 얻은 맥심

기관총 제작에 성공했다. 무게 60파운드에 3명 1개조로 운용된 맥심 기관총은 라이플총 100여 정의 화력에 버금가는 분당 최대 600발의 발사속도를 자랑했다. 1890년대에 식민지 전장에 모습을 드러낸 맥심기관총은 자타가 인정하는 전쟁 승패의 가장 결정적 무기였다.

무기상의 현격한 차이가 비단 육군에만 국한된 것은 아니었다. 어찌 보면 해군은 유럽 열강과 식민지 간의 격차가 보다 컸다고 볼 수 있다. 해군 분야에서는 1814년 최초로 등장한 증기추진 군함이 기술혁신을 선도했다. 초기에 증기군함은 선체의 좌우에 설치된 외륜外輪형 수차로 움직였으나 1840년대에 이르면 프로펠러형 스크루를 장착하여 보다 빠른 속력을 낼 수 있었다. 또한 함포를 장갑으로 덮고 포탑을 회전식으로 개량하여 사격 반경을 대폭 늘렸다. 1860년대에는 후장식 강선대포를 장착하여 원거리에 있는 목표물을 보다 정확하게 타격할 수 있었다. 옴두르만 전투 시 강에 정박된 채 칼리파 군을 향해 기관총과 경야포를 발사, 영국군 승리에 일조한 소형 포함砲艦도 바로 이러한 발전 과정을 거쳐서 탄생한 것이었다.

결국 맥심기관총의 총구는 어디를 겨누었나

19세기 말 제국주의 시대에 서구인과 아프리카 원주민 간에 벌어진 충돌은 전력 측면에서 역사상 가장 비대칭적인 경우의 하나였다. 전자에게는 전쟁이라기보다는 사냥에 비견될 만한 사건이었던데 비해 후자에게는 두렵고 생존 가능성이 거의 전무한 투쟁이었다. 후장식 소총에 더해 1890년대에 식민지 주둔 영국군에 맥심기관총과

속사형 경야포가 배치되면서 유럽 군대와 식민지 원주민 군 사이에 전력 격차는 더욱 벌어졌다.

하지만 유럽군대가 거둔 일방적 승리는 아이러니하게도 얼마 후 유럽인들에게 독소毒素로 돌아왔다. 식민지 전쟁이 주는 교훈을 경시한 결과, 유럽 열강은 제1차 대전 때에 서부전선에서 대량살상을 감내해야만 했다. 후장식 라이플소총이나 기관총은 아프리카에서 벌어진 충돌에서는 유럽 군대에게 손쉬운 승리를 안겨줬으나, 제1차 대전과 같은 유럽 열강들 간의 싸움에서는 어느 한쪽의 일방적 승리를 불가능하게 만들었기 때문이다. 본국에서 멀리 떨어진 제국의 끝자락에서 원주민 부대를 상대로 유럽 군대가 자행한 '살육전의 미몽迷夢'이 일종의 부메랑이 되어 유럽인들 자신에게로 날아왔던 것이다. 아무리 사소한 충돌이라고 하더라도 그것이 담고 있는 교훈을 무시한 채 승리에 도취되어 자만과 과신에 빠질 때, 패망의 그림자가 어른거릴 수 있음을 옴두르만 전투는 암시해 주고 있다.

4부

1914~1918

제1차 세계대전

1914. 6	1919. 6
사라예보 사건	베르사유 조약 체결

1914. 9	1915. 5	1916. 5	1916. 7~11	1917. 7~11
마른 전투	이프르 전투	유틀란트 해전	솜 전투	파스샹달 전투

1939~1945

제2차 세계대전

1945. 8
원자폭탄 투하와 일본의 항복

| 1939. 9
폴란드 침공
전투 | 1940. 7~10
영국 전투 | 1942. 6
미드웨이
해전 | 1942. 8 ~
1943. 1
스탈린그라드
전투 | 1944. 6
노르망디
상륙작전 |

현대 전쟁과 무기

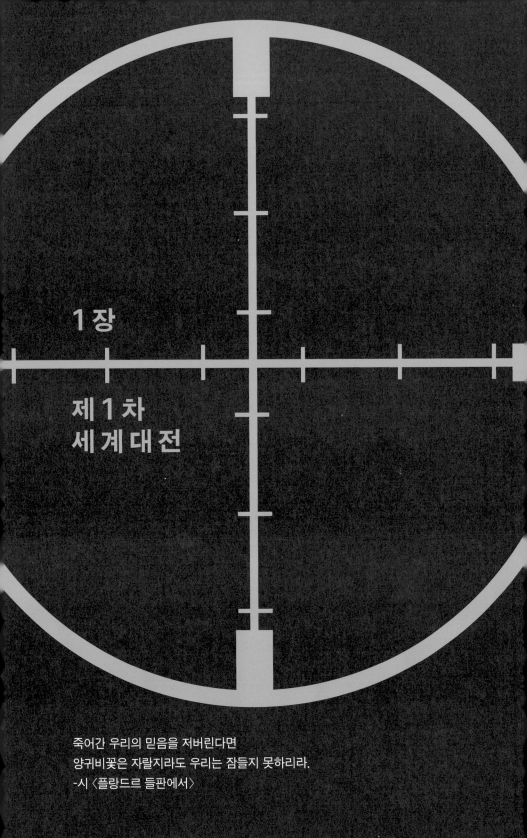

1 장

제 1 차
세 계 대 전

죽어간 우리의 믿음을 저버린다면
양귀비꽃은 자랄지라도 우리는 잠들지 못하리라.
-시 〈플랑드르 들판에서〉

마른 전투 1914. 9

본격적인
총력전의
시작

    1914년 8월 초 삼국동맹과 삼국협상으로 양분되어 있던 유럽 열강들은 최초의 전형적 총력전인 제1차 세계대전으로 빠져들었다. 세계대전이라는 말에 어울리게 약 4년 4개월 동안 지속된 전쟁은 약 3천만 명에 달하는 엄청난 인명 피해와 2천억 달러에 육박하는 천문학적인 물적 손실을 초래했다. 이러한 심대한 피해가 발생한 이면에는 초반부터 전쟁 양상이 참호전으로 고착됐다는 전장의 실상이 담겨져 있었다. 획기적인 신무기의 동원 없이 19세기 전쟁처럼 인원 투입만으로 교착상태를 돌파하려 시도한 탓에 일진일퇴의 공방전만 거듭되어 막대한 인명 피해로 이어졌던 것이다. 이처럼 전쟁 양상이 기동전에서 진지전으로 바뀌는 계기가 된 것이 바로 대전 초반 서부전선에서 벌어진 마른 전투 Battle of the Marne(1914. 9)였다.

오스트리아 황태자 암살사건

사라예보에서 벌어진 황태자 암살사건

제1차 대전의 직접적 계기는 1914년 6월 28일 합스부르크 제국의 지배하에 있던 남유럽 보스니아-헤르체고비나의 수도 사라예보에서 발생한 오스트리아 황태자 암살사건이었다. 인접국 세르비아가 암살의 배후라고 확신한 오스트리아는 철저한 진상 규명을 천명했다. 이후 세르비아 정부의 미온적 태도에 발끈한 오스트리아군은 사건 발생 한 달 후인 7월 28일 세르비아를 침공했다. 발칸반도에서 양국 사이에 전쟁이 벌어진 것이었다. 그런데 두 나라 간에 충돌이 일어난 지 불과 1주일 만에 국지전은 유럽의 대부분 열강들(영국·프랑스·러시아·독일)이 참전하는 세계대전으로 비화됐다.

대전 발발의 원인에 대해서는 종전 이래 논쟁이 끊이지 않고 있으나 근본적으로는 다음 두 가지 질문으로 축약할 수 있다. 우선, 암살사건이 하필이면 발칸반도의 사라예보에서 일어났을까하는 점이다. 전통적으로 발칸지역에서는 당시 유럽의 다른 어느 지역보다도 게르만족과 슬라브족 간에 대립과 갈등이 첨예하게 고조되어 있었다. 16세기 이래 오토만 제국이 차지하고 있던 이곳에 역사적으로 이해관계가 깊은 오스트리아(게르만족)와 러시아(슬라브족)가 19세기 중엽 이래 적극 진출을 시도했기 때문이다. 이러한 과정에서 러시아를 등에 업고 발칸지역 내 슬라브족의 맹주로 자처하던 세르비아의 불만이 쌓여 왔다. 특히 오토만 제국의 약화로 무주공산無主空山이 된

THE BOILING POINT.

화약고 발칸반도 풍자화

보스니아-헤르체고비나 지역을 1908년 오스트리아가 병합해 버렸기 때문이다. 이렇게 누적된 세르비아 민족주의자들의 울분이 급기야는 오스트리아 황태자 암살로 표출됐던 것이다.

다음으로는, 양국 간의 국지전이 단 시일 내에 유럽 전쟁으로 확대된 이유를 꼽을 수 있다. 대전 발발 직전 유럽 열강들은 삼국동맹(독일-오스트리아-이탈리아)과 삼국협상(영국-프랑스-러시아)이라는 두 개의 적대진영으로 분열되어 있었다. 삼국동맹에 속한 오스트리아와 삼국협상국인 러시아의 전폭적 지원을 받은 세르비아 간에 충돌이 벌어지자 줄지어 전쟁으로 뛰어들었던 것이다. 길게는 1870년대 초반 유럽 중앙부에 통일된 독일제국이 등장하면서 기존 유럽의 세력 균형에 지각변동이 일어난 점을 양 블록 형성의 근본 요인으로 꼽을 수 있다. 이러한 변화의 중심에 있던 독일제국 수상 비스마르크가

1890년 이래 정치 및 외교 일선에서 물러나면서 대립상이 점차 격화 및 표면화됐다. 1914년 7월 29일 러시아의 총동원령에 대응하여 독일이 러시아와 프랑스에 선전포고(8. 2)하고, 영국마저 독일에 선전포고(8. 4)하면서 유럽은 자멸의 긴 전쟁으로 빨려 들어갔다.

세계사에서 가장 중요한 전투들 중 하나

1914년 8월 4일 영국이 독일에 선전포고하고 유럽 열강들 중 마지막으로 참전하면서 대전의 불꽃은 거세게 타올랐다. 전쟁이 총력전으로 전개되다보니 각국은 경쟁적으로 인적 및 물적 자원을 전쟁 수행에 동원했다. 그런데 문제는 대전의 주전장인 서부전선에서 대전 초반부터 전쟁의 형태가 참호전화 됐다는 점이다. 드넓은 평원에서 양측 군대는 길고 복잡한 참호 망을 구축한 채 상대방 참호지대의 돌파를 목표로 일진일퇴의 공방전을 펼쳤다. 그러다 보니 전투는 불가피하게 살육전의 양상으로 전개됐다.

물론 전쟁 발발 시부터 진지전을 예상한 것은 아니었다. 이와는 반대로 독일의 작전계획인 슐리펜 계획Schlieffen Plan은 신속한 기동전을 전제로 하고 있었다. '속전속결의 선제공격'이야말로 본 계획이 성공할 수 있는 골자였기 때문이다. 또한 계획의 핵심적 실행 방법은 '선先프랑스 후後러시아'였다. 프랑스와 러시아 양국을 동시에 상대해야만 하는 상황에서 승리의 요건은 병력동원 속도가 상대적으로 빠른 프랑스를 6주 이내에 먼저 격파하고, 이어서 철도로 병력을 동부전선으로 이동시켜서 러시아군의 공격에 대응하는 데 있었기 때문이다. 이를 위해 동부전선에는 현상 유지에 필요한 병력만을 남겨둔 채 대부분의 병력을 프랑스와 대치하고 있는 서부전선에 투입해야만 했다. 또한 서부전선에 배치된 병력을 지형 상 평지인 우익右翼에 집중 배치한 후 밀물처럼 쇄도해 들어가서 단시일 내에 프랑스군을 제압한다는 복안이었다.

전쟁 발발 초반 독일군은 긴 세월 동안 공들여 작성한 슐리펜 계획에 따라 중립국 벨기에를 경유, 프랑스의 파리를 행해 진격했다. 마침내 9월 초경에 폰 빌로 장군이 이끈 독일군 제2군의 선두부대가 파리 외곽 40마일(64킬로미터) 지점까지 진출하면서 6주 안에 파리를 점령한다는 슐리펜 계획은 성공하는 듯했다. 하지만 이때 기적 같은 일이 벌어졌다. 바로 마른강을 사이에 두고 작은 지류支流 및 습지가

전선으로 떠나는 독일군 병사들

널려 있던 지역에서 양측 합계 약 50만 명의 사상자가 발생할 정도로 치열하게 전개된 6일 간의 공방전(1914. 9. 6~12.)에서 조프르 원수가 이끈 프랑스-영국 연합군이 독일군의 진격을 저지했던 것이다. 독일군은 마른강 위쪽의 엔강까지 후퇴했다. '우익 강화'라는 슐리펜의 유언과는 달리 그를 계승한 참모총장 소小몰트케가 오히려 우익을 약화시킨 것이 독일군 패배의 주요인이었다. 직접적으로는 40일 안에 파리를 점령해야 한다는 강박관념에 집착하여

알프레드 폰 슐리펜 장군

진격을 서두른 탓에 독일의 제1군과 제2군 간격이 과도하게 벌어져 형성된 빈 공간으로 프랑스군이 쇄도해 들어갔기 때문이었다.

이로써 기동전을 추구한 슐리펜 계획은 무산되고 곧 알프스에서 북해까지 전선을 따라 참호가 구축되면서 전쟁 양상은 진지전으로 변했다. 이후 적진지를 돌파하려는 지속적인 정면 공격 시도로 서부전선은 포연과 피비린내가 진동하는 살육의 장으로 화하고 말았다. 어쨌든 초전에 연속적인 패배의 수렁에서 벗어난 프랑스-영국 연합군은 기나긴 소모전을 견딘 후 종국에는 전쟁을 승리로 이끌 수 있었다. 이러한 맥락에서 마른전투를 '세계사에서 가장 중요한 전투들 중 하나'로 꼽은 윈스턴 처칠의 평가는 타당하다고 볼 수 있다.

총력전을 만든 신기술과 무기들

1914년 8월 초에 전쟁이 발발하자 독일은 슐리펜 계획에 따라 중립국 벨기에를 통과하여 파죽지세로 밀고 들어갔다. 하지만 앞에서 살펴본 바대로 독일군의 진격은 9월 초에 마른 강에서 프랑스군의 완강한 저항에 부딪쳐서 좌절되고 말았다. 이때부터 전쟁이 종반전에 접어드는 1917년 말까지 서부전선에서는 참호전과 이를 돌파하기 위한 정면 돌격전이 반복됐다. 결국 수많은 전사자들이 속출하는 살상전과 엄청난 분량의 물자를 소비하는 소모전이 전쟁의 대표적 특징이 됐다.

따라서 제1차 대전시의 무기는 주로 이러한 교착상태를 고수 및 타파하는 방향으로 발전했다. 전쟁 양상이 참호전으로 변모한 이면에는 과학기술의 진보에 따른 방어용 무기의 발전이 크게 영향을 미쳤다. 1914년 말경부터 알프스 산맥의 끝단에서 북해까지 이어진 서부전선에서는 가시철조망과 기관총이 전장을 압도했다. 양측은 일단 참호를 구축하고 전방에 철조망을 설치하여 상대방의 접근을 막았다. 철조망을 관통하려는 적군의 시도는 참호 속에 웅크리고 있던 기관총 사수의 연발사격에 의해 여지없이 좌절됐다. 이러한 상황에서 특히 맥심기관총이 이론異論의 여지가 없는 '전쟁의 총아寵兒'로 떠올랐다.

무엇보다도 제1차 세계대전은 최초의 본격적인 '총력전total war'이었다. 이는 전쟁 승리를 위해 정치, 경제, 사회, 그리고 심지어는 문화까지 국가의 전체 역량이 모두 동원되는 전쟁 형태로 정의할 수 있다. 무엇이 이러한 전쟁 양상의 변화를 가능케 했을까? 바로 19세기 초반 이래로 유럽의 열강들이 경쟁적으로 추구해온 산업화産業化가 그 토대를 제공했다. 각국이 사활을 걸고 벌여온 산업발전 및 군비경쟁이 결국에는 유럽 문명의 총체적 파국이라는 비극을 잉태하는 아이러니가 벌어졌던 것이다.

산업화의 위력은 이미 1870년에 벌어진 프로이센과 프랑스 간의 전쟁에서 과시됐다. 앞선 과학기술에 힘입어 우수한 장비로 무장한 프로이센군의 진격 앞에서 프랑스는 채 두 달도 버티지 못한 채 항복하고 말았다. 저항하는 파리 민중들을 향해 프로이센군은 자국의 자랑인 크루프사社가 생산한 수백문의 대포를 동원하여 집중포화를 퍼부었다. 일거에 파리는 파괴되고 수많은 사람들이 목숨을 잃었다. 대량 파괴와 대량 살상에 사람들은 경악했으나 이는 다가올 전쟁의 미미한 한 단면에 불과했다.

보불普佛전쟁 이후 유럽 열강들은 대외적으로는 식민지 확보에 내부적으로는 군사력 증강에 매진했다. 각국은 보불전쟁을 통해 대규모 병력의 확보와 이의 무장이 무엇보다도 중요하다는 생생한 교훈을 얻었다. 유럽 사회 전반적으로 조직과 통제를 통해 효율성 제고를 추구하는 군사문화가 넓게 뿌리를 뻗어가고 있었다. 군사력 증강을 위해 각국이 특히 심혈을 기울인 분야는 출산율 장려와 철도 부설이었다. 대규모 병력을 얻기 위해서는 무엇보다도 풍부한 인구가 필요했고, 소집된 병력을 접전 장소로 이동시키기 위해서는 철도가 필수불가결한 수단이었다.

실제로 1870~1914년에 유럽의 인구는 빠르게 증가했고, 인적 동원수단은 체계화 됐다. 19세기 초반에 약 2억 명을 웃돌았던 유럽의 인구가 20세기 초경에는 거의 5억 명에 육박할 정도로 증가했다. 이러한 인구 증가를 바탕으로 각국은 경쟁적으로 군대 규모를 확대했다. 특히 대표적 육군국가로서 라이벌 관계였던 독일(1870년 130만 → 1914년 5백만 명)과 프랑스(1870년 50만 → 1914년 400만 명)의 병력 증강이 두드러졌다. 이를 가능케 한 것은 각국이 채택한 징병제도였다. 프랑스혁명 중에 첫 선을 보인 국민개병제도는 이후 프로이센의 도입을 시작으로 빠르게 유럽 전역으로 확산됐다. 제1차 대전 직전에 이르면 섬나라 영국을 제외한 대부분 국가들이 채택했을 정도로 일반적인 현상이 됐다. 각국은 기존의 장기 복무병 중심의 전문 직업군제도를 축소 및 폐기하고 국민개병제로 전환함으로써 대규모 인적자원 확보책을 마련했던 것이다. 이제 유럽 열강들은 조국 수호라는 미명하에 20세 이상 심지어는 18세 이상의 자국 남성들을 소집하여 다가올 '아마겟돈 전쟁'에 대비했다.

총력전을 현실화시킨 또 다른 원흉은 때마침 등장한 대량운송 수단인 철도였다. 철도망의 확대 및 구축과 더불어 징병제를 통해 크게 늘어난 병력을 짧은 시간 안에 전선으로 이동시킬 수 있었다. 산업화 이후의 현대전에서는 무엇보다도 병력과 물자의 빠른 이동이 전쟁 승리의 중요한 변수로 떠올랐다. 화력의 증강으로 예전처럼 정면공격을 통해서는 승리를 달성하기가 힘든 전술적 상황이 도래했기 때문이다.

유럽 각국은 19세기 후반기에 앞 다투어 이른바 전략철도 부설에 심혈을 기울였다. 특히 적대 관계에 있던 프랑스와 독일 사이의 경쟁이 치열했다. 프랑스가 동부전선으로 이어지는 철도노선을 10개로 늘리자 이에 뒤질세라 독일도 서부전선으로 향하는 철도노선을 16개로 확대했다. 그 결과, 1870년에 총 6만 5천 마일에 불과하던 유럽 내 철도의 길이가 1914년에 이르면 무려 18만 마일에 달할 정도로 크게 신장됐다.

철도 부설과 더불어 각국은 철도행정 및 관리체계를 마련했다. 군내에 철도관리를 전담하는 분견대를 설치하고, 군민합동위원회를 조직하여 철도 관리의 군사적 효율성을 높였다. 유럽 각국은 1860년 대에 프로이센이 개발한 '지방별 분산 동원방식'을 모방했다. 이는 각 군Corps 단위로 주둔지역의 병력소집에서부터 무장 및 집결지로의 이동까지 동원 업무 일체를 책임지고 수행하는 체계였다. 이러한 흐름에서 한 발 앞서 있던 독일은 동원방식을 지속적으로 개선하고 반복 숙달한 결과 20세기 초에 이르면 동원 개시 2주 안에 대규모 전투를 수행할 수 있는 수준까지 도달했다. 바야흐로 일명 '철도시간표'의 전쟁이 발발할 여건이 무르익고 있었다. 바로 그 중심에 독일군의 슐리펜 계획이 있었다.

산업화가 전쟁에 미친 영향

영국에서 산업혁명이 시작된 지 약 1세기가 지난 19세기 말에 이르러 질적 및 공간적으로 확대된 산업화가 제반 분야에 영향을 미치게 됐다. 경제적인 측면에서 산업혁명 덕분에 유럽인들의 생활수준은 크게 향상됐다. 사회적으로 자본가와 노동자 사이에 계급 갈등이 초래되기는 했으나, 동시에 국민통합의 열기가 제국주의적 팽창이라는 모습으로 표출됐다.

산업화의 위력이 가장 극명하게 반영된 것은 대규모 전쟁의 가능성이었다. 각국은 징병제로 동원된 수백만 명의 젊은이들을 전국 각지의 공업지대에서 대량생산한 신형 무기들로 무장시켰다. 역사상이처럼 대규모 인원이 단시일 안에 동일한 화기로 무장한 경우는 없었다. 또한 과학기술의 발달에 따른 화기의 자동화 진전과 대포의 화력 증강은 대량 집중사격을 가능케 하여 대규모 인명 살상을 불가피하게 만들었다. 아이러니하게도 평화로운 여행의 수단인 철도가 최신의 무기로 무장한 대병력을 싸움터로 빠르게 운송할 수 있는 길을 열어주었다. 이처럼 1914년 이전에 유럽인들은 이미 '총력전'을 수행할 만반의 준비를 마치고 있었다. 단지 누가 먼저 방아쇠를 잡아당기느냐의 문제만 남겨두고 있었다.

이프르 전투 ^{1915. 5}

독가스를
살포하다

　　1914년 9월 초 마른전투를 통해 독일군의 진격을 격퇴하는 데 성공한 영국-프랑스 연합군(이하 영불연합군)은 전세를 더 이상 확대하지 못했다. 10월에 접어들면서 전쟁은 기동전이 아니라 진지전 양상으로 변했다. 알프스 산맥의 북쪽 끝단에서 북해까지 철조망이 설치되고 참호가 구축됐다. 이제 승전의 길은 우회기동과 정면돌파 중 하나뿐이었다. 이때 양측이 택한 방식은 후자였다. 당시 양측 모두 방어선을 우회할 만한 기동수단이 없었기 때문이다. 이러한 상황에서 양측은 적진을 돌파할 수 있는 신무기 개발에 매진했다. 이때 등장한 대표적 신무기들 중 하나가 바로 독毒가스였다. 독일군은 이프르 전투Battle of Ypres에서 역사상 최초로 염소가스를 살포하여 영불연합군 방어선 돌파를 시도했다.

야전용 참호의 효과가 발휘되다

전투 중 자세를 낮출수록 생존 가능성이 커진다는 사실을 처음으로 분명히 보여준 사례는 미국 남북전쟁이었다. 미니에 탄환 사용으로 사거리가 크게 신장되고 정확도가 향상됐기에 나타난 현상이었다. 물론 비슷한 시기에 유럽에서 벌어진 전쟁에서는 프러시아의 철도망 활용으로 전쟁이 기동전화 됨에 따라 야전축성 시도는 드물었다. 하지만 이후 특히 서유럽 이외 지역에서 벌어진 전쟁에서 그 중요성은 크게 부각됐다.

이 시기에 개발된 가장 효과적인 요새는 재래식 성채가 아닌 야전용 참호였다. 이는 1877년 러시아와 터키 간에 벌어진 전쟁에서 그 위력을 십분 발휘했다. 약 6만 명의 대병력으로 불가리아의 플레브나 지방으로 침략한 러시아군에 터키군은 단지 참호에 의지한 채 무려 5개월 동안이나 버틸 수 있었다. 이후로 전쟁에 참전하는 모든 병사들은 개인장비 목록에 야전삽을 추가해야만 했다. 세기말에 벌어진 보어전쟁은 물론이고 특히 러일전쟁에서 야전축성의 중요성은 더욱 분명하게 과시됐다. 여순 요새의 깊은 참호에서 방어하는 러시아군을 제압하기 위해 일본군은 엄청난 수의 병사들을 사지死地로 몰아넣어야만 했다.

일반적 의미에서 야전축성, 즉 참호는 옛날부터 시작된 축성築城에서 그 연원을 찾을 수 있다. 인간은 오랜 세월 수렵채집의 생활을 끝내고 기원전 1만 년경부터 농경정착 생활을 시작하면서 자체 보호 필요성을 실감했다. 더구나 정착생활이 장기화되면서 공동체 구성원 수가 늘어나고 계층 분화로 분쟁이 잦아지게 됐다. 이제 충돌은 단순히 생존만의 문제가 아니라 세력을 확장하는 수단으로 변했다. 그러다 보니 안전을 보장받을 수 있는 대책을 강구해야만 했다. 이는 조야한 나무울타리에서 토성의 형태로 나타났고 이어서 석성石城으로 발전하게 됐다. 이처럼 문명의 발전과 더불어 요새의 형태나 축성방식도 진화해온 것이었다.

역사적으로 축성방식에 가장 크게 영향을 미친 요인은 화약무기의 등장이었다. 특히 대포의 출현은 중세의 높은 성곽을 무용지물로 만들었다. 이전의 공성무기들은 적군의 성을 무력화시키지 못했으나, 대포는 성벽을 쉽게 무너뜨렸다. 15세기경에 서양의 성들은 높이가 낮아지고 성벽은 두터워졌다. 축성술 상에 일대변혁이 일어난 것이었다. 견고하게 요새화된 일명 '이탈리아식 성채城砦'가 출현하여 널리 유행했다. 19세기에 이르러 전쟁이 산업화되면서 큰 비용이 소요되는 요새식 성곽의 효용성은 크게 떨어졌다. 이에 더해 화기의 성능마저 향상되면서 전통적인 성곽과 성채는 전장에서 구덩이를 파고 흙을 쌓는 야전축성으로 바뀌었다.

전쟁의 양상이 참호전으로 바뀌다

1914년 대전 첫해 겨울에 이르러 서부전선은 교착상태에 빠졌다. 스위스 국경에서부터 벨기에 해안지대에 이르기까지 참호가 구축됐다. 물론 초기의 참호는 대전 중반에 선보인 반半영구적인 참호방어 시스템에 비하면 단지 땅을 판 정도에 불과했다. 전선의 대치상태가 길어지면서 양측은 본격적으로 참호망을 구축하기 시작했다.

겨울 동안에 독일군은 전선을 따라서 콘크리트 기관총 진지를 설치하여 방어력을 높였다. 서부전선 맨 끝단의 플랑드르 지방을 담당하고 있던 영국군의 경우, 워낙 지대가 낮았던 탓에 참호 구축에 많은 어려움을 겪었다. 프랑스군은 벨기에와 북프랑스의 자국 영토를 점령하고 있는 독일군을 하루라도 빨리 원래 국경선 밖으로 몰아내기 위해 적극적인 공세를 벌이고자 했다.

실지失地 회복을 열망한 프랑스군은 1915년 2월 중순경부터 상파뉴 지방에 대한 공격을 시도했다. 하지만 무려 24만 명의 병력 손실만 입은 채 별다른 성과를 얻지 못했다. 영국군 역시 3월 초에 시도한 기습공격이 초반에는 성공하는 듯했으나 독일군의 격렬한 저항에 부딪혀 좌절되고 말았다. 이제 전쟁은 점점 더 교착상태로 빠져들었다. 이러한 상황에서 방어선 돌파용으로 독일군이 도입한 신무기가 바로 '독가스'이었다. 현대판 화학전이 전장을 휩쓸면서 이제 '신사적인' 전쟁을 꿈꿔온 서양의 기사도 전통은 완전히 자취를 감추게 됐다.

영불연합군의 공격이 잠시 주춤한 틈을 타서 독일군은 1915년 4월 22일 벨기에 남쪽에 형성된 영불연합군 돌출부의 이프르를 향해 대공세를 개시했다. 바로 이때 근대 전쟁역사상 최초로 독일군의 독가스가 등장했다. 당일 늦은 오후에 독일군은 연합군 진지를 향해 집중포격을 가한 후 거의 6천 개에 달하는 가스통을 열고 염소가스를 흘려보냈다. 이 신무기는 프랑스군 및 영국군 캐나다 사단의 참호를 가로질러 빠르게 퍼져 나갔다. 독가스 공격에 대한 대비책이 전혀 없었던 프랑스군 병사들이 공포에 질려 퇴각한 탓에 인접한 캐나다 사단 좌측으로 폭 5마일 정도의 빈틈이 생기고 말았다. 바로 이곳으로 돌진한 독일군은 당일 저녁에 이프르 전방 2마일 지점까지 진격할 수 있었다.

영불연합군에게는 다행스럽게도 독일군의 전진은 여기까지였다. 독일군도 독가스로 인해 이처럼 돌파 공간이 생기리란 점을 예상치 못했고, 더구나 당시 독일군은 동부전선에서도 작전을 수행해야만 했기에 동원할만한 예비대가 없었다. 독일군이 머뭇거리는 사이 프랑스군은 재집결하여 최초 전선에서 약 2~3마일 후방에 새로운 방어선을 구축할 수 있었다. 캐나다군도 전열을 정비한 후 독일군 공격에 대비했다. 이후 5월 25일까지 양측 간에 공방전이 지속됐으나, 최초 접전에서 형성된 전황에는 큰 변동이 없었다. 이프르 전투에서 독일군은 약 3만 5천 명, 영불연합군은 거의 배가 되는 7만 명(이중 영국군 5만 8천 명)의 인명 피해를 입었다.

독가스를 살포해 전선돌파를 꾀하다

1914년 말경부터 서부전선에는 가시철조망과 기관총이 전선 풍경을 압도했다. 양측은 참호를 판 후 그 앞에 철조망을 설치하여 적의 침투를 막았다. 방어망을 통과하려는 적군의 시도는 참호 속에 웅크리고 있던 기관총 사수에 의해 여지없이 분쇄됐다. 엄청난 사격능력을 자랑하던 맥심 기관총의 출현은 참호와 앙상블을 이루며 방자防者에게 결정적인 이점을 제공했다. 특히 정면 돌격하는 병사들에게 기관총은 '악마의 울림 틀' 그 자체였다. 이처럼 전쟁 양상이 참호전으로 전개된 데는 과학기술의 진보에 따른 방어용 무기의 발전이 크

참호전과 가스전

게 영향을 미쳤다.

따라서 제1차 대전 시에 등장한 공격용 무기들은 바로 이러한 교착상태를 타개하려는 목적을 갖고 있었다. 양측이 복잡한 참호망을 구축한 채 상대방 방어선을 돌파하기 위해 일진일퇴의 공방전을 펼치다보니 인명 피해만 늘어났다. 적의 철조망을 파괴하고 기관총 진지를 제압한 후 적군의 방어선을 돌파할 수 있는 새로운 수단이 절실하게 요구됐다. 이때 독일군이 첫 선을 보인 신무기가 바로 '독가스poison gas'였다. 이제 바야흐로 핵무기와 더불어 20세기를 공포로 몰아넣게 되는 화학무기가 그 추악한 모습을 드러낸 것이다. 1915년 4월 독일군은 프랑스와 벨기에 국경지대인 이프르에서 벌어진 전투에서 최초로 유독성 염소가스chlorine gas를 살포했다.

영국해군의 해상봉쇄로 인해 원자재 및 생필품 부족에 시달리고 있던 독일이 전선에서 무엇인가 돌파구를 마련할 심산으로 독가스를 개발했던 것이다. 이는 흡입하는 순간에 호흡기와 소화기에 심각한 손상을 입혔고, 크게 노출 시에는 사망할 정도로 강한 독성을 갖고 있었다. 관을 이용해 살포하는 원시적 방법으로 인해 살상력은 화약무기에 미치지 못했으나 그 심리적 효과는 기대 이상이었다. 앞에서 언급했듯이, 독가스에 힘입어 독일군은 영불연합군의 방어선에 약 5마일의 공간을 형성하는 데 성공했던 것이다.

사실상 독가스는 1899년 헤이그 평화회의 선언과 1902년 헤이

그 협약을 통해 국제적으로 사용이 금지된 무기였다. 독일의 행동은 국제적으로 강한 비난을 받았으나, 독가스가 병사들에게 주는 공포감은 당시 다른 무기에 비할 바가 아니었다. 살상 능력은 화약무기에 비해 낮았으나 전투수행 능력을 마비시키는 측면에서는 상당한 효과가 있었다. 그러다 보니 일부 찬반논쟁은 있었으나, 곧 영국과 프랑스 진영도 독가스를 투입했다.

그 살육의 현장이 얼마나 비참했을지는 참전용사 출신인 폴 내시의 그림이나 레마르크의 소설 등을 통해 충분히 엿볼 수 있다. 이후 독일은 독가스 개발에 박차를 가해 호흡기를 심각하게 손상시키는 포스겐가스와 겨자가스를 생산하여 사용했다. 독일군의 가장 악명 높은 독가스였던 겨자가스는 일단 사람이 접촉하면 피부에 흉측한 수포를 발생시키는 것은 기본이고 시력 상실과 심각한 기관지 폐렴까지 일으킬 정도로 그 독성이 강했다. 이처럼 끔찍한 피해를 신체에 입힐진대 독가스에 노출될 경우 병사들의 사기저하는 불가피했다. 양측 모두 대전 내내 독가스의 공포로부터 자유롭지 못했다.

독가스의 위력을 실감한 양측은 자국의 화학자 및 관련 산업계를 총동원하여 보다 독성이 강한 독가스를 개발 및 생산하기 위해 노력했다. 이제 과학이라는 학문도 전쟁에서 자유로울 수 없게 됐다. 1909년에 대기 중의 질소를 고정시켜서 암모니아를 합성하는 방법을 발견, 일약 국제적 명사가 된 독일의 유대계 화학자 프리츠 하버 Fritz Haber야말로 이 분야의 대표적 인물이었다. 독일국가에 대한 애국심이 투철했던 하버는 독일군 수뇌부로부터 교착상태 타개 수단을 강구해달라는 부탁을 받고서 화학교수로서의 전공지식을 십분 발휘하여 각종 독가스를 주도적으로 합성해 냈다. 독가스 개발에 대한 우려의 목소리가 커지자 그는 현대의 총력전에서 과학은 한 국가의 운명을 결정짓는 중요한 요소이며, 같은 맥락에서 과학자는 최전방에서 총을 들고 전투에 임하고 있는 군인과 다를 바 없는 존재라고 역설했다.

독가스의 살상력 향상과 비례하여 살포 수단도 개선됐다. 초기에는 강철제 관에 채운 독극물을 가스 형태로 분사噴射하는 방식을 사용했다. 그러다 보니 살포 준비에 장시간이 소요되고 무엇보다도 결정적으로 외부 기상조건의 영향을 크게 받았다. 예컨대, 적진으로 독가스를 살포하는 도중에 예기치 않게 바람의 방향이 바뀔 경우, 오히려 아군이 독가스의 피해를 입을 확률이 높았다. 이에 개선책이 다각도로 모색됐고, 덕분에 1916년경부터는 독가스를 포탄에 넣어서 살포하는 투발방식이 등장했다. 이와 더불어 화학전만을 전담하는 특수부대를 창설하여 임무 수행을 체계화했다.

독가스로 표출된 전쟁의 반인륜성

마른전투 이후 양측은 우회로를 찾기 위해 일명 '바다로의 경주 Race to the Sea'를 벌였다. 하지만 1914년 10월 말경 서부전선 전체는 교착상태에 빠졌다. 현대판 무기인 후장식 라이플, 기관총, 대포 등은 정면 돌격하는 보병들의 공격정신을 사정없이 분쇄했다. 당연히 전장은 나뒹구는 인간의 시체들로 뒤덮였다. 숨이 붙어 있는 자들은 살아남기 위해서라도 땅을 팔 수밖에 없었다. 이후로 약 4년, 보다 정확하게는 1460일 동안 수백만 명의 양측 장병들은 좁고 길게 형성된

독가스의 참상

참호망에서 매일 생사生死를 가르는 삶을 이어가야만 했다.

　이러한 황량한 풍경을 더욱 살벌하게 만든 것은 갑자기 출현하는 신무기였다. 대비책이 전혀 없이 이를 맞이해야 한다는 공포감이 병사들을 짓눌렀다. 바로 독가스가 그러했다. 물론 제1차 대전 중 전체 전사자를 고려할 시, 독가스로 인한 실제 희생자 수는 미미한 편이었다. 그렇다고 하더라도 전술적으로 절실했을지언정 전장의 무기 목록에 독가스를 첨가한 행위는 인간 존재이기를 포기한 처사임에 분명하다. 일단 봇물이 터진 반反인륜성은 이후에도 이어져서 제2차 대전 중에는 나치의 인종말살 도구로 활용됐다. 바로 이프르 전투는 과연 인간성이란 무엇이며 전쟁이란 무엇인가를 재삼 성찰케 하는, 그리고 현실적으로 다량의 생화학무기를 보유한 것으로 추정되는 북한군에 대해 우리의 경각심을 촉구하는 역사적 사건으로 주목할 필요가 있다.

유틀란트 해전^{1916. 5}

승패가
나지 않은
해전

  지표면의 약 70%를 해양이 차지하고 있다. 이에 따라 인류의 역사는 바로 이 바다와 불가분의 관계를 맺으면서 전개되어 왔다. 역사상 전쟁의 승패를 결정한 수많은 전투들은 대부분 육지에서 벌어졌지만, 그렇다고 바다의 중요성을 무시할 순 없다. 살라미스 해전, 레판토 해전, 한산도 해전, 트라팔가르 해전 등 역사의 물줄기를 바꾼 경우도 적지 않기 때문이다. 제1차 대전의 경우, 육상전투에 비해 해상전투는 매우 드물었다. 대표적 적대 국가였던 영국과 독일은 1890년대부터 거의 20여 년 이상을 해군력 증강에 매진해 왔다. 그 결과 다양한 새로운 해군용 무기와 함정이 개발됐다. 이처럼 양국이 경쟁적으로 육성한 해군력을 동원해 자웅을 겨룬 전투가 바로 덴마크의 유틀란트 반도 서쪽 해상에서 벌어진 유틀란트 해전Battle of Jutland(1916. 5)이었다.

바다를 지배하는 자가 세계를 지배한다

　태초부터 인류는 물과 불가분의 관계를 맺어왔다. 석기시대인의 삶도 주로 하천을 중심으로 영위됐다. 증기기관의 등장 이전에 인류는 물자이동을 위해 인력, 마력, 그리고 풍력 등을 활용할 수 있었으나 운반할 수 있는 물품의 양은 극히 제한됐다. 이때 대규모 물자운송 수단으로 기여한 것이 바로 배였다. 자연스럽게 인류는 큰 강가나 해안 지대에 무리지어 살게 됐고, 이로부터 문명이 싹트기 시작했다.

　선박은 처음에는 인간의 힘으로, 이어서 돛을 이용한 바람의 힘으로, 그리고 19세기 이후에는 증기력으로 움직였다. 초기에는 창칼로 무장한 병력이 승선하여 전투를 벌였으나 화약무기의 출현 이래로 총과 특히 대포를 탑재하여 무장력을 높였다. 선박도 처음에는 목선木船이었으나 19세기에 들어와서는 목재를 금속으로 뒤덮은 철갑선으로, 그리고 19세기 말에 이르러서는 아예 온통 철선鐵船이 등장했다.

　옛날부터 해상교역은 국가의 경제력 성장에 핵심적인 요소였다. 역사적으로 바다를 지배한 자가 세계를 제패했다. 19세기 내내 세계를 호령했던 영국도 해상교통로 확보와 해외식민지 획득을 위해 해군력을 집중적으로 육성했다. 이 시기에 해양의 중요성을 인식한 또 다른 국가는 바로 독일이었다. 아니나 다를까 양국은 19세기 말 이래 해군력 증강에 매진해 왔다. 정확하게는 영국의 기존 제해권에 독일이 도전장을 내민 것이었다.

　1870년 통일을 달성한 독일은 통일 초기에는 수상 비스마르크의 주도 하에 국가통합과 산업화에 박차를 가했다. 대외적으로 비스마르크는 프랑스의 고립화를 통한 유럽 내 평화유지를 외교의 핵심 목표로 설정하고 오스트리아 및 이탈리아와 삼국동맹(1882년)을, 이어서 러시아와 재보장조약(1888년)을 체결했다. 이제 막 통일을 달성한 독일이 국력을 신장시킬 수 있는 시간을 벌기 위한 교묘한 외교전략이었다.

그러나 1880년대 말에 독일에서 중요한 정치적 변화가 일어났다. 1888년 젊은 빌헬름 2세가 독일의 새로운 황제로 등극한 것이었다. 신임 황제는 통일 이후 신장된 독일의 힘을 대외적으로 과시하길 갈망했다. 그는 "독일도 적극적으로 해외로 진출하자"는 이른바 '세계정책'을 표방했다. 현상유지 정책을 지향한 비스마르크의 반대를 극복한 황제는 해군력 증강에 깊은 관심을 보이면서 그 임무를 티르피츠 해군제독에게 일임했다. 1897년 해군장관으로 임명된 티르피츠는 해군법 제정을 등에 업고 독일의 해군력 증강에 매진했다. 덕분에 육군국가였던 독일은 이제 해외식민지 개척에 필요한 대양함대 High Seas Fleet까지 보유하게 됐다.

이러한 독일의 심상치 않은 동향에 전통적 해군국이던 영국이 가장 민감한 반응을 보였다. 독일에 맞서서 영국도 해군예산을 대폭 증액시키기 시작했다. 그 결과 1906년 영국은 당대의 최신예 전함인 드레드노트함Dreadnaught을 진수하는 데 성공했다. 이에 대응해 신흥 산업국가 독일도 신형전함을 건조함으로써 양국은 1914년 대전 발발 시까지 일명 '건함경쟁Naval Race'이라 불린 해군력 증강정책을 추진했다. 그리고 마침내 1916년 5월 31일 벌어진 유틀란트 해전으로 거의 20여 년 이어져 온 긴 경주의 정점을 찍었다.

북해에 울려 퍼진 영독英獨 해군의 포성

　육상에서는 살육전이 지속되고 있었으나 몇 차례 소규모 해전을 제외하고 양국 해군은 큰 충돌 없이 1916년 초입에 이르렀다. 1916년 독일 대양함대의 신임 사령관으로 취임한 라인하트 셰어 제독은 전임자가 유지해 온 소극적인 작전노선에서 탈피하여 공세작전으로 방향을 전환했다. 이에 따라 우선 무장력이 상대적으로 취약한 영국의 경순양함을 유인하여 타격하는 쪽으로 작전의 포문을 열었다. 그 일환의 하나로 서부 덴마크 해안지대 소탕작전을 시도했다.

　그러나 당시 영국의 해군 정보부대는 독일 해군의 암호를 해독하여 그 동향을 예의주시하고 있었다. 영국 대함대Grand Fleet 총사령관 존 제리코 제독은 독일 함대가 1916년 5월 31일 아침 군항을 떠나 북해北海로 나온 사실을 보고받고 스코틀랜드 북쪽의 스카파플로에 정박하고 있던 자신의 대함대를 덴마크의 유틀란트 반도 쪽으로 출항시켰다. 이러한 움직임을 모르고 있던 독일의 셰어 제독은 이제 영국 해군의 경순양함이 아니라 총 150척으로 구성된 영국의 막강한 함대군群을 상대해야만 했다. 해전 당시 독일 해군은 총 99척으로 영국 해군에 크게 미치지 못했다. 양국의 해군에는 거의 온갖 유형의 함정들 (전함, 순양함, 구축함, 기뢰부설함 등)이 포함되어 있었다.

　마침내 1916년 5월 31일 15시 45분경 첫 교전이 시작됐다. 이 접전에서는 영국 해군이 고전을 면치 못했다. 영국해군의 전투순양함 라이언 호는 거의 침몰 직전까지 갔고, 인디패티저블 호와 퀸 메리 호는 독일 전함의 포격으로 격침되고 말았다. 하지만 첫 교전으로부터 1시간이 지난 이후부터 영국해군의 반격이 시작됐다. 더구나 당일 18시경에 제리코 사령관이 지휘하는 영국 해군 본대가 합류하면서 영국해군의 전투력은 크게 높아졌다. 영국의 함정들은 독일 함정을 향해 최대한의 화력을 퍼부으면서 공격을 가했다. 함정 척수와 화력에서 상당한 열세에 놓여 있음을 직감한 독일 함대사령관 셰어는 19시 30분경 함대의 방향을 180도 선회하여 자국 항구로 복귀를 시도했다. 영국 대함대와 독일 대양함대 간에 각축전이 길게는 6월 1일 03시경까지 지속됐으나 야음으로 인해 더 이상의 포격전이 불가능해지면서 유틀란트 해전은 끝났다. 이때 독일은 11척의 함정 손실과 2,500명의 인명피해를 입은 데 비해 영국은 14척의 함정 손실과 6,000명의 수병水兵을 잃었다.

거함거포巨艦巨砲를 향한 경쟁

육군은 땅에서 싸움을 했기에 창칼 이외에는 별다른 수단이 필요하지 않았다. 이에 비해 해군은 무장을 한 채 바다에서 싸워야만 했기에 근본적으로 배가 있어야 했다. 이처럼 병력과 무장을 탑재하고 전투를 수행한 선박을 함정艦艇이라고 불렀다. 따라서 함정의 발전은 해전海戰 양상의 변화와 불가분의 관계에 있다.

고대 이래 다양한 함정 유형이 있으나 흔히 동력動力을 기준으로 구분한다. 먼저, 고대부터 길게는 16세기까지 이어져 온 노선櫓船시대를 꼽을 수 있다. 이때는 인간의 힘으로 노를 저어서 배를 이동시켰다. 영화 〈벤허〉에서 볼 수 있듯이 노예 노잡이들을 독려하여 빠른 속력으로 적선에 충돌하고 이어서 갑판으로 올라가 백병전을 벌이는

갤리선-노선시대

방식으로 전투를 수행했다. 약간 변형된 육상전투에 가까웠다.

다음으로는 16세기부터 19세기 중엽까지 이어진 범선帆船시대를 들 수 있다. 돛을 이용해 바람을 받아서 이를 함선의 추진동력으로 활용한 시대였다. 주로 지중해를 중심으로 교역을 일삼던 유럽인들이 대서양 항해로 나아가기 위해 새로운 유형의 선박을 건조했다. 다양한 돛으로 대서양의 강한 바람을 이용, 거친 파도를 헤치고 드넓은 대양으로 나아갈 수 있었다. 게다가 선박에 대포를 탑재한 덕분에 원거리에서 전투를 벌일 수 있었다. 그러다 보니 이 시기에는 태킹술, 조함술, 그리고 포술이 중시됐다.

끝으로 19세기 중엽부터 제1차 대전 시까지는 일명 증기선의 시대였다. 18세기 중엽 영국에서 시작된 산업혁명과 더불어 증기기관이 모습을 드러냈다. 역사상 최초로 인공적으로 얻은 힘을 동력화 할 수 있는 길이 열린 것이었다. 1807년 미국인 풀턴은 증기기관을 선박에 장착하여 최초로 증기선을 제작하는 데 성공했다. 초기에는 선박의 좌우에 외륜外輪을 설치한 형태였으나 곧 배의 후면 하단부에서 작동하는 스크루의 힘으로 선박을 추진할 수 있었다. 증기 추진력, 강철 선체, 그리고 스크루 등과 같은 기술진보에 힘입어서 1880년대에 이르면 엔진 성능은 무려 3배까지 개선됐다. 이제 항로상에 있는 저탄소의 위치만 잘 조정할 경우 원양 항해도 가능했다.

19세기 말에 영국과 독일이 가장 심혈을 기울인 것은 보다 우수한 성능과 화력을 구비한 전함戰艦, battleship의 건조였다. 이는 엄청난 배수량에 다수의 대구경 함포를 탑재하고 두꺼운 장갑으로 건조된 주력 함정이었다. 제1차 대전 후 항공모함에 주인공의 자리를 내주고 점차 역사의 뒤안길로 사라지기 전까지 각국 해군의 주역으로 활동한 함정이었다. 당시 벌어진 여러 해전에서 거함거포巨艦巨砲가 승리의 핵심 요인으로 제기되면서 각국은 대형 함정 건조에 사활을 걸었다. 이러한 경쟁에서 먼저 선수를 친 것은 영국이었다. 1906년 2월 초 영국해군은 'HMS 드레드노트호'를 진수했다. 이는 그 이전까지의 모든 군함들을 고철덩어리로 만들 정도로 엄청난 위력을 갖고 있었다 (배수량 약 18,000t, 장갑두께 30.5cm, 최고속력 21노트). 특히 적 해군의 간담을 서늘하게 만든 것은 두 개의 포탑에 탑재된 10문의 12인치 함포였다. 이에 자극받은 독일도 신형전함 건조에 돌입하면서 20세기 초반의 세계는 '거함거포주의'가 지배하게 됐다.

다음으로 꼽을 수 있는 해군의 가공할 무기는 바로 어뢰torpedo였다. 1867년 영국의 엔지니어 R. 화이트헤드가 발명한 이 무기는 이후 각국 해군을 가장 떨게 만든 대표적 해상공격 무기로 등극했다. 처음

제작된 어뢰는 압축공기로 추진됐다. 탄두에 8킬로그램 가량의 폭약을 장착하고 최대 6노트의 속력으로 돌진하여 선박을 강타했다. 어뢰의 유용성이 입증되면서 각국은 적극적으로 성능 개선을 시도했다. 그 결과 제1차 대전 발발 시점에 이르면 어뢰는 보다 강력한 추진력, 향상된 방향 조정 능력, 긴 항속거리 등을 갖추게 됐다. 이제 어떠한 함정도 어뢰 공격으로부터 자유로울 수 없었다.

제1차 세계대전을 통해 그 중요성이 부각된 또 다른 무기체계는 잠수함이다. 잠수함의 기원은 17세기 중엽까지 거슬러 올라갈 수 있으나 근대적 형태의 잠수함은 내연기관, 잠망경, 그리고 어뢰 등의 발전과 함께 이뤄졌다. 19세기 말에 미국인 홀랜드는 가솔린 엔진으로 수상 7노트, 축전지 및 전기모터로 수중 6노트까지 항해가 가능한 잠수함을 건조했다. 여기에 잠망경과 어뢰발사관까지 갖추면서 근대 잠수함의 원형으로 주목받았다. 1899년 프랑스 해군의 잠수함 함대 창설을 계기로 각국은 잠수함을 보유했다. 하지만 이를 실제 작전에 투입하여 운용하는 문제에 대해서는 분명한 개념을 정립하지 못하고 있었다.

잠수함을 가장 적극적으로 운용한 나라는 독일이었다. 독일은 수상함 전력에서 영국을 따라잡기가 어렵게 되자 잠수함으로 이를 극복코자 했다. 독일에서 'U-보트'로 불린 잠수함은 곧 영국 해군에 대항하는 중요한 무기체계로 자리 잡았다. 한동안 독일의 U-보트는 대서양 바닷속에서 맹활약을 펼쳤으나 아이러니하게도 신무기 잠수함은 역으로 독일의 패전을 재촉하는 촉매제가 됐다. 1915년 5월 영국 여객선 루시타니아호가 독일 잠수함에 격침되어 128명의 미국인 승객이 사망하면서 1917년 4월 미국 참전의 실마리를 제공했기 때문이다.

드레드노트 전함

육지에서 바다로 그리고 하늘로

유틀란트 해전은 제1차 대전 동안 영국과 독일이 자국의 해군력을 총동원하여 일전을 벌인 최대 규모의 해상 격전이었다. 이는 분명한 승패가 나지 않은 해전으로서 각자 자신의 승리를 주장했다. 해전 자체로만 국한할 경우 상대적으로 많은 척수의 함정을 격침시킨 독일 해군의 승리라고 볼 수도 있으나 전략적 측면에서는 영국해군의 승리였다. 왜냐하면 이후 함정 보유 면에서 크게 열세였던 독일은 영국해군의 해안봉쇄로 인해 대해大海로 나가지 못하고 항구에 머물러 있을 수밖에 없었기 때문이다. 독일이 항복한 직접적인 계기가 킬 군항에서 무료한 나날을 보내고 있던 독일 수병들의 항명 사태였음을 감안할 때, 유틀란트 해전이 갖는 의미는 더욱 크다고 볼 수 있다.

대전 이후 해군 무기체계에 가장 큰 영향을 준 것은 항공기였다. 대전 직전에 걸음마 단계였던 항공기는 전쟁 기간을 통해 비약적으로 발전, 이후 한때 거함거포주의를 내세우면서 대형화됐던 전함시대에 일대 타격을 가했다. 이제 전함이 아니라 아예 항공기를 적재한 항공모함이 해군 무기체계를 주도하게 됐다. 이는 새로운 무기가 출현했을 때 장차 이것이 초래할 영향을 항상 예의주시해야 함을 환기시켜주고 있다. 항공기의 등장으로 그토록 경쟁적으로 막대한 국가 예산을 쏟아부었던 대형 전함의 효용성이 일거에 거의 사라져버렸기 때문이다.

솜 전투 1916. 7~11

막대한 전력손실과 인명피해

1914년 8월 4일 열강들 중 마지막으로 대전에 뛰어든 영국은 처음에는 소규모 병력만을 유럽대륙으로 파병했다. 서부전선의 맨 좌단에서 프랑스군과 연합으로 독일군에 대항했다. 하지만 프랑스군이 퇴각하면서 영국군도 뒤로 물러설 수밖에 없었다. 게다가 영국군은 프랑스군에 거의 배속된 형태로 작전을 수행하는 것이 고작이었다. 1914년 말부터 파병부대 규모가 크게 증가하면서 영국군은 나름대로 독자 작전수행 능력을 갖추게 됐다. 프렌치 장군의 경질 이후 후임 총사령관으로 부임한 헤이그 장군이 야심적으로 시도한 솜 전투 Battle of Somme(1916. 7~11)가 바로 그 첫 시험대였다. 애석하게도 주공主攻으로 결행한 솜 전투에서 영국군은 창의성 없는 공격작전으로 별다른 성과 없이 엄청난 인명 피해만을 입고 말았다.

전통적인 전쟁전략으로는 설 자리가 없어진 영국

전통적으로 영국은 유럽대륙에서 벌어진 전쟁에 개입할 의사도 그럴만한 능력도 없었다. 나폴레옹 전쟁에서 승리한 이후 영국은 막강한 해군력으로 세계의 바다와 식민지를 지배했으나, 유럽 대륙의 전쟁에는 적극 관여하지 않았다. 영국은 나폴레옹이 몰락한 이후 별다른 위협세력 없이 해군력만으로 이른바 '팍스 브리타니카'를 향유해 왔다. 19세기 말에 이르러 독일과 '건함경쟁'을 벌였으나 향후 유럽 대륙에서 전쟁이 발발할 경우에 지상군은 파병하지 않은 채 우월한 해군력을 활용한 간접접근으로 승리한다는 전략을 고수했다. 불가피한 경우 소규모 병력만 벨기에 부근에 파병하고, 본격 군사행동 이전에 외교적 수단으로 충돌을 피하고 실익을 챙긴다는 복안이었다.

그러나 이로부터 한 세대도 지나지 않아서 영국은 대규모 지상군 파병으로 선회할 수밖에 없었다. 1914년 8월 초 전쟁이 발발했을 때 영국은 독일의 희망과는 달리 신속하게 참전을 결정했다. 독일이 자국의 숨통을 겨누는 전략적 요충지인 벨기에를 불법적으로 침공하여 안보를 위협했기 때문이다. 다행히 대전 발발 직전에 영국은 홀데인 육군장관의 주도로 육군개혁을 단행, 해외파견군British Expeditionary Force 을 신설한 바 있었다. 그 덕분에 영국은 독일군의 서부전선 진격에 맞서서 1914년 8월 하순까지 10만 명의 병력을 프랑스로 보낼 수 있었다.

전쟁 초기에 영국은 대규모 지상전투를 회피하면서 주력인 프랑스군의 군사작전을 재정적으로 지원한다는 소극적인 전쟁전략을 지향했다. '최소의 비용으로 최대의 성과'를 얻으려는 장밋빛 청사진이

서부전선의 기관총

었다. 프랑스 북부 전선에 소규모 지상군만을 파병한 채 강력한 해군을 이용해 독일 해안을 봉쇄하는 것이야말로 자국이 할 수 있는 최선의 조치라고 판단했다.

그러나 1914년 말에 이르면 이것이 현실적으로 불가능하다는 점이 분명해졌다. 비록 프랑스 군과 러시아 군이 단기전 승리를 노린 독일군의 시도를 무산시키기는 했으나, 양국은 독일군에게 상당한 영토를 상실하고 말았다. 설상가상으로 삼국동맹 진영으로 참전한 터키 점령을 목표로 1915년에 해군이 주도한 갈리폴리 원정작전마저 실패하면서 영국은 초기의 전략구상을 변경할 수밖에 없었다. 소수의 지상군 파병과 해군력, 그리고 동맹국에 대한 자본과 군수물자 지원을 골자로 한 전통적인 전쟁전략은 더 이상 설 자리가 없게 됐다.

이제 영국은 유럽대륙의 전쟁에서 더 이상 망설이거나 발을 뺄 수 없는 '외통수적' 상황에 처하게 됐다. 이에 영국군은 프랑스군과 보다 긴밀한 협조체제 구축을 추진하면서 향후 독일의 무조건 항복을 받아 낸다는 방향으로 전쟁목표를 수정했다. 실제로 1915년 12월 삼국협상 진영은 군사적 협력강화체제 수립에 합의했다. 이의 첫 실험장이 바로 1916년 여름부터 그해 11월까지 이어진 솜 전투였다. 이때 대륙주둔 영국군은 거의 1백만 명에 육박할 정도로 증원되어 있었다.

영국의 예상과는 달리 막대한 인명피해를 입다

제1차 대전 발발 이전에 영국군 수뇌부는 부분적으로만 개입하는 단기전을 예상했다. 이에 따라 참전 선언 직후 소규모 원정군만을 프랑스 전선에 파병했다. 2~3개월 내에 전쟁이 끝날 것이라는 낙관적 판단 하에서 심각한 고민 없이 내린 결정이었다. 하지만 이후 영국은 유럽의 저지대 지방에서 엄청난 희생이 강요된 긴 전쟁에 말려들고 말았다.

1915년 12월 파리 북쪽 42킬로미터에 위치한 상띠이Chantilly의 프랑스군 총사령부에서 연합군 합동참모회의가 열렸다. 이때 신임 영국파견군 사령관 헤이그Douglas Haig 장군은 향후 모든 전선에서 적극적인 공세작전으로 전환한다는 전략 변경에 합의했다. 솜 공세는 바로 이러한 결정을 실행에 옮긴 첫 사례였다. 영국-프랑스 연합군(이하 영불연합군)이 솜 공세를 구상하고 있을 시점인 1916년 2월부터 독일군이 프랑스의 요충지인 베르됭에 대한 공세를 강화하고 있었다. 그래서 솜 공세의 당면 목표는 베르됭에 가해지고 있는 독일군의 압박을 완화하고 파리 북쪽 80킬로미터 지점에 있는 노아용 돌출부를 제거하는 것이었다.

이를 위해 최초 작전계획은 솜 강을 경계로 남쪽에서 프랑스군 (40개 사단)이 주공을 담당하고 이를 북쪽에서 영국군(25개 사단)이 지원하는 모양새였다. 하지만 베르됭에서 독일군의 공세가 가열되면서 프랑스군이 상당수 병력을 그쪽으로 전환함에 따라 최초 계획을 실행할 수 없게 됐다. 그리하여 최종적으로 로린슨 장군이 지휘하는 영국 제4군이 주공을 프랑스 제6군이 조공을 담당하는 내용으로 수정됐다. 주공격 개시 이전인 6월 20일경부터 영국-프랑스 연합군은 막대한 분량의 포탄을 거의 1주일간이나 독일군 진지로 쏟아부었다. 마침내 7월 1일부터 보병 공격이 시작됐다. 하지만 엄청난 포격에도 불구하고 독일군 참호와 기관총 진지는 건재했다. 특히 영국군은 최초 공격작전에서 약 6만 명이라는 결코 적지 않은 사상자를 내고 말았다. 7월 1일의 1차 공격, 그리고 이어진 7월 14일의 2차 공격은 모두 돌파구 형성은커녕 막대한 인명 손실만 낸 채 실패하고 말았다.

이후 약 2개월간 솜 전선에서는 소강상태가 지속됐다. 이 기간 동안 독일군은 병력을 증강하고 거의 2킬로미터에 이르는 종심방어선을 구축했다. 이러한 견고한 독일군의 방어선을 돌파하기 위해 9월 중순에 시작된 3차 공격 시에는 역사상 최초로 전차戰車가 투입됐다. 독일군의 참호지대를 돌파하는 데는 성공했으나 속도가 느리고 무엇보다도 소수의 전차를 산발적으로 투입한 탓에 시너지 효과를 얻지 못했다. 결국 영불연합군은 독일군 방어선 돌파에 실패하고 겨우 11킬로미터 정도를 전진하는 선에서 머물렀다. 하지만 7월 초부터

11월 중순까지 약 5개월에 걸친 격전으로 양측이 입은 인명 피해는 상상을 초월할 정도로 심각했다(영국군 45만 명, 프랑스군 19만 5천 명, 독일군 65만 명).

기병을 계승한 전차가 돌파구를 형성하다

현대 지상전에서 대표적 기동수단으로 전차를 꼽을 수 있다. 제1차 세계대전 중 솜 전투에서 처음 위용을 드러낸 전차는 전장 환경을 획기적으로 변화시킬 수 있는 신무기로 주목받았다. 등장 초반에는 기대만큼 전투력을 발휘하지 못했으나 이후 발전을 거듭, 제2차 대전 시에는 독일 전격전의 중추전력으로 부상했다. 오늘날까지 명장名將으로 손꼽히는 롬멜, 구데리안 및 전략가로 회자되는 리델 하트, 풀러 등은 모두 전차와 관련된 인물들이었다. 더구나 우리는 6·25전쟁 초반에 북한군의 T-34 전차에 육탄으로 맞서야만 했던 쓰라린 기억의 '트라우마'를 갖고 있다.

그렇다면 왜 전차는 전장에서 중요한 무기가 됐을까? 다른 무엇보다도 적군과의 접전 시 기동과 충격을 통한 '돌파구 형성'이라는 전차만이 수행할 수 있는 전술적 능력 때문일 것이다. 그런데 전차의 이러한 기능은 예기치 않게 나타난 것이 아니고 이미 그 이전에 선구자가 있었기에 가능했다. 바로 먼 옛날부터 인간 근력의 한계를 뛰어넘는 기동력의 대명사인 기병이었다. 고대 전투에서 기병의 등장은 아마도 상대방에게 전차의 최초 출현 이상의 충격을 가했으리라 짐작된다. 특히 6세기경에 도입된 등자鐙子는 기병의 무장력 향상에 결정적 역할을 했다. 등자는 말 위에 탄 기사가 안정된 자세를 취할 수 있도록 두 발을 받쳐서 고정시켜주는 마구馬具였다. 하지만 이를 사용한 덕분에 기병의 공격력은 혁명적으로 향상됐다. 안장과 등자로 상체를 고정시킬 수 있게 된 기사는 빠른 속력으로 달리면서도 몸의 균형을 유지한 채 두 손으로 적을 공격할 수 있었다. 이제 보병 단독으로 기병의 공격을 막아내기란 거의 불가능해 보였다.

이러한 전통을 계승한 현대판 기병이 바로 전차였다. 그리고 전차라는 신무기를 탄생시킨 토양은 서부전선에서 벌어진 참호전이었다. 대전 초반 독일의 슐리펜 계획이 실패한 이래 서부전선에서는 참호전과 이를 돌파하기 위한 육탄전이 지루하게 반복됐다. 그 와중에 인명 피해는 늘어났고 물자는 빠르게 고갈됐다. 따라서 이러한 교착상태를 타개하기 위해 적의 철조망을 파괴하고 기관총 진지를 제압하면서 참호지대를 돌파할 수 있는 신무기가 절실했다. 이를 위해 영국에서 극비리에 개발한 무기가 바로 전차였다.

최초로 전차에 관한 아이디어를 낸 인물은 영국 공병대 소속의 스윈튼 중령으로 알려져 있다. 그는 미국의 농업용 트랙터에서 힌트를 얻어서 무한궤도식 장갑자동차에 대포와 기관총을 탑재한 형태의 신무기 제작을 건의했다. 이러한 그의 제안은 실효성 없는 아이디어로 여겨져 육군 내에서는 묵살됐다. 하지만 당시 젊은 나이에 해군장관으로 임명된 처칠이 그의 제안에 깊은 관심을 갖고, 해군 수뇌부에 구체적인 연구를 지시했다. 1915년 2월, 해군본부 내에 '육상선박위원회'라는 낯선 명칭의 연구팀이 꾸려졌다. 처칠은 전차를 바다가 아니라 육상에서 떠다니는 일종의 '지상용 군함'으로 인식했던 것이다.

예산 낭비를 지적하는 방해 공작을 이겨내고 마침내 1916년 1월

150대의 전차를 발주하는 데 성공했다. '리틀 윌리Little Willie'라고 불린 최초 시제품을 지속적으로 개량하여 육군 측에서 요구한 폭 2.44미터, 깊이 1.37미터의 참호를 통과할 수 있는 성능을 지닌 신무기를 선보일 수 있었다. 마크1Mark1이라 불린 이 전차는 8명의 승무원에 최대시속 6킬로미터의 속력을 자랑했다(이외에 무게 28톤, 길이 9미터, 폭 4미터의 제원에다가 57밀리미터 대포 2문 및 기관총 3정 장착). 오늘날 기준으로 볼 때, 무장력은 형편없고 특히 속력도 매우 느렸으나 참호지대 통과가 급선무였기에 이러한 약점들은 별로 문제시 되지 않았다.

이렇게 개발된 전차는 마침내 1916년 9월 솜 공세 시에 그 베일을 벗게 됐다. 영국 본토에서 배로 수송된 총 59대 중 약 49대가 실전에 투입됐다. 난생처음으로 전차를 목격한 독일군은 사격을 가해

서부전선 참호지대의 영국군 마크1 전차

도 끄떡없이 계속 전진해오는 쇳덩어리 괴물에 혼비백산하여 심리적 패닉상태에 빠질 정도였다. 하지만 가공할 첫 등장 이후 전차의 실망스러운 진면목이 알려지면서 신무기에 대한 독일군의 공포심도 수그러들었다. 무겁고 느린데다가 잦은 고장으로 지휘관들을 당황하게 만드는 경우가 많았기 때문이다. 실제로 처음에 동원된 49대의 전차 중 상당수가 기계 결함으로 목표물에 도달하기는커녕 중간에 멈춰서고 말았다.

그러나 이러한 결함에도 불구하고 교착된 전선을 돌파하는 데 유용한 무기라는 전차의 전술적 가능성은 널리 인정을 받았다. 영국군은 전차를 지속적으로 개량하여 1917년 6월에는 성능이 대폭 향상된 마크4 전차를 생산할 수 있었다. 물론 이 최신형 전차도 무더운 내부 온도, 엔진에서 내뿜는 유독가스, 엄청난 소음, 화약 냄새 등 탑승 여건은 매우 열악했으나 전장에서 그 잠재력을 십분 발휘했다. 특히 같은 해 11월에 벌어진 캉브레 전투에서 영국군은 마크4 전차 470여 대를 집중 투입하여 독일군의 힌덴부르크 방어선을 돌파하고 한동안 10킬로미터 정도까지 전진할 수 있었다.

베르사유 조약 체결로 마무리 짓다

솜 공세작전의 실패 이후 서부전선에서 영불연합군은 인적 및 물적 자원의 고갈을 걱정해야만 했다. 화약무기의 비약적 발전으로 인해 본질적으로 방어 측에 유리한 전장 환경이 조성됐음을 깨닫지 못한 채 무리하게 공세작전을 반복한 것이 화근이었다. 1917년 봄에 러

시아의 2월 혁명 발발과 독일군의 잠수함 작전으로 어려움이 가중됐
다. 하지만 같은 해 4월에 미국이 협상진영의 일원으로 참전하고, 직
접적으로는 기존 전쟁방식에 대한 성찰을 통해 전력을 재정비한 덕
분에 1918년 11월 최종 승자가 될 수 있었다. 드디어 거의 4년 4개월
간 지루하게 이어져 온 전쟁이 끝나고, 1919년 6월 28일 전쟁 종식을
공식선언하는 베르사유 조약이 체결됐다.

이후 유럽에는 진정한 평화가 정착됐을까? 물론 그렇지 않다. 정
확하게 20년 후 또 다른 세계대전이 터졌으며, 이때 전장의 진정한
총아寵兒로 등장한 것은 제1차 대전 시 천덕꾸러기 신세였던 바로 그
전차였다. 기이하게도 전차를 활용하여 전장의 주도권을 잡은 것은

공중전 시작

예전의 패전국 독일이었다. 영국은 최초로 전차를 개발하고 선구적으로 기갑부대 운용훈련도 실시한 바 있으나, 진정 이를 전력화하려는 고민을 하지 않았다. 이와는 달리 독일은 근력무기 시대의 기병처럼 전차를 현대전에 유용한 기동무기로 인식하고 이를 육군의 무기체계로 적극 수용했다.

덕분에 독일군은 전차를 항공기와 결합한 '전격전'으로 제2차 대전 초반 전장의 시공時空을 장악할 수 있었다. 전차는 화력지원용 무기라는 고정관념에 매몰되어 미래를 내다보지 못한 옛 승전국 영국과 프랑스의 입장에서는 가히 통탄할 만한 일이었다. 이처럼 솜 전투의 전차 사례는 오늘날 우리들에게 기존의 무기와 무기체계의 적절성을 긴 호흡과 열린 사고로 꾸준히 성찰하는 자세가 중요함을 일깨워주고 있다.

파스샹달 전투 1917. 7~11

제1차
세계대전
최악의 전투

베르됭과 솜 전투가 막바지에 이르렀던 1916년 가을 영불연합군의 정치군사 지도자들은 프랑스에서 연이어 회합을 갖고 향후 전쟁계획에 대해 논의했다. 핵심은 1917년 2월부터 서부전선을 주공主攻으로 모든 전선에서 동시다발적으로 공세를 취한다는 것이었다. 하지만 1916년 말 영국과 프랑스 양국에서 발생한 정치적 변화로 인해 초기 계획은 취소되고 대신 4월에 프랑스군 신임 총사령관 니벨 장군이 주도한 대규모 공세작전이 실행됐다. 이 작전의 실패 후유증으로 프랑스군 내에서 항명 사태가 발생하면서 7월에 영국군 단독으로 플랑드르 지역에서 전선 돌출부에 대한 대공세를 단행하게 됐다. 이 것이 바로 파스샹달 전투 Battle of Passchendaele(1917. 7. 31~11. 10, 영어로 패션데일 전투)이었다.

군에 대한 믿음이 깨지다

1916년 후반에 이르기까지 영국과 프랑스는 함께 싸우기는 했으나, 엄밀한 의미에서는 거의 독자적으로 작전을 수행했다고 볼 수 있다. 전쟁 목표를 독일의 무조건 항복 요구로 결정한 후 영불연합군의 긴밀한 협조체제 구축이 시도됐다. 이에 따라 1915년 12월 각국의 군사사절단이 회동한 바는 있었으나 솜 전투에서 드러난 것처럼 그 결속력은 단단하지 못했다. 바야흐로 솜 공세작전이 거의 막바지에 이른 시점부터 양측은 구체적인 공조체제를 추구하기 시작했다. 1916년 동안 수차례의 수뇌부 합동회의를 통해 1917년에도 공세작전을 지속한다는 전략방향에 합의했다.

그러나 1917년 4월 니벨 장군의 주도로 서부전선에서 시도된 프랑스군의 대규모 공세가 실패하면서 무익하게 인명 손실만 초래한다는 비난이 빗발쳤다. 설상가상으로 공세 실패의 후유증으로 5월에 프랑스군 내에서 항명사태가 빈발했다. 영국의 경우에도 1917년 2월 독일 해군의 무제한 잠수함 작전선언으로 대서양을 통한 군수물자 수송에 비상등이 켜진 상황이었다. 더구나 동부전선에서는 1917년 2월에 삼국협상의 일원인 러시아에서 혁명이 발생하여 러시아군의 사기와 전투력이 급전직하하고 있었다. 한마디로 1917년 전반기는 연합군 측에 암울한 시기였다.

그런데 효과적인 작전수행을 힘들게 만든 보다 근본적인 요인은 각국 내부에 있었다. 이른바 '민군民軍관계'가 흔들리고 있었던 것이다. 전쟁이 총력전화하면서 승리를 위해 대량의 인적 및 물적 자원의 동원이 불가피해졌고, 이에 따라 민군관계가 보다 긴밀하고 복잡해졌다. 그런데 전쟁수행을 국가전략이라는 차원에서 바라보는 민간정치가들과 최전선에서 긴박한 전투 임무를 수행하면서 전승을 갈구하는 군 장성들 간에 전쟁이 장기화되고 인적 및 물적 자원 소모가 커지면서 갈등이 심화됐다.

영국에서 그동안 곪아오던 민군 간의 갈등이 표면화된 계기는 솜전투에서 입은 막대한 인명 손실이었다. 그 후유증으로 영국 정치계는 징병제 논쟁에 휩싸이게 됐고, 급기야는 1916년 12월 정부 수뇌부의 교체로 이어졌다. 애스퀴스 수상 후임으로 웨일스 출신으로 재무장관과 군수물자부장관을 역임한 로이드 조지Lloyd George가 신임 수상으로 선출됐다. 전임자와는 달리 강력한 지도력과 추진력을 겸비한 정치가였던 로이드 조지는 취임 이전부터 군사전략 결정 시 군부의 독점에 대해 강력하게 이의를 제기해 왔다. 심지어 그는 영국군 수뇌부가 확실한 전승계획을 갖고 있지 않다고 의심할 정도였다. 각국 간의 긴밀한 협조보다는 공격에 임하는 지휘관마다 단지 자신의 전장만을 염두에 두고 전투를 수행한 탓에 뚜렷한 성과 없이 값비싼 대가만을 지불하고 있다고 판단했다. 급기야 그는 동부전선으로의 전략방향 전환을 모색했고, 이로 인해 서부전선에서의 공세 지속을 고집한 군 수뇌부와 종전 시까지 불화를 거듭하게 됐다.

30만 명의 사상자에 겨우 8킬로미터 전진

솜 공세작전 실패 이후 영국은 '소모전'이라는 긴 터널 속으로 빠져들었다. 방어 진영에 유리한 전장 환경이었음에도 불구하고 거듭

시도한 공세작전의 실패가 화근이었다. 1917년 4월 프랑스군이 단행한 니벨 공세가 실패하고 이어서 프랑스군이 항명사태로 지리멸렬하면서 서부전선에서 또 다른 살육전이 영국군을 기다리고 있었다. 헤이그 총사령관(1915. 12. 10일 임명)은 프랑스와의 전략적 공조라는 의무에서 벗어나 그동안 영국군이 희망해온 플랑드르 지역 탈환작전을 독자적으로 수행할 기회를 맞게 됐다. 이렇게 하여 1917년 7월 말에 개시된 것이 바로 제3차 이프르 전투로도 불리는 파스샹달 전투였다. 이때 유럽 대륙에 파견된 영국군은 식민지에서 파병된 병력까지 합해 약 200만 명에 이를 정도로 대폭 증원된 상황이었다.

로이드 조지 수상의 반대를 특히 군 수뇌부의 적극적인 지지에 힘입어 극복한 헤이그는 1917년 7월 말 이프르 동쪽 파스샹달 마을 탈환을 목표로 한 작전에 착수했다. 마침내 7월 31일 고프 장군 휘하의 영국 제5군이 거의 3천문에 달하는 야포의 포격지원을 받으면서 공격작전에 돌입했다. 고프 장군은 개전 첫날 독일군을 최대한 강하게 압박하여 전장의 고지대였던 게루벨트 주능선을 점령코자 했다. 하지만 후속 부대의 진격이 지연되면서 독일군의 강력한 반격에 부딪쳐 실패하고 말았다. 이로 인해 원래 작전계획상 게루벨트 고원지대 돌파를 담당한 영국 제2군은 악전고투를 벌여야만 했고, 벙커에 웅거한 독일군의 강력한 저항으로 더 이상 전진할 수 없었다. 설상가상으로 폭우를 동반한 악천후가 계속되면서 영국군은 공세를 중단할 수밖에 없었다.

우기雨期가 8월 달 내내 이어지면서 전장은 포탄 웅덩이에 물이 가득 고인 진흙탕으로 변했다. 이제 9월에 이르러 날씨가 좋아짐에 따라 영국군의 공세작전도 재차 활기를 띠게 됐다. 반갑게도 9월 20

일에서 10월 초순까지 이어진 전투에서 플러머 장군이 지휘하는 제2군이 포병사격에 힘입어 전선 남부의 점령목표였던 므냉 도로 능선과 폴리곤 삼림지역을 확보하는 데 성공했다. 이후 재차 기상이 악화되면서 공세를 늦추었다가 10월 26일부터 제5군이 전면공세를 가하면서 최종적으로 독일군을 밀어낼 수 있었다.

마침내 11월 6일 영국군 소속의 캐나다 사단이 파스샹달 진입에 성공하면서 거의 3개월에 걸친 전투가 일단락됐다. 캐나다 군이 마을에 들어섰을 때, 장병들은 흡사 지옥에 온 것은 아닐까 착각할 정도였다. 마을의 모든 건물은 파괴되어 사방으로 흩어진 돌무더기들만이 생사를 넘나들던 자신들을 맞이하고 있었기 때문이다. 약 4개월 동안 무려 30만 명의 사상자라는 값비싼 대가를 치른 끝에 영국군은 겨우 8킬로미터를 전진하는 데 만족해야만 했다. 이로 말미암아 진흙탕 속에서 벌어진 파스샹달 공세작전은 제1차 대전 최악의 전투라는 불명예를 떠안게 됐다.

신형대포의 등장과 본격적인 활용

1917년 11월 6일 영국군과 캐나다 군이 4개월에 걸친 치열한 포격전과 살육전 끝에 독일군을 몰아내고 파스샹달에 입성했을 때, 이들을 맞이한 것은 폐허 직전의 황량한 유령도시였다. 멀쩡한 건물을 찾아볼 수 없을 정도로 이 소도시는 무참하게 파괴되어 있었다. 그렇다면 무엇이 이렇게 만들었을까? 바로 영국군의 대포였다. 작전 기간 중 포병은 공격이 개시되기 수일 전부터 목표지점을 향해 수백만 발

서부전선의 거포(巨砲)

의 포탄을 쏟아부었다. 그 결과 그렇지 않아도 습지대였던 이 지역은 보병 공격이 시작되기도 전에 온통 진흙구덩이로 뒤덮여 초반부터 기동작전을 어렵게 만들었다.

파스샹달 전투 개시 직전 영국군은 상당한 포병화력을 보유하고 있었다. 1916년 여름 솜 전투가 시작될 즈음 약 760문이던 영국군의 중포重砲는 이후 계속 보강되어 이듬해 4월경에는 2,200문 이상으로 늘어났다. 무엇보다 긴요했던 포탄의 보급량도 빠르게 증가했다. 예컨대, 1916년 2/4분기에 약 79만 6천 발에 불과하던 포탄 공급량은 이듬해 같은 기간에는 무려 500만 발을 상회했다. 이러한 증가세는 전선에 전진 배치되어 있던 경輕야포의 경우에도 마찬가지였다.

역사적으로 대포는 14세기경 최초로 전장에 그 모습을 드러냈으나 이후 발전 속도는 매우 더뎠다. 16세기 중엽에 등장한 주철제 대포가 19세기 중엽까지 거의 2백 년 동안이나 본질적인 발전이 없이 사용됐다. 물론 17세기에 스웨덴 군대가 경량의 청동대포를 개발하여 30년 전쟁(1618~1648)에서 효과를 보았고, 18세기에는 프랑스의 그리보발 장군에 의해 포신 제작술 및 대포 부속장비 등이 크게 개선됐다. 하지만 기본적인 요소들은 그대로 이어졌다.

비로소 19세기에 이르러서야 본격적으로 대포의 개량이 이뤄졌다. 이에 크게 기여한 인물은 당시 영국에서 엔지니어이자 군수업자로 명성을 날린 암스트롱W. Armstrong이었다. 그는 크림전쟁(1853~56) 시에 영국군 대포의 육중한 무게와 크기에 충격을 받고 신형대포 개발에 착수, 끈질긴 연구 끝에 1850년대 중반에 경량의 강철제 후장식 강선 대포 생산에 성공했다. 물론 이러한 성공의 이면에는 무기제작에 필요한 공작기계나 철 등 기본재료의 공급을 가능케 한 영국의 빠른 산업화가 놓여 있었다. 특히 대포의 발전을 촉진한 것은 지멘스-마틴 제련법이라는 철강 분야의 기술혁신이었다. 이 신기술 덕분에 대포 제작에 필요한 양질의 강철을 저렴하게 공급받을 수 있었다. 한 예로 독일의 대표적 군수산업체 크루프사에서 생산된 대포는 보불전쟁 중에 그 가공할 위력을 발휘하면서 프로이센군의 승리에 크게 기여했다.

또한 1861년 스웨덴의 사업가 노벨Alfred B. Nobel이 발견한 니트로글리세린 덕분에 그토록 갈망하던 무연無煙화약 제조의 길이 열렸다. 이 신종화약은 평화적 이용을 바란 발명가의 기대와는 달리 군사 분야에서 그 진가를 발휘했다. 새로운 화약제품 덕분에 적은 분량의 화약으로 강력한 폭발력을 얻을 수 있었다. 그에 따라 대포의 사거리가 크게 늘어나서 19세기 말경 최대사거리 8,300미터에 유효사거리 2,800~5,500미터에 달할 정도가 됐다. 게다가 반동흡수장치 및 새로운 포가砲架의 개발과 같은 보조적 기술발전 덕분에 대포 발사 시 발생되는 충격을 흡수할 수 있었다. 따라서 매번 발사할 적마다 대포의 위치를 재조정해야만 했던 번거로움이 사라지면서 대포의 연속발사가 가능하게 됐다.

19세기 후반기에 생산된 대포들 중 사격속도 측면에서 프랑스제 75밀리 야전포가 가장 우수했다. 기껏해야 분당 최대 6발의 사격속도를 갖고 있던 기존 대포에 비해 이 야전포는 분당 무려 20발까지 발사할 수 있었다. 영국 제품으로는 암스트롱 회사에서 생산한 해군용 속사포가 주목을 받았다. 이는 유압식 실린더를 장착한 덕분에 발사 시 발생하는 반동력을 흡수하고 동시에 대포를 자동으로 원위치시킬 수 있었다. 대포의 성능이 향상되고 제1차 대전 시 대규모 공격 준비 사격이 정착되면서 포탄 소비량이 엄청나게 늘어났다. 특히 전쟁 양상이 참호전으로 고착되면서 이를 돌파하려는 어떠한 시도도 일단은 엄청난 포병사격 지원을 전제로 했기에 더욱 그러했다. 파스샹달 전투의 경우에도 500만 발 이상의 포탄이 소모됐다.

신형대포의 등장과 이의 본격적인 활용은 직접적으로는 참호의 정교화로 간접적으로는 전술의 변화로 이어졌다. 전자는 집중포화로부터 죽음을 면하는 길은 땅속 깊숙이 들어가는 수밖에 없었기에 자연스럽게 일어난 변화였다. 이에 비해 후자는 실전 경험에 기초한 연구를 통해 이뤄졌는데, 대표적으로 '후티어 돌파전술'을 꼽을 수 있다. 이는 돌파구 형성을 위해 엄청난 분량의 포탄과 대규모 인원의 투입에도 불구하고 뚜렷한 성과를 거두지 못하자 이를 타개할 목적으로 당시 독일군 제18군 사령관 후티어 장군이 창안한 '이동 탄막彈幕'을 활용한 공격전술이었다. 기습공격을 감행하는 보병부대의 바로 전면에 계속적으로 탄막을 형성하여 전진하는 보병을 지원하고, 전진 속도에 비례하여 탄막의 사거리를 늘려가는 일종의 보포步砲 합동 전술이었다. 이는 전선 돌파에는 성공했으나 후속 예비대의 부재 및 기동력 저하 등으로 인해 최종 승리로는 이어지지 못했다.

잠깐의 미봉책에 그친 베르사유 조약

마침내 1918년 11월 11일 4년 4개월에 걸친 제1차 세계대전이 끝났다. 총 32개국이 참전하여 총력전으로 전개된 전쟁은 엄청난 피해와 후유증을 남겼다. 대전이 남긴 문제들을 해결할 목적으로 1919년 초에 전승국 대표들이 프랑스의 파리에 모였다. 미국 대통령 우드로 윌슨이 제기한 '14개 조항'을 근간으로 영국 수상

미국 대통령 우드로 윌슨

로이드 조지, 프랑스 수상 클레망소 등 삼거두가 회의를 주도했다. 약 6개월에 걸친 논의의 끝에 1919년 6월 28일 독일과의 전쟁 종식을 공식 천명하는 베르사유 조약이 체결됐다. 이제 평화에 대한 서구인들의 열망은 국제연맹 창설 및 워싱턴 군축회의와 같은 일련의 국제적 협력으로 구체화되기 시작했다.

그렇다면 이러한 노력을 통해 과연 세계에 진정한 평화가 정착
됐을까? 전후에 엄습한 경제적 어려움에 처하여 이탈리아와 독일에
서는 파시즘이 고개를 들기 시작했다. 인간과 인간집단의 폭력적 본
성이 재차 분출될 낌새를 보였다. 그동안 학자들은 전쟁의 원인 문제
규명에 많은 관심을 기울여 왔다. 하지만 이제는 전후처리 문제에도
주목할 필요가 있다. 왜냐하면 전후처리는 한 전쟁을 마무리하는 작
업이지만 자칫 소홀히 할 경우 또 다른 전쟁의 시작을 촉발하는 암세
포를 내재할 우려가 있기 때문이다. 정확하게 20년 후 또 다른 총력
전을 초래하는 데 일조한 베르사유 조약의 경우처럼 말이다.

1919년 6월 28일 거울의 방에서 거행된 베르사유 조약 체결 장면
(윌리엄 오펜, 1919년)

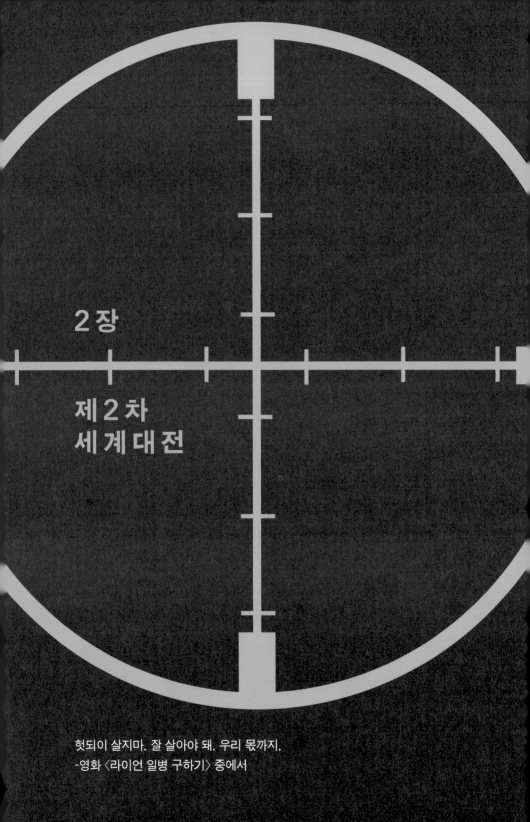

2장

제 2 차
세계 대전

헛되이 살지마. 잘 살아야 돼. 우리 몫까지.
-영화 〈라이언 일병 구하기〉 중에서

폴란드 침공 전투 1939. 9

전격적으로 몰아붙인 독일

1939년 9월 1일 새벽 기갑부대를 앞세운 독일군이 폴란드를 침공했다. 제1차 대전이 끝난 지 20년 후에 또 다른 총력전이 벌어진 것이었다. 종전 직후 외세의 오랜 지배에서 벗어난 폴란드는 나름대로 국방력을 강화해 왔다. 하지만 약 30만 명에 달한 폴란드 군대는 개전 1주일 만에 붕괴되고, 한 달 뒤인 10월 초순 경 폴란드는 재차 지구상에서 사라지는 비운을 맞았다. 어찌하여 순식간에 이러한 일이 벌어질 수 있었을까? 패전국으로서 자신의 앞가림조차 힘들었던 독일군은 어떻게 20년이라는 단기간 안에 또 다른 총력전을 일으킬 정도로 강력해 졌을까? 이러한 의문들에 대한 해답을 독일군의 첫 군사작전인 폴란드 침공 전투Invasion of Poland(1939. 9. 1~10. 6)에서 엿볼 수 있다.

파시스트 국가들의 침략 야욕이 불타오르다

누가 뭐래도 제2차 세계대전은 파시스트 국가들의 침략 야욕으로 발단됐다. 1931년 일본이 자행한 만주사변으로 국제사회의 무기력한 모습이 백일하에 드러나면서 유럽에서 히틀러와 그의 추종자들이 무력행동을 개시했다. 수상 취임 직후 국제연맹을 탈퇴(1933)한 히틀러는 베르사유조약을 무시하고 노골적으로 독일군의 재무장을 추진했다. 곧이어 라인란트 비무장지대 점령(1936)을 시작으로 오스트리아 합병(1938. 3), 주데텐란트 점령(1938. 9), 체코의 나머지 영토 합병(1939. 4) 등 거침없이 침략 만행을 저질렀다. 이탈리아의 무솔리니도 마냥 지켜만 보고 있지 않았다. 국제연맹의 취약성을 간파한 그는 과거 로마제국의 영광을 되찾는다는 슬로건 하에 아프리카의 에티오피아를 침공(1935)하여 점령했다. 국제연맹의 제재 조치에는 아예 연맹 탈퇴로 맞섰다.

설상가상으로 독자노선을 걷던 두 독재자가 결속했다. 스페인 내전(1936~39) 중 프랑코의 파시스트 정권에 대한 공동지원을 계기로 독일과 이탈리아가 동맹을 체결(로마-베를린 추축, 1936)했던 것이다. 이듬해 일본까지 가세하면서 이른바 방공防共협정이 탄생했다. 이들이 단합한 이유는 단 하나, 침략정책을 지속하기 위함이었다.

이러한 파시스트 국가들의 침략행동에 대해 과거 전승국들은 단합하여 대응하지 못했다. 전후에 서구 자유진영 국가들은 '각자도생各自圖生의 길'을 걸어갔기 때문이다. 종전 후 이들은 각자 자국의 당면 문제 해결에 골몰하여 국제문제에는 무관심했다. 최대의 식민제국이던 영국은 물론이고 미국마저 유럽 대륙 문제에 개입하길 꺼려했다.

오직 독일과 국경을 맞대고 있던 프랑스만 적극 국제협력의 길을 모색했으나 별다른 성과를 얻지 못했다. 이러한 상황에서 자유진영은 파시스트들의 침략정책에 대해 적당히 양보하는 유화정책을 표방했으나, 오히려 이는 독재자들의 침략 야욕을 부추기는 꼴이 되고 말았다. 뮌헨협정 체결(1938. 9)로 절정에 달했던 유화정책은 곧 악몽으로 변하고 말았다. 자유진영 지도자들이 히틀러의 속셈을 깨달았을 때는 이미 이를 저지할 수 있는 타이밍을 놓친 뒤였다.

나치식 경례 '하일 히틀러'

설상가상으로 서구의 유화적 태도는 소련의 의구심을 초래해 급기야는 히틀러와 스탈린이 서로 손을 잡는 불길한 사건, 즉 독소獨蘇 불가침조약 체결(1939. 8. 23)로 이어졌다. 이념적으로 불구대천의 원수 관계였던 나치즘과 볼셰비즘은 각자의 현실적 필요에 의해 친구가 됐다. 이제 양 전선에서의 동시 전쟁 수행이라는 숙명적 '트라우마'를 해결한 히틀러가 폴란드 땅을 짓밟는 것은 단지 시간문제였다.

무자비한 전격전으로 폴란드를 침공한 독일

1939년 9월 1일 새벽, 마침내 독일군 전차가 폴란드 국경선을 넘어섰다. 전쟁 발발 당일에 폴란드 공군은 괴멸됐다. 성능과 전술에서 우월했던 독일 공군의 기습을 받아 대부분의 폴란드 공군기는 이륙해보지도 못한 채 파괴되고 말았다. 폴란드 국경을 넘은 독일군은 크게 세 방향에서 거침없는 속도로 폴란드 군을 밀어붙였다. 폴란드 병사들이 애국적인 저항을 펼쳤으나 정신력만으로는 무기체계상의 현격한 열세를 극복할 수 없었다. 9월 3일 영국과 프랑스 정부가 독일군에게 폴란드 영토에서 철수하라는 최후통첩을 보냈으나 독일군의 진격은 계속됐다. 이제 그토록 피하고 싶었던 또 다른 세계대전은 돌아올 수 없는 강을 건너고 말았다.

전쟁 발발 채 1주일도 안되어 폴란드 군은 포위되는 형국에 처했다. 국경선 북쪽의 포메른 지역에서 진격한 독일 제4군과 동프로이센에서 폴란드를 공격한 제3군이 접선하여 바다를 향한 폴란드의 유일한 창구인 일명 '회랑지대'를 막아 버렸기 때문이다. 엎친 데 덮친 격으로 국경선 남쪽으로부터 독일 제10군이 수도 바르샤바를 향해 북쪽으로 치고 올라왔다. 대부분의 폴란드 군은 수도방위를 위해 바르샤바로 모여들 수밖에 없었다. 이제 9월 17일경이 되면 바르샤바는 독일군에 포위되는 처지가 되고 말았다. 수도 방위군의 사기를 떨어뜨릴 의도 하에 독일 공군은 바르샤바 시내에 무차별 폭격을 가했다.

바르샤바를 탈출해 동쪽으로 후퇴한 병력들도 독일 북부집단군과 남부집단군의 협공으로 브레스트-리토프스크에서 포위되고 말았다. 더구나 동부전선에서 관망하고 있던 소련의 적군赤軍, Red Army마저

독일군의 폴란드 침공

쳐들어오면서 이제 폴란드의 패망은 시간상 문제일 뿐이었다. 아니나 다를까, 종전 후 약 20년 동안 국가 독립의 기쁨을 누린 폴란드는 더 이상 버티지 못하고 10월 6일경 두 손을 들고 말았다. 약 한 달에 걸친 전쟁의 결과 독일군은 약 8천 명의 인명손실을 입은 반면에 폴란드군은 거의 10배에 육박하는 7만여 명이 죽었다.

　장비는 낙후되었을지언정 대전 발발 전 폴란드 육군은 30개의 정규사단과 10개의 예비사단이라는 엄청난 병력을 갖고 있었다. 그런데 도대체 왜 폴란드군은 그토록 빠르게 무너졌을까? 바로 독일군이 선보인 새로운 공격전술, 즉 '전격전Blitzkrieg'에 그 비밀의 열쇠가 있었다. 물론 전격전의 신화화를 비판하는 목소리도 있으나 당시 폴란드 군의 상황과 비교할 경우 이는 말 그대로 번개가 내리치는 것처럼 빠른 속도전을 의미했다.

독일군은 차량화된 육군과 공군의 긴밀한 협력을 전제로 개발한 공격전술을 구사했다. 전투가 시작되면 독일 공군의 슈투카 급강하 폭격기가 근접 폭격으로 적 진영을 유린했다. 특히 이때 귀청이 떨어질 정도로 커다란 사이렌 소리를 내면서 공중에서 돌출하여 덮쳤기 때문에 적군에게 엄청난 공포심을 유발했다. 이어서 사단규모로 편성된 기갑부대가 쇄도하여 돌파구를 형성했다. 실제로 독일군은 구데리안 장군이 지휘하는 5개 기갑사단이 공격의 선봉에서 빠르게 폴란드 군 진영 깊숙이 진격했다. 보병과 보급부대마저 차량화하여 기동력을 배가했다. 제1차 대전 시의 참호전과는 정반대의 모습이었다. 이러한 공격방식으로 독일군은 불과 한 달 만에 폴란드의 서쪽 절반을 차지할 수 있었다. 이제 히틀러의 눈은 자연스럽게 독일의 서부전선으로 향했다.

보조무기였던 전차를 핵심 공격무기로

제2차 대전 초반에 크게 명성을 날린 무기는 전차Tank였다. 그동안 전차는 단순히 방어용 무기로, 기껏해야 역습 시 보병을 화력 지원하는 무기 정도로만 인식됐다. 이처럼 초보 단계에 머물러 있던 전차의 운용개념을 혁신적으로 변화시킨 주역은 제1차 대전 종전 후 연합군으로부터 가혹한 군축軍縮을 강요당했던 독일군이었다. 독일의 전략가들은 기존의 작전개념에서 과감하게 탈피하여 기갑사단을 편성하고 이를 독립적으로 운용하기 시작했다. 영국과 프랑스가 제1차 대전 시의 전투방식에 안주하고 있을 때, 독일군은 당대의 최신 군사기술 발전에 어울리는 새로운 유형의 전투를 숙달하고 있었다.

엄밀한 의미에서 '기계화전armoured warfare' 개발에서 선두를 다툰 국가는 영국과 프랑스였다. 종전 후 전차 개발의 종주국답게 영국의 전략가들은 전차 운용의 신개념을 최초로 체계화했다. 대표적으로 풀러J.F.C. Fuller와 리델 하트Liddell Hart를 꼽을 수 있다. 특히 전후 영국 전차군단의 참모장을 역임한 풀러(이후 소장으로까지 진급)는 기갑전술의 창안자로 평가된다. 전차의 빠른 기동력을 활용한 공지空地 협동작전을 통해 적군의 중추신경에 해당하는 지휘 및 통신본부를 장악함으로써 적군을 혼란에 빠트려 승리할 수 있다고 주장했다. 실제로 영국군은 1927년 기계화 시범사단을 창설하고 솔즈베리 평원에서 최초로 기동훈련을 실시했다. 양호한 평가에도 불구하고 기계화 추진 과업의 중심에 있던 풀러가 군 상급자들과의 마찰로 인해 1930년 아예 군문軍門을 떠남으로써 영국군의 기계화 부대 창설은 추진력을 잃고 말았다.

풀러의 뒤를 이어서 기계화의 필요성을 외친 또 다른 인물은 영국의 대유럽 군사정책으로 '간접접근 전략'을 내세운 리델 하트였다. 솜 전투에서 영국군 수뇌부의 구태의연한 작전과 전술, 그리고 이로 인한 엄청난 인명 손실을 목도한 그는 클라우제비츠가 제시한 '섬멸전' 개념의 타당성에 대해 의문을 갖게 됐다. 종전 후 풀러와의 지적 교류를 통해 군사사상의 깊이를 더한 그는 활발한 집필 활동을 통해 기계화전의 중요성을 설파했다. 그는 전쟁에서의 주요 목표는 적군의 아킬레스건, 즉 최고의 취약점을 간파해서 이에 대해 신속하게 치명타를 날림으로써 저항의지를 분쇄하고 승리를 달성하는 것이었다. 이를 위해 경우에 따라 공군력의 지원을 받는 독립적인 기갑부대의 활용이 무엇보다도 필요하다고 주장했다. 그는 간접접근 개념을 기존처럼 우세한 해군력이 아니라 군사기술의 발달로 새롭게 대두한 전격전 이론과 연계시키는 창의성을 발휘했다.

그러나 이러한 전차 운용의 신개념을 정작 실행으로 옮긴 것은 독일군이었다. 영국군과 프랑스군이 여전히 전차를 보병의 보조무기로만 인식하고 있을 때, 독일군은 이를 핵심적인 공격무기로 탈바꿈시켰다. 베르사유 조약으로 인해 독일은 총병력 10만 이하, 공격용 무기(전차, 장갑차, 포병, 비행기)의 보유 금지가 선언됐다. 젝트 참모총장의 치밀한 리더십 하에서 군 간부 정예화를 통해 인적 열세를 극복한 독일군은 제1차 대전에 대한 성찰을 통해 기동전의 중요성을 절감하고 전차와 항공기를 결합한 기계화 부대의 운용에 주목했다. 처음에는 자전거나 자동차를 활용한 모형전차로 훈련했다. 하지만 곧 소련과 비밀협정을 맺고 연합군 감독관의 감시망을 피해 소련으로 소수의 정예장교들을 파견, 비밀리에 실제 전차를 동원한 기동훈련을 습득시켰다.

1933년 독일 수상으로 취임한 히틀러가 베르사유조약을 파기하고 독일군의 재무장을 선언하면서 독일군의 전력은 급성장했다. 이후 불과 6년 만에 독일군은 10만 명에서 무려 370만 명으로 늘어났다. 인적 증강에 못지않게 중요한 것은 전차를 주축으로 한 기계화 부대의 발전이었다. 특히 그 중심에는 구데리안Heinz Guderian 장군이 있었다. 그는 영관장교 시절부터 전차 중심의 기계화 부대 창설을 주도하고 전차전에 대한 전술개발에 심혈을 기울여 왔다. 1935년 독일군에 최초로 3개의 기갑사단이 창설됐을 때, 그는 소장으로 진급하여 그중 1개 사단의 책임자로 임명됐다(3년 후 기갑군단의 사령관으로 승진).

독일군의 주력전차

그는 이전의 전략가들과는 달리 전차 단독이 아니라 다른 차량화 수단들과 결합하여 작전을 수행하는 창의성을 발휘했다. 특히 공군을 끌어들여 전차의 지상地上 작전을 입체화했다. 또한 전차에 무전기를 부착하는 과감한 실험을 통해 다른 전차 및 지휘부와의 지속적인 접촉을 가능케 했다. 이러한 노력 덕분에 독일군은 1940년 봄 프랑스 침공 시 무려 10개의 정예 기갑사단(전차 2,400대)을 보유할 수 있었다.

이론적 수준에 머문 전차 운용개념을 현실화시킬 수 있었던 이면에는 전차의 성능 개선이 놓여 있었다. 나름 전투수행에 기여했으나 제1차 대전 시에 전차는 일종의 애물단지였다. 시속 6킬로미터에 불과한 느린 속도, 최대 20킬로미터로 국한된 주행거리, 그리고 각종 기계장치 상의 결함과 불량한 장갑 등이 전차의 활용 범위를 제한했다. 하지만 대전 후에 특히 1930년대에 이르면 전차의 성능은 크게 개선됐다. 제2차 대전 초기 독일군의 주력전차였던 3호 전차Panzer III

의 경우, 최고속력 시속 40킬로미터, 최대 165킬로미터의 주행거리, 75밀리미터 주포 및 2정의 기관총, 그리고 무엇보다도 전차용 무전기와 내부연락용 마이크 장착 등의 제원을 갖고 있었다.

독일의 전격전에 세계가 경악하다

독일군은 베르사유 조약이 강제한 가혹한 군축을 극복하고 군대를 육성하여 1939년 9월 1일 폴란드를 침공하는 또 다른 총력전의 서막을 열었다. 히틀러와 나치스의 침략 근성이야 백번 비난 받아 마땅하나 군사적 측면에서 독일군은 대전 초기에 세계가 경악할 정도로 신속하게 폴란드를 점령했다. 제1차 대전 종전 후 연합국의 감시망을 피해서 독일군이 비밀리에 연마한 속전속결의 공격전술, 즉 '전격전' 덕분이었다.

전차를 개발하고 기갑전술 교리를 선구자적으로 제시한 것은 영국군이었다. 하지만 이를 적극 실천으로 옮겨서 실전에서 재미를 본 것은 바로 과거 전쟁의 패전국 독일이었다. 동일하게 제1차 대전으로부터 교훈을 도출했으나, 영국군과 프랑스군이 창의성이 결여된 현실 안주에 머문 데 비해 독일군은 좀 더 미래지향적으로 전쟁사의 교훈을 해석하고 이를 적극 수용해 전쟁 승리의 발판을 마련했다. 그렇다면 두 진영 간의 이러한 극명한 대비는 과연 과거만의 이야기일까? 제2차 세계대전의 서두를 장식한 폴란드 침공전투는 오늘날 우리에게 '열린' 자세와 '창의적' 사고의 중요성을 새삼 일깨워주고 있다.

영국전투 1940. 7~10

독일
패망의
씨앗

폴란드 점령 후 약 8개월간의 침묵 끝에 서부전선에서 1940년 5월 10일 독일의 기갑부대가 아르덴 삼림지대를 관통하여 프랑스를 침공했다. 강대국 프랑스가 개전 후 채 두 달도 버티지 못하고 1940년 6월 22일 히틀러에게 무릎을 꿇고 말았다. 파죽지세의 독일군 앞에 마지막으로 남은 것은 섬나라 영국뿐이었다. 의기양양해진 히틀러는 이제 영국이 협상 테이블로 나오는 것은 시간문제라고 생각했으나 이는 오산이었다. 영국에는 히틀러가 미처 깨닫지 못한 두 가지 비밀병기가 있었다. 바로 처칠이라는 정치가와 섬나라라는 지리적 이점이었다. 히틀러의 기대와는 정반대로 신임 수상에 오른 처칠은 영국민에게 "피와 땀과 눈물"을 호소하며 결사항전을 천명했다. 이제 영국을 정복하기 위해서 독일군은 공군력에 의지해야만 했다. 그래서 벌어진 것이 바로 항공전으로 전개된 영국전투Battle of Britain(1940. 7. 10~10. 31)였다.

유럽을 집어삼킨 독일에 맞서는 영국

종전 후 영국은 국제문제보다는 국내 및 식민지 현안 해결에 골몰했다. 대전 후 집권한 노동당 및 보수당 모두 이 점에서는 맥락을 함께 했다. 이 시기에 영국정부는 국제연맹이라는 집단안보체제 하에서 세계평화 유지나 국제 평화조약 준수를 위해 전쟁을 감수할 의도가 전혀 없었다. 전후복구 및 1920년대 말에 엄습한 경제 불황에 허덕이던 영국민들도 장래의 불확실한 외침外侵 가능성에 대비하여 재무장하거나 상대를 위협할 만한 군사행동 시도에 반대했다. 이러한 분위기 하에서 향후 10년 동안 유럽 내에서 큰 전쟁이 없을 것이라는 가정 하에 국방예산의 지속적 삭감을 주 내용으로 하는 일명 '10년 규제원칙Ten Year Rule'이 채택되어 1930년대 중반까지 이어졌다.

앞선 글에서 살펴보았듯이, 1930년대 중반에 영국정부를 이끈 네빌 체임벌린도 이러한 외교적 연속성 하에서 히틀러와 무솔리니에 대해 유화정책을 취했다. 1938년 9월 말에 체결한 뮌헨협정으로 그는 유럽의 평화를 수호한 정치가라는 칭송과 함께 영국민의 열렬한 환호 속에 귀국했다. 하지만 얼마 후 히틀러가 뮌헨에서의 약속을 팽개치고 체코슬로바키아의 나머지 영토마저 점령하자 이제야 정신이 번쩍 든 영국정부는 서둘러 다가올 전쟁에 대한 대비 태세를 가다듬었다.

분위기 전환에 따라 그동안 지지부진하던 재무장 계획이 탄력을 받고 1939년 5월에는 징병제가 도입됐다. 서둘러 프랑스 및 동유럽 국가들과도 상호방위동맹을 체결했다. 하지만 당시 영국에는 전쟁 발발 시 이들 국가들을 보호해줄 만한 군사력은 없었다. 특히 동유럽

런던을 폭격하는 독일군 폭격기

의 경우, 전통적으로 그곳의 터줏대감으로 군림해온 공산국가 소련의 협력과 도움 없이는 거의 아무런 일도 할 수 없었다. 평화에 대한 일말의 희망조차 1939년 8월 23일 히틀러와 스탈린 간에 상호불가침조약이 체결되면서 산산이 부서지고 말았다.

이제 영국민들은 군사적 수단 외에는 히틀러의 침략야욕을 저지할 수 없음을 깨닫게 됐다. 독일군의 폴란드 점령부터 이듬해 봄까지 시기를 이용하여 영국정부는 방공호 구축, 등화관제 훈련, 도시 아동의 시골 소개疏開 등과 같은 전쟁 준비에 심혈을 기울였다. 징병제 채택 덕분에 병력도 빠르게 늘어나서 1940년 봄에 이르러 약 200만 명에 달했다. 서부전선에서의 '이상한' 평화 상태가 1940년 4월 초 독일군의 덴마크와 노르웨이에 대한 기습 침공으로 끝났다. 단 하루 만에 덴마크를 점령한 독일군은 잽싸게 공격방향을 노르웨이로 돌렸다. 영국이 해군력으로 응수했으나 우세한 공군력을 앞세운 독일군의 저항에 큰 피해만 입은 채 6월 초에 철수하고 말았다.

잇단 외교적 실패와 군사적 패배에 직면한 체임벌린은 더 이상 수상 직책을 유지할 수 없었다. 사방에서 사임 압력을 받은 체임벌린 이 마침내 5월 10일 물러나고 당시 대표적 대독강경론자였던 처칠이 신임 수상으로 임명됐다. 그는 "전심으로 바다와 땅과 하늘에서 싸우 자"고 외치면서 영국민들의 영웅적 헌신을 호소했다. 때마침 '됭케르 크 철수작전'에 성공하면서 그나마 처칠은 영국민들이 사기를 고양 할 수 있었다. 이제 영국은 유럽대륙을 석권한 히틀러의 침공에 홀로 맞서야만 했다.

공중전에서 독일보다 우위를 점한 영국

프랑스를 석권한 독일군은 이제 마지막 남은 국가, 영국을 바라 보게 됐다. 영국은 섬나라였기에 상륙작전이 불가피했다. 그런데 문 제는 여전히 세계 최강의 전력을 보유하고 있는 영국 해군이었다. 따 라서 '바다사자Sea-Lion 작전'으로 알려진 침공 작전의 성공을 위해서 는 무엇보다도 영불해협에 대한 제공권 장악이 절실했다. 영국 공군 을 제압하고 본토를 폭격하기 위해 독일군은 북해에 연한 점령지역 일대에 비행장을 건설하고, 이곳에 영국 공습에 필요한 항공기와 관 련 장비 등을 집적했다. 공습 개시 직전인 1940년 6월경에 독일은 약 2,700대에 달하는 전투기와 폭격기를 투입할 수 있었다. 1940년 7월 ~10월까지 전개된 독일군의 공습작전은 크게 3단계로 이뤄졌다.

8월 10일~18일에 단행된 제1단계 작전에서 독일공군은 약 500

대의 항공기를 동원하여 주로 영국 남동부 해안의 군사시설과 도시들을 폭격했다. 이로 인한 영국의 피해는 막심했다. 하지만 얼마 지나지 않아서 괴링이 영도하는 독일공군은 작전을 변경해야만 했다. 당시 항공기 기술상 독일공군 전투기는 자군 폭격기를 효과적으로 엄호하기가 어려웠고, 바로 그 허점을 영국공군이 파고들었기 때문이다. 실제로 8월 16일~18일에 벌어진 공중전에서 영국군의 95대에 비해 독일군은 무려 236대의 항공기를 상실했다.

8월 24일~9월 5일까지 단행된 제2단계 항공작전에서 독일군은 공격목표를 해안지역으로부터 런던에 인접한 내륙의 공군기지와 보급시설로 옮겼다. 나중에 밝혀진 사실이지만, 이 2단계 작전으로 영국공군은 거의 괴멸직전에까지 이르렀다. 그런데 갑자기 히틀러의 명령으로 독일공군은 폭격 목표를 수도 런던에 대한 공습으로 변경했다. 당시 영국공군이 모험적으로 감행한 베를린 공습으로 화가 잔뜩 난 히틀러가 런던에 대한 보복폭격을 지시했기 때문이다.

제3단계 작전은 9월 초부터 10월 초까지 거의 한 달가량 지속됐다. 런던을 초토화시켜 영국민의 전의戰意를 말살하라는 히틀러의 특별 명령에 따라 런던에 대한 무차별적인 폭격이 단행됐다. 매일 반복된 독일공군의 맹폭으로 런던의 건물들이 파괴되고 많은 시민들이 목숨을 잃었으나, 불굴의 지도자 처칠 수상의 영도 하에서 영국민들의 사기는 오히려 높아졌다. 또한 초전에 열세였던 영국의 공군력은 빠르게 증강되어 공중전에서 독일 공군에 우세를 점할 수 있었다. 상대적으로 독일공군의 전투력은 갈수록 약화됐다. 결국 히틀러는 영국 침공계획을 포기할 수밖에 없었다. 이후로 서부전선에서는 현상을 유지한 채 그 시선을 유럽 대륙의 동쪽으로 돌렸다.

승리의 비결은 레이더와 다우딩 시스템

오늘날 항공기가 투입되지 않는 전쟁은 상상조차 할 수 없다. 천문학적인 가격에도 불구하고 세계 각국은 경쟁적으로 최신예 전투기를 구매하고 있다. 이 모든 일들의 시초는 1903년 12월 17일 오전에 일어났다. 바로 이날 미국 오하이오 주 출신의 라이트 형제가 노스캐롤라이나 주 키티호크의 한 언덕에서 세계 최초로 동력체로 사람을 태우고 공중을 비행하는 데 성공했던 것이다. 이제 20세기 항공기의 시대가 본격 개막된 것이었다.

새처럼 하늘을 날아보겠다는 인간의 꿈은 어제오늘의 일이 아니었다. 잘 알려져 있듯이 서양에서는 르네상스기에 '만능천재'였던 레오나르도 다빈치가 새 날개와 유사한 기구를 제작하여 하늘을 비행하는 실험을 했다. 비록 실패했으나 비상飛上하고픈 인간의 꿈은 이후로도 이어졌다. 1783년 프랑스의 몽골피에 형제는 직접 개발한 열기구를 타고서 창공에 오르는 데 성공했다. 이는 한 세기 후에 독일의 체펠린Zeppelin과 같은 거대한 비행선으로 발전했다.

라이트 형제가 시험 비행에 성공한 동력비행체, 즉 항공기의 진정한 황금기는 바로 제1차 세계대전 시기였다. 1914년 대전 발발 이전에 항공기의 역할은 주로 적정 탐지와 정보 수집, 기껏해야 포병 사격용 목표물을 관측하는 것이었다. 하지만 제1차 대전 기간에 항공기 분야는 질적 및 양적으로 비약적인 발전을 했다. 전쟁 초기에 항공기는 후방에 장착된 프로펠러에서 분출되는 힘으로 비행하는 형태였으나 전쟁 종반에 이르면 프로펠러를 기체 앞에 장착해서 추진력을 발생시키는 유형이 대세를 이뤘다. 그리고 무장武裝 방식도 초기에는 2인승 항공기의 뒷좌석에 탑승한 인원이 기총사격을 가하는 것이 고작이었으나, 곧 승무원이 항공기를 조종하면서 직접 사격하는 방식으로 개선됐다. 양적 측면에서도 개전 초 140대에 불과하던 프랑스의 항공기는 종전 직전에 이르면 4,500대에 달할 정도로 급성장했다.

대전 말기에 항공기의 전략적 잠재력을 깨달은 각국은 전후 경쟁적으로 공군력 증강에 나섰다. 그리하여 제2차 대전이 발발했을 때 항공기는 단순한 정찰기가 아니라 적군을 직접 공격하거나 후방의 산업시설을 폭격할 수 있는 전략무기가 됐다. 대전 초반에 등장한 대표적 항공기는 스핏파이어Spitfire와 메서슈미트Messerschmitt이었다. 영국공군의 주력전투기로 활약한 스핏파이어는 미첼R. J. Mitchell의 설계도를 토대로 1936년 봄에 개발되어 1938년 여름쯤 공군에 실전 배치됐다. 스핏파이어의 대표적 기종이던 제5타입의 경우, 신형 롤스로이스 엔진에서 분출되는 힘을 바탕으로 빠른 속도(최대시속 600킬로미터, 항속거리 1,800킬로미터)와 강력한 화력(20밀리미터 기관포 2문, 7.7밀리미터 기관총 4문 장착)을 자랑했다.

한편, 독일군의 주력전투기는 단발엔진을 장착(향후 쌍발엔진으로 발전)한 메서슈미트 Bf109였다. 대전 동안 지속적인 개량을 통해 다양한 형태의 기종들이 생산됐고, 그때마다 나름대로 진가를 발휘했다. 종합적으로 볼 때, 독일 전투기가 최고속도 및 상승속도 측면에서는 다소 앞섰으나, 실제 공중전에서는 빠른 선회속도와 작은 회전반경을 자랑한 영국의 스핏파이어가 우세를 점했다. 이러한 맥락에서 스핏파이어야말로 영국공군을 승리로 이끈 일등공신임에 분명했다.

항공기의 발전은 자연스럽게 항공전술 및 전략의 발전으로 이어졌다. 일찍이 이의 초석을 놓은 인물은 제1차 대전 직후 『제공권』이란 책을 발간한 바 있는 이탈리아의 두에^{Giulio Douhet}였다. 그는 항공전략의 개념과 이론을 체계적으로 정리하여 이를 세계로 확산시키는 데 크게 기여했다. 제1차 대전의 경험을 바탕으로 그는 제공권 장악 및 적 후방의 산업시설과 도시에 대한 대규모 공중 폭격이야말로 전쟁을 승리로 이끌 수 있는 요체라고 주장했다. 이를 위해 항공 전력은 독자적인 명령체계에 기초하여 작전을 수행해야지 육군이나 해군의 필요에 종속되면 안된다고 역설했다.

우수한 성능의 항공기, 불굴의 투혼과 고도의 기량을 지닌 조종사, 그리고 시의적절한 항공 운용능력 등은 영국공군이 브리튼 섬을 지켜낼 수 있던 원동력이었다. 하지만 이 모든 것들보다도 승리에 지대한 공헌을 한 것은 영국의 비밀병기, '레이더^{Radar}' 설비였다. 이것이 영국전투에서 영국공군이 승리하는 데 결정적인 역할을 했다고 말해도 과언이 아니다. 물론 대전이 발발할 즈음 영국과 독일 모두 레이더를 개발한 상태였으나, 영국 측이 기술상으로 압도적인 우위를 점했다. 왜냐하면 영국은 독일공군의 공습이 임박했음을 예상하고 기술개발에 매진했던데 비해, 독일은 레이더의 가능성을 과소평가한 채 별로 주목하지 않았기 때문이다.

일찍이 레이더의 군사적 효용을 감지하고 1935년 초부터 레이더 설비 개발에 매진한 덕분에 영국전투가 시작되기 이전에 영국공군은 일명 '다우딩 시스템'으로 알려진 방공망 체계를 구축할 수 있었다. 일단 독일 공군기가 영국 영공에 접근하면 동남부 해안선에 설치되어 있는 레이더의 전파탑에 신호가 잡혔다. 이어서 적기가 영국의 영

런던의 독일공군기 감시요원

공 내로 진입하면 해안선에 배치되어 있는 관찰요원들이 망원경으로
탐지했다. 이렇게 알아낸 첩보들은 즉시 공군사령부 작전상황실로
통보됐다. 상황실에서는 수집된 첩보들을 분석하여 적기敵機로 판명
될 경우, 전투기 편대에 출격명령을 하달했다. 이처럼 영국은 효율적
인 방공망과 우수한 항공기를 적극 활용함으로써 창의성 없는 작전
으로 일관한 괴링의 나치공군을 물리칠 수 있었다. 결과적으로 영국
은 1,960여 대의 항공기를 투입하여 544명의 조종사와 1,540여 대의
항공기를 잃은 반면에 독일은 2,550대의 항공기를 동원하여 2,700
여 명의 조종사와 1880여 대의 항공기 손실을 입었다.

전심으로 싸우겠다는 영국민들의 확고한 항전의지

처칠 총리

영국전투는 개전 이후 상승일로에 있던 독일군에게 최초로 패배를 안겨 준 격전이었다. 영국 본토 상륙의 전초전으로 시도된 공중작전에서 독일군은 수차례 폭격목표를 변경하는 등 제공권 장악을 위해 사력을 다했으나 실패하고 말았다. 경직된 지휘체계로 인한 상의하달 실패 및 일관성이 결여된 전략, 체계적이지 못한 전력운용 등을 실패 요인으로 꼽을 수 있다. 하지만 무엇보다도 영국 조종사들의 불굴의 투혼과 애국심, 그리고 국가 지도자 처칠의 강력한 리더십 하에 일치단결하여 대응한 영국민들의 의연함과 인내야말로 승리의 원천이었다. 바로 이러한 소프트웨어에 레이더라는 하드웨어가 더해져서 시너지 효과를 낸 것이었다.

일찍이 향후 레이더 기술의 필요성을 인식하고 이를 적극 지원, 충돌 이전에 철저한 본토 방공망 및 운용체계를 만들어 낸 영국 공군사령관 휴 다우딩을 비롯한 군수뇌부 및 헨리 티저드로 대표되는 과학자들의 혜안과 노력은 오늘날에도 유념할 가치가 있다. 영국전투에 실패한 히틀러는 이제 그 공격방향을 동쪽의 소련으로 돌렸지만, 향후 독일군의 패망은 이미 영국전투에서 그 씨앗이 뿌려졌다고 볼 수 있다.

스탈린그라드 전투

1942. 8 ~ 1943. 1

전쟁사에서
손꼽히는
사투死鬪의
현장

1941년 6월 22일, 대규모 기갑부대를 앞세운 독일군이 소련 국경을 넘어서 드넓은 러시아 평원으로 물밀 듯이 쳐들어갔다. 엄청난 인적 및 물적 손실을 초래한 이른바 '독소獨蘇 전쟁'이 벌어진 것이다. '바바롯사 계획'으로 알려진 작전계획에 따라 독일군은 크게 3개의 집단군으로 부대를 편성하여 레닌그라드, 모스크바, 그리고 남부 자원지대를 향해 진격했다. 개전 후 약 1년여 동안 독일군은 승승장구했다. 이때 후퇴를 거듭하던 소련군이 심기일전하여 독일군과 사투를 벌여 승리, 넓게는 제2차 대전 좁게는 독소전쟁의 전세를 바꾸는 전환점을 이룬 것이 바로 스탈린그라드 전투Battle of Stalingrad(1942. 8~43. 1)이었다.

결국 소련을 침공하고야 마는 독일

1939년 8월 23일, 전 세계인들을 깜짝 놀라게 한 사건이 벌어졌다. 그동안 불구대천의 원수처럼 서로를 비난해 온 히틀러와 스탈린이 불가침조약을 체결하고 서로 손을 잡은 것이었다. 두 독재자에게는 이념이나 세계평화보다도 일단 눈앞에 펼쳐진 자국의 이해관계가 우선시됐던 것이다. 하지만 이것이 오래 지속되리라 믿은 사람은 그리 많지 않았다. 아니나 다를까 그런대로 서유럽 지역을 평정한 히틀러가 1941년 6월 22일 본격적으로 소련을 침공, 자신의 세계정복 야망을 실현코자 했다. 사실상 히틀러는 이미 자신의 저서 『나의 투쟁』에서 장차 독일 게르만족이 확보해야 할 '생활공간'으로 동유럽의 광활한 영토와 풍부한 천연자원을 거명한 바 있었다.

이러한 생활권 이론을 더욱 추동한 것은 나치즘의 인종주의 Racism였다. 잘 알려져 있듯이, 나치와 히틀러는 다윈이 진화의 비결로 제시한 '적자생존'의 원리를 인간사회에 적용하여 유대인을 가장 열등한 민족으로 규정했다. 이러한 열등민족의 '더러운' 피가 '세계 지배의 운명을 타고 난' 게르만 민족의 피를 오염시키고 있기에 이들을 지구상에서 멸절시켜야 한다고 주장했다. 그런데 나치가 지정한 열등민족들 중 유대인과 거의 동급으로 분류된 종족이 바로 소련의 슬라브족이었다. 따라서 히틀러는 열등한 슬라브족이 선민選民인 게르만족의 생존과 번영을 위해 필요한 곡창 및 자원지대를 차지하고 있는 현실을 도저히 묵과할 수 없었다.

이처럼 이데올로기적인 열망이 갖고 있던 추동력을 무시할 수 없다. 그렇다고 하더라도 이념적인 이유만 갖고서 소련을 침공할 만큼 히틀러와 독일군은 어리석지 않았다. 군사적으로도 히틀러는 소련 정복이라는 도박을 벌이기에 충분한 이유와 승리에 대한 확신을 갖고 있었다. 히틀러는 애초부터 자신이 소련과의 불가침조약을 불신했듯이 스탈린도 그러하리라고 생각했다. 소련의 빠른 군비증강은 이러한 의구심을 더욱 부채질했다. 더구나 미처 굴복시키지 못한 영국이 미국의 전폭적 지원에 힘입어서 빠르게 전력을 회복하고 있었다. 이러한 상황을 그대로 방치할 경우, 독일이 전통적으로 우려한 양 전선에서 동시에 강적을 상대해야만 하는 악몽에 직면할 수도 있었다. 하루라도 빨리 소련을 굴복시키는 것이 양면전쟁을 피할 수 있는 길이었다.

독일군의 비참한 패배로 끝나다

1941년 6월 22일, 독일군은 135개 사단(3백만 명)과 전차 3,600여 대, 항공기 2,700여 대를 동원하여 장대툓ᄎ한 소련 국경을 넘어 전격전을 전개했다. 독일군의 소련 침공 마스터 플랜인 '바바롯사 계획'은 크게 2개 단계로 짜여졌다. 제1단계 작전은 소련군이 광활한 내륙으로 철수하여 지연전을 벌이지 못하도록 그 주력을 최대한 조기에 포착, 섬멸하는 것이 골자였다. 소련 전선은 무려 2천마일의 작전정면에 약 1,700마일에 달하는 작전종심을 갖고 있었고, 게다가 천연적 지세도 방자防者에게 유리했기 때문이다. 이처럼 초전에 소련군 주력을 괴멸시킨 후 빠른 공격으로 점령지역을 확대하는 제2단계 작전을 수행코자 했다.

이를 위해 독일군은 크게 세 방향으로 작전을 전개했다. 북부집단군은 레에프 장군의 지휘 하에 발틱 해 연안을 거쳐서 레닌그라드 점령을 목표로 진격했다. 보크 장군이 이끈 중앙집단군은 전선 중앙지대에 위치한 민스크, 스몰렌스크 등 주요 도시들을 통과해 모스크바로 직행코자 했다. 룬트슈테트 장군의 남부집단군은 곡창지대인 우크라이나를 경유, 코카서스의 유전지대를 향해 전진했다. 개전 초기의 전황은 독일군 수뇌부의 계획대로 전개됐다. 독일 북부집단군은 개전한지 불과 두 달 만에 레닌그라드 초입까지 도달했고, 중앙집단군 역시 모스크바 입성의 최종 관문인 스몰렌스크를 점령한 상태였다. 남부집단군도 1941년 10월 말 경 우크라이나의 키에프를 비롯한 남부의 곡창지대 점령을 완수했다. 이러한 과정에서 소련군은 이미 2백만 명 이상이 죽거나 독일군의 포로가 됐다.

초전에 괴멸적인 패배를 당한 소련군은 후퇴를 거듭할 수밖에 없었다. 하지만 150년 전 나폴레옹의 러시아 침공 시처럼 소련에는 광활한 영토와 겨울의 '동장군' 및 해빙기의 '진흙장군'이 버티고 있었다. 이러한 이점을 잘 알고 있던 소련군은 '공간을 내주고 시간을 얻는다'는 지연작전으로 대응했다. 또한 점차 서방으로부터 군수물자들이 쏟아져 들어오고, 우랄산맥 동쪽으로 이동시킨 군수공장에서 무기들이 생산되기 시작했다.

이에 비해 점차 독일군은 작전에 차질을 빚기 시작했다. 무엇보다도 6개월 이내에 종결하려던 전쟁이 겨울이 임박해도 끝날 기미가 보이지 않았다. 처음으로 경험한 소련의 혹독한 겨울은 사람을 비롯한 모든 것을 얼어붙게 만들었다. 동계작전 준비를 소홀히 한 독일군으로서는 최악의 상황이었다. 간신히 겨울을 넘긴 독일군은 주력부대를 전선 남쪽의 유전지대로 전환하여 대대적인 공세를 취했다. 덕분에 1942년 6월 말경에 크림반도를 거쳐서 카스피 해 연안까지 진격할 수 있었으나, 차량연료 부족이 표면화되기 시작했다. 길게 늘어진 병참선은 문제를 더욱 심화시켰다.

　　마침내 독일군 제6군은 1942년 8월 25일 소련 남부의 요충지이자 스탈린의 자존심이던 스탈린그라드에 입성하여 전투를 벌이기 시작했다. 이후 5개월 동안 도시를 끝까지 사수하라는 스탈린의 명령을 받은 소련군을 상대로 독일군은 역사상 가장 치열한 공방전을 벌여야만 했다. 대부분 건물들이 파괴되어 폐허로 변한 도시에서 양측의 사투는 시가전의 형태로 지속됐다. 시간이 흐르면서 전세는 소련군에 유리하게 전개됐다. 마침내 1942년 11월 중순에 대규모 협동작전으로 돈 강을 도하한 소련군에 의해 배후를 찔린 독일 제6군은 포위망에 갇히는 신세가 되고 말았다.

　　현대 전쟁사의 가장 비참한 비극은 이때부터 시작됐다. 제6군 총사령관 파울루스 장군의 후퇴 건의는 히틀러에 의해 묵살됐다. 일체의 보급품 공급이 끊긴 상황에서 독일군은 모진 추위와 극심한 굶주

스탈린그라드의 동계전투 장면

림 속에서 처참하게 죽어갔다. 1943년 2월 초 독일군이 항복했을 때, 포위될 당시 총 33만 명에 달했던 독일군 생존자는 고작 9만 명에 불과했다. 스탈린그라드 전투는 전쟁사에서 손꼽히는 비참한 사투死鬪의 현장임에 분명했다.

소련 T-34전차의 위용

독소전쟁 개전 초기에 소련의 적군赤軍은 독일군에게 처참한 패배를 당했다. 1930년대 중반까지만 해도 군사적 측면에서 독일에 한참 앞서 있던 소련군에서 그 이후 무슨 일이 있었던 것일까? 가장 결정적인 요인은 대전 발발 직전인 1937~39년에 독재자 스탈린이 자행한 군 지도부에 대한 대숙청에 있었다. 이 시기에 스탈린은 적군 장교들을 대거 처형해 소련군을 불구不具로 만들어 버렸다. 대파국의 서막을 연 것은 1937년 5월 말 적군 최고 전략가이자 군 수뇌였던 투하체프스키 원수와 그의 동료 고위 장교들에 대한 체포와 처형이었다.

이 사건 이후 독일의 침공이 임박할 때까지 소련 내전 시기(1918~20)에 두각을 나타냈던 군 장성들 대부분이 영문조차 모른 채 형장의 이슬로 사라졌다. 당시 약 8만 명에 달한 적군 출신 장교들 중 적어도 3만 명이 체포되어 투옥 또는 처형된 것으로 추산된다. 예컨대, 5명의 원수 중 3명, 군관구 사령관 전체, 16명의 야전군 사령관 중 14명, 67명의 군단장 중 60명, 199명의 사단장 중 136명 등이 이에 해당됐다. 이외에 약 1만 명의 장교들이 불명예 제대라는 수모를 당했다. 참으로 파국에 가까운 인적 손실이었다. 어리석게도 이는 국가적 차원에서 범한 집단적 자해自害였다. 거의 한 세대 전체의 군사 전문가들이 홀연히 사라지고 그 자리를 경험이 일천한 젊은 장교세대가 채웠다. 당연히 부대 훈련과 전투력 유지에 심각한 차질이 생기면서 1941년 6월 독일군 침공 시 참패로 이어졌다.

내전 이후 적군이 수립한 기본 작전개념은 종심從心전투였다. 1920년대 후반부터 1930년대 초반까지 투하체프스키를 비롯한 핵심 전략가들은 내전 시의 실전 경험을 토대로 종심전투 개념을 창안하고, 이를 소련군의 전술 개념으로 정립하고자 했다. 이를 위해서는 새로운 전투방식과 무기체계가 필요했다. 무엇보다도 제병협동작전 수행이 가능한 기계화 부대 양성이 급

투하체프스키 원수

선무였다. 선두에 위치한 전차와 함께 포병과 공병의 지원을 받는 보병이 적군의 방어선을 돌파하면 그사이에 다른 지상부대와 항공기가 보다 후방의 적을 강타하고 뒤이어서 대규모 공수 및 기갑부대가 투입되는 일련의 긴밀하고 유기적인 과정이었다. 한마디로 전력 활용의 체계화를 통한 전투수행의 입체화였다. 스탈린도 처음에는 이러한 군의 시도에 호응, 경제개발 5개년계획 추진에서 군수산업 육성에 최우선 순위를 뒀다.

이러한 노력은 곧 가시적인 성과로 이어졌다. 1929년까지 전차의 국산화가 미흡했던 소련은 수년 후 한 해에 3천 대의 전차를 비롯

하여 양질의 대포와 항공기를 생산할 정도로 급성장했다. 이러한 군수물자 생산역량을 바탕으로 적군 수뇌부는 본격적으로 제병협동 기계화 부대의 편성 및 훈련에 박차를 가할 수 있었다. 1932년 가을 최초로 2개의 기계화 군단을 편성했다. 이후 이와 연계하여 제병협동 작전을 벌일 기갑부대와 공수부대 등을 편제에 반영했다.

물론 적군의 기계화 부대를 활용한 종심전투 개념이 완벽하게 이뤄진 것은 아니었다. 당시까지도 대부분의 소련제 전차는 장갑이 매우 얇은 MS 계열의 경輕전차였다. 더구나 제병협동작전 수행 및 전장 기동에 핵심적 요소인 무선 교신은 거의 작동 불가능 수준에 있었다. 각종 차량 장비를 운용하는 운전병이나 수리공의 경험과 자질 역시 수준 이하였기에 장비의 손상 정도가 심했다. 교리 측면에서도 과도하게 공격 쪽으로 치우친 경향이 있었다.

이러한 한계에도 불구하고 1930년대 중반에 적군은 기계화 부대의 운용과 편성 등의 측면에서 세계를 선도하고 있었다. 조만간 상대하게 될 독일군에 비해서도 제반 측면에서 매우 선진되어 있었다. 그런데 아이러니하게도 신개념을 현실화하기 위해 보다 열정적인 노력과 시간이 필요한 바로 그 시점에 적군에 대한 숙청의 피바람이 불었던 것이다. 이를 창안하고 실현하는 데 핵심적 역할을 한 투하체프스키가 처형되면서 새로운 시도는 모멘텀을 상실했다. 적군의 전투 역량, 특히 기계화 부대의 전투개념과 전력 구조상의 퇴보는 불가피했다.

불행 중 다행으로 소련군은 물적 측면에서 한 가지 중요한 우위를 점할 수 있었다. 대부분의 적군 장비들은 낙후 및 노후화되어 많은 문제를 안고 있었으나, 당시 놀라운 성능을 지닌 새로운 유형의 전차가 독소전쟁 개전 직전 생산되어 전선에 배치됐던 것이다. 이는 다름 아닌 T-34전차였다. 1930년대 후반에 기존의 BT-7전차를 모체로 설계 및 개발된 T-34전차는 종전 시까지 무려 8만 대가 생산되어 역사상 가장 심대한 영향을 끼친 무기가 됐다.

당시 독일군의 주력 중형전차였던 4호전차와 비교해도 T-34전차의 성능이 우수했다. 예컨대, 무게(4호전차 25톤, T-34전차 26.5톤), 속력(4호전차 시속 39킬로미터, T-34전차 50킬로미터) 등이 앞섰고, 장착된 76.2밀리미터 고속전차포는 대부분의 독일군 전차의 장갑을 관통할 수 있었다. 이에 비해 T-34전차의 장갑은 매우 두꺼워서 당시 독일군이 보유하고 있던 최신형 대전차포의 사격도 견뎌낼 수 있었다. 물론 열악한 통신장비(무전기)로 인해 전장에서의 교신과 통제에 애로가 있던 것이 큰 약점이었다. 그럼에도 불구하고, T-34전차는 우월한 성능 이외에 놀라운 생산능력으로 인해 독일군에게 심각한 위협이 됐고, 이는 전쟁이 무르익으면서 더욱 분명해 졌다. 한 예로 1943년 여름 사상 최대의 전차전으로 벌어진 쿠르스크 전투에서 소련군은 5천 대 이상의 전차를 투입, 독일군 기갑부대를 무력화시키고 승리할 수 있었다.

독재자 스탈린의 만행

1942년 8월 혈전이 벌어지기 직전에 스탈린그라드는 볼가 강가에 형성된 소련의 대표적 공업도시들 중 하나였다. 약 60만 명에 달한 도시 인구의 대부분은 제철소, 트랙터 생산공장, 군수공장 등이

어우러진 거대한 공장지대에서 일하고 있었다. 이를 추이코프 장군의 소련 제62군이 방어하고 있었다. 물론 나중에 전투가 벌어지면서 엄청난 인원이 새로 투입되기는 했으나 이들 도시민들이야말로 독일군의 맹렬한 공격으로부터 스탈린그라드를 지켜낸 주인공들이었다. 그런데 문제는 이들 대부분이 폐허로 변한 도시가 암시하듯이 격전 중 불귀의 객이 됐다는 사실이다.

특히 시간과 효율을 중시하는 군사문제 결정에 (스탈린의 군부 인재에 대한 대숙청에서 엿볼 수 있듯이) '정치적 고려'가 우선시될 경우 어떠한 비극이 벌어질 수 있는가를 독소전쟁은 후대에 경고하고 있다. 소련의 실질적 지도자였던 스탈린이 편집증적인 독선에 빠져서 범한 제반 실책과 오판으로 인해 특히 독소전쟁 전반기에 얼마나 많은 소련 인민 및 군인들이 처참하게 희생됐단 말인가. 19세기 이후 각종 신무기가 등장하여 전쟁 양상에 변화를 가해 왔다고 하더라도 전쟁 승리를 결정짓는 불변의 요인은 이를 운용하는 인간의 역할, 특히 최고 전쟁리더의 능력임을 부인하기 어렵다. 이러한 측면에서 스탈린그라드 전투의 승리에도 불구하고 무수한 자국민을 죽음으로 몰고 간 스탈린의 만행은 결코 용서받을 수 없으리라.

미드웨이 해전 ^{1942. 6}

태평양
전쟁의
분수령

1904년 러시아 발틱 함대와 벌인 쓰시마 해전에서 완승한 일본 해군은 이후 빠르게 전력을 강화했다. 1914년 8월 제1차 세계대전이 발발하자 영일동맹을 빌미로 독일에 선전포고한 일본은 동아시아 및 태평양 지역의 독일 식민지를 차지했다. 1921년 워싱턴 군축회담을 통한 제약에도 불구하고 일본은 지속적으로 해군력 증강에 매진했다. 1931년 일본 관동군의 만주 불법 점령과 이후 터진 중일전쟁(1937년)은 이제 일본 해군도 뭔가 중대한 일을 결행할 시점에 이르렀음을 암시하는 듯했다. 아니나 다를까. 1941년 12월 7일 일본은 하와이의 진주만을 기습적으로 공격, 태평양 전쟁의 포문을 열었다. 이어서 남태평양으로 외연 확대를 시도했다. 이러한 과정에서 미국의 태평양 함대를 유인하여 격멸코자 시도한 것이 바로 미드웨이 해전Battle of Midway(1942. 6. 4)이었다. 하지만 이 모험은 일본의 기대와는 달리 전쟁의 주도권이 미국으로 넘어가는 분수령이 됐다.

미국을 상대로 전쟁을 마음먹는 일본

동아시아에서 일본의 침략전쟁이 지속되자 그동안 꾸준히 일본의 자제를 요구해온 미국은 이제 더 이상 타협이 불가능하다는 판단 하에 1940년 9월, 고철古鐵의 대일 수출을 전면 금지했다. 금수禁輸 조치는 점차 확대되어 항공기 엔진 및 다른 자원으로까지 확대됐다. 이러한 상황에서 핵심 자원의 부족을 체감하기 시작한 일본은 이를 해결할 목적으로 1941년 7월 인도차이나 반도로 진격해 들어갔다. 이에 대응하여 미국은 자국 내 일본 자산을 동결하고 대일 석유 수출을 금지했다. 향후 전쟁 수행에 긴요한 자원을 확보하기 위해서는 전선을 인도차이나 반도에서 더 남쪽으로 확대해야만 했다. 이럴 경우 자칫하면 미국과의 전쟁도 각오해야만 했다. 일본 정부와 군 수뇌부는 무엇인가 결단을 내릴 시점이 왔음을 예감했다.

우선, 미국 정부에 대해 외교협상을 제안하면서 화해의 태도를 취했다. 하지만 미국은 궁극적으로는 중국대륙으로부터 일본군의 철수를 요구했다. 일본이 난처함을 표명하자 루즈벨트 대통령은 '향후 미국은 민주국가들을 지원하는 병기창의 역할'을 할 것임을 천명하는 등 단호한 자세를 보였다. 이에 일본 내의 호전적 여론은 들끓었고, 일본 대본영과 군부는 본격적으로 미국과의 일전一戰 준비에 돌입했다. 하지만 문제는 미국과 국력을 비교할 경우, 일본이 결정적으로 열세한 상황이었기에 단기결전短期決戰만이 그나마 승리를 담보할 수 있는 해결책으로 떠올랐다.

사자의 코털을 건드린 진주만 기습공격

　마침내 일본은 1941년 12월 1일에 열린 최종 어전회의에서 미국, 영국, 네덜란드를 상대로 개전할 것임을 정식으로 결정했다. 이에 따라 일본 해군은 1941년 12월 7일(일요일) 이른 아침에 미국의 태평양 함대 사령부가 있던 하와이의 진주만을 기습 공격했다. 이보다 1시간 전에 일본 육군은 인도차이나 반도를 벗어나 말레이 반도에 상륙했다. '대동아공영권'을 내세운 일본의 침략전쟁으로 바야흐로 '태평양 전쟁'이 본격적으로 불타올랐다.

　일본이 자랑한 아까기 등 6척의 항공모함에 420여 대의 항공기를 탑재한 일본해군은 드넓은 태평양을 가로질러 진주만으로 접근, 당일 오전에 기습공격을 가했다. 레이더 담당 장교의 태만으로 급습을 당한 미 해군의 진주만 기지는 한마디로 쑥대밭이 됐다. 두 차례에 걸친 공중공격을 통해 일본 공군기는 비행장에 있던 미군 항공기의 대부분과 진주만에 정박해 있던 미군 구축함 대부분을 격침시켰다. 일본 공군의 피해는 미미했다. 잘 알려져 있듯이, 일본어로 '호랑이'를 의미하는 '도라! 도라! 도라!'라는 기습 성공을 의미하는 암호가 일본연합함대 사령관 야마모토 제독에게 타전됐다. 당연히 이 소식을 접한 일본 열도는 환희의 도가니로 빠져들었다.

　그러나 이러한 열광의 이면에서 불안한 그림자가 소리 없이 다가오고 있었다. 일본군에게는 불행하게도 그리고 미군에게는 다행스럽게도 진주만 공격에서 미 해군의 주력함인 3척의 항공모함(엔터프라이즈, 렉싱턴, 사라토가)은 다른 기동훈련에 참가하느라 당일 진주만에 없던 덕분에 참화를 면할 수 있었다. 무엇보다도 야마모토 제독이 우려했듯이, 막대한 자원을 갖고 있는 잠자는 거인을 일순간에 깨우고야 말았던 것이다. '진주만을 기억하라'는 루즈벨트 대통령의 호소에 전 미국인들이 일치단결하여 열정적으로 전쟁에 뛰어들었던 것이다.

일본의 승전 열기는 말레이 반도 및 필리핀을 비롯한 남태평양 지역에서 일본 육군이 연전연승하면서 지속됐다. 그런데 1942년 4월 중순 어느 날 이러한 들뜬 분위기에 찬물을 끼얹은 사건이 벌어졌다. 이날 두리틀J. H. Doolittle 중령이 이끈 미군의 장거리 폭격기(B-25) 16대 가 항공모함 호넷 호에서 출격하여 일본의 심장부인 도쿄를 비롯한 몇 곳의 중요 도시들을 폭격했던 것이다. 심리적으로 큰 충격을 받은 일본군은 주변 방어선을 확대하여 일본 본토의 안전을 도모코자 했 다. 동시에 진주만 기습에서 살아남은 미 태평양함대의 주력을 유인 하여 격멸할 심산으로 하와이 북서쪽 1,800킬로미터 지점에 위치한 미드웨이 섬 점령작전을 단행하기로 결정했다. 이 섬의 미 해군 전초 기지에서 이륙한 정찰기가 하와이로 접근하려는 일본군의 작전행동 을 조기에 경보할 수 있었기에 일본군에게는 눈엣가시 같은 존재였 다. 미드웨이는 폭이 불과 10킬로미터에도 미치지 못할 정도로 작은 환초環礁였으나 당시 그곳에는 미 공군 비행장과 소수의 미국 해병대 가 주둔하고 있었다.

마침내 1942년 5월 항공모함 5척 이외에 수많은 함정과 병력 11 만 5천 명으로 편성된 일본 연합함대가 그 위용을 뽐내면서 태평양 을 가로질러 출정했다. 하지만 이것이 일본 해군의 제삿날이 되리라 고는 그 누구도 짐작조차 하지 못했다. 출정한 일본군은 자신만만했 지만, 이들의 예상과는 달리 미군은 사전에 일본군의 암호를 해독하 여 상대방의 작전을 손금 보듯이 읽고 있었다. 미 해군은 일본 해군이 미드웨이 섬으로 다가오고 있음을 감지하고 기다리고 있었다. 일본군이 미드웨이에 대한 공격을 시작하자 대기하고 있던 미 공군의 어뢰 탑재기가 일본 함정 상공으로 나타났다. 부랴부랴 출격한 일본군 전투기들이 가까스로 미군기들을 격퇴했다.

그러나 문제는 그다음이었다. 일본 항공모함의 함상에서 대기하고 있던 폭격기들에 대함용 고성능 폭탄을 장착하고 있을 때, 구름 위에 숨어서 명령을 기다리고 있던 미 공군기들이 벌떼처럼 몰려와서 항공모함에 폭격을 가했다. 고성능 폭탄이 폭발하기 시작하면서 일본군 항공모함은 일순간 아수라장으로 변했다. 출동한 4척의 항공모함 중 3척이 폭발로 인해 침몰됐다. 이에 비해 미군은 1척의 항공모함(요크타운 호)만을 잃었을 뿐이었다. 물론 항공기의 경우에도 일본군은 거의 2배에 달하는 피해(일본군 250대 vs. 미군 147대)를 입었다. 하지만 무엇보다도 기억할 점은 이날 이후로 드넓은 태평양의 주인은 다시 미국 해군으로 바뀌었다는 사실이었다.

현대판 '바다의 왕자' 항공모함

미드웨이 해전에 참전한 일본 해군의 주력은 누가 뭐래도 항공모함이었다. 일본 해군은 5척의 항모와 수십 척의 여타 함정들로 함대를 편성하여 원정길에 올랐던 것이다. 당시 일본은 세계 최강의 항공모함 전력을 보유하고 있었다.

그렇다면 왜 항공기를 싣고 다니는 배가 필요했을까? 제1차 대전후 항공기가 비약적으로 발전하면서 이를 활용한 해전이 주목을 받게 됐다. 공중에서 지상을 공격한다는 본질적 이점 이외에도 어뢰를 탑재함으로써 대형 전함과도 겨룰 만한 능력을 확보할 수 있었기 때문이다. 그런데 당장은 낮은 항공기 성능으로 인해 비행시간과 항속 거리가 제한되다 보니 이를 싣고 공격지점까지 근접시킬 수 있는 함정이 필요하게 됐던 것이다.

배 갑판에서 대형풍선을 띄워서 적을 공격하려는 시도는 19세기 중엽까지 거슬러 올라갈 수 있으나 항공모함의 모습이 구체화된 것은 20세기에 접어들어서였다. 이때 항공모함과 불가분의 관계에 있는 함재기가 결정적인 역할을 했다. 하지만 초기의 항공모함은 갑판에서 비행기를 이착륙시킬 수 없었다. 그래서 제1차 대전을 전후하여 모습을 드러낸 것이 바로 물 위에서 작동하는 항공기를 탑재한 '수상기 모함seaplane carrier'이었다. 함정에 설치된 크레인을 이용하여 항공기를 물 위에 내리고 올리는 방식으로 작동됐다. 전쟁의 장기화로 해상 제공권 장악의 중요성이 절실해지면서, 자연스럽게 바퀴달린 항공기의 이착륙이 가능한 설비를 갖춘 함정에 대한 요구가 커졌다.

마침내 1921년 오늘날과 같은 형태의 항공모함이 영국 해군에서 출현했다. 퓨리어스 호로 명명된 이 최초의 항모는 이미 건조 중에 있던 순양함을 개조한 것이었다. 이에 뒤질세라 1922년 미국 해군도 석탄운반선을 개조하여 항공모함 랭글리 호를 진수했다. 애초부터 항공모함으로 설계되어 건조된 최초의 함정은 1922년 영국 기술진의 도움으로 일본에서 진수된 호쇼 호였다. 그 덕분에 일본은 세계 최초의 정통 항공모함 보유국이라는 영예를 얻었다. 이로부터 20년 후에 일본 해군이 일단의 항공모함을 앞세워서 잠시나마 태평양의 제해권을 장악할 수 있었던 이면에는 이처럼 무기체계의 변화에 신속하게 대응한 선견적인 태도가 놓여 있었다.

아이러니하게도 양차대전 기간에 항공모함의 발전과 확산에 촉매제 역할을 한 것은 1922년 열강들 간에 해군함정의 총톤수 규제에 합의한 '워싱턴조약'이었다. 기존에 해군력의 주축을 이룬 전함이나 순양함 등에 비해 아직 유아기에 있던 항공모함에 대한 규제가 상대적으로 약했던 탓에 각국은 앞 다투어 건조 중에 있던 전함이나 순양함을 항공모함으로 개조했다. 그러다가 1930년대에 접어들어서는 애초부터 항공모함으로 설계된 함정들이 각국에서 하나둘씩 등장했다. 개조식 항공모함의 경우, 원래 선박의 용도가 다르다보니 항모로서의 기능 발휘를 제한하는 고장이 수시로 발생했기 때문이다.

제2차 대전이 임박한 시점에 재차 항공모함 개발에 주력한 것은 일본이었다. 근본적으로 산업화가 앞서있던 서구 열강에 비해 해군력이 열세였던 데다가 설상가상으로 워싱턴 군축조약으로 제약을 받아온 일본이 열세를 만회할 심산으로 집중한 분야가 바로 항공모함이었다. 1941년까지 2척의 항모를 더 건조한 일본은 마침내 1941년 12월 7일 총 6척의 항공모함을 주축으로 예전에는 감히 상상조차 할 수 없던 진주만 기습공격을 감행, 대성공을 거두었던 것이다. 여전히 전함을 해군력의 중추로 보던 통념을 깨고 항공모함과 항공기의 조합만으로 달성한 승리였다. 이러한 해군작전이 이후 반년 뒤에 벌어진 미드웨이 해전까지 이어졌던 것이다.

다른 한편으로, 항공모함 발전과 불가분의 관계에 있던 무기는 바로 항공기(함재기)이었다. 1930년대의 경우, 항공기 개발 분야에서 후발주자였던 일본의 약진이 두드러졌다. 일본 해군은 군 엔지니어가 작성한 설계도에 따라 민간산업체가 항공기를 제작 생산하는 분

미드웨이 해전에서 일본 항공모함을 공격했던 미군기

공격당하는 일본 항공모함

미드웨이 섬 전경

요크타운 호

업화의 길로 나아갔다. 1941년 진주만 기습 직전 무려 5천 대에 달했던 일본군의 항공기는 바로 이러한 방식으로 생산된 것이었다. 당대의 해군용 주력 항공기로 아이치사㈜의 D3A1 타입99 급강하 폭격기, 나까지마사의 B5N2 타입97 폭격기, 그리고 미쓰비시사의 G4M1 타입1 폭격기 등을 꼽을 수 있다. 하지만 당시 일본군 항공기들 중 최고는 1940년 여름부터 실전 투입된 미쓰비시사의 A6M2 타입0 전투기(일명 '제로센')이었다. 특히 긴 항속거리와 강력한 무장력(기체 앞에 장착된 7.7mm 기관포, 양익에 달려 있는 20mm경대포)을 자랑한 제로센은 1943년경까지 동아시아 상공에서 '무적의 날개'로 군림했다.

항공모함에 탑재된 항공기, 즉 함재기들은 기관포, 폭탄, 그리고 무엇보다도 어뢰torpedo로 무장했다. 1867년 영국인 공학자 화이트헤드가 압축공기로 자체 추진하는 어뢰를 처음 발명한 이래 제1차 대전을 통해 빠르게 개선됐다. 특히 1915년 8월 중순경 영국군 수상비행기가 공중투하 어뢰로 독일함정을 격침시키는데 성공하면서 그동안 주로 잠수함 발사용으로만 국한되어 있던 어뢰의 활용 폭이 넓어졌다. 당시 일본은 사거리(1.6마일), 속도(42노트), 탄두 중량(330파운드) 등의 측면에서 세계적인 성능을 자랑한 타입91 어뢰를 보유하고 있었다. 함재기의 공격에 대응하기 위해 전함은 철판을 강화하고 함상에 대공포를 설치했으나 제공권을 장악한 항공기의 적수가 되지 못했다. 이제 긴 역사를 통해서 대양의 왕자로 군림했던 대형 전함의 시대가 끝나고 항공모함의 시대가 개막됐음을 미드웨이 해전은 분명하게 보여줬다.

태평양의 주인이 일본에서 미국으로

일본이 해군력을 총동원하여 시도한 미드웨이 점령 작전은 실패로 끝났다. 싱겁게도 역사적인 대ᄎ결전은 1942년 6월 4일 단 하루만에 결판이 나고 말았다. 결과는 불과 반년 전에 벌어진 진주만 공습과는 정반대로 미군의 완승이었다. 무엇보다도 이 해전에서의 패배로 일본은 영토 팽창은커녕 막대한 물량으로 무장한 미국의 반격에 직면해야만 됐다. 가히 미드웨이 해전은 태평양 전쟁의 분수령이었다.

당시 최강의 전력을 자랑하던 일본 연합함대는 왜 그토록 허무하게 무너졌을까? 다른 무엇보다도 일본 해군의 공격계획을 미군이 사전에 인지하고 있었다는 점을 꼽을 수 있다. 일본군의 암호 해독에 성공한 덕분에 니미츠 제독은 접적 이전에 일본 해군의 움직임을 정확하게 파악할 수 있었다. 이에 비해 일본 해군의 선봉장이던 나구모 제독은 미드웨이 근해의 미군 동향에 대해 무지한 채 오판에 오판을 거듭했다. 이러한 실책은 전장 해역에 대한 일본군의 사전 정찰 소홀에서 비롯됐다. 미드웨이 해전은 사소한 것처럼 보일지라도 통신보안이야말로 경우에 따라서는 대규모 전투의 승패를 좌우할 정도로 중요한 요소임을 새삼 일깨워주고 있다.

노르망디 상륙작전^{1944. 6}

지상 최대의
합동
상륙작전

　　그동안 유럽에서 홀로 버티고 있던 영국은 1941년 말 미국의 참전 덕분에 한숨을 돌릴 수 있었다. 동부전선에서도 수세에 처했던 소련군이 스탈린그라드 사수에 성공하면서 전세를 역전시키기 시작했다. 전체적으로 1942년 여름 이후 유럽전선에서 전황은 연합군에게 유리한 형세였다. 1943년에 접어들어 연합군은 동쪽에서는 소련군이 밀어붙이고, 서쪽에서는 북아프리카에 상륙한 미영美英 연합군이 남부 이탈리아로부터 북상하는 등 독일군에 대항해 승세를 굳혀가고 있었다. 하지만 특히 서부전선의 경우, 독일군 주력은 별다른 타격을 받지 않은 채 북해와 대서양에 연한 해안지대를 장악하고 있었다. 이러한 독일군의 방어망을 뚫고 북프랑스 해안에 교두보를 확보, 이후 유럽대륙 깊숙이 진격하여 종국에는 독일 패망을 앞당긴 역사적 대大 모험이 바로 노르망디^{Normandy} 상륙작전(일명 '오버로드 작전', 1944. 6. 6) 이었다.

연합군의 대규모 협력을 결정지은 테헤란 회담

개전 초반 독일군 기갑부대의 빠른 진격으로 궁지에 몰렸던 영불 연합군은 1940년 5월 말에 기적적으로 탈출(덩케르크 철수작전)에 성공했다. 이때 이래로 영국군 수뇌부는 유럽 본토에 대한 상륙작전을 꿈꾸어 왔다. 하지만 1940년 6월 22일 프랑스의 항복을 받아내면서 기세가 오른 나치 독일군 앞에서 영국은 어떠한 시도도 할 수 없었다. 오히려 초반에는 '영국전투'에서 살펴본 바와 같이 영국 본토 자체가 나치 침공 위협에 시달렸다. 이후 1942년 이래 간헐적으로 시도된 소규모 상륙작전들은 참담한 실패로 끝났다. 그나마 1942년 말 경에 미군과 연합으로 북아프리카 튀니지 지역에서 시도한 상륙작전의 성공 소식이 위안을 주었다. 유럽 남부로부터 독일군을 압박할 수 있는 교두보가 마련됐기 때문이다.

답보 상태에 있던 유럽 본토를 겨냥한 상륙작전의 필요성을 지속적으로 상기시킨 것은 소련의 끈질긴 요구였다. 1941년 6월 독일군의 침공으로 심각한 곤경에 처해 있던 소련의 스탈린은 1942년 이래 줄기차게 이른바 '제2전선' 형성을 서방측에 요구해 왔다. 제2전선이란 영국군과 미군이 하루빨리 프랑스 해안으로 상륙, 유럽의 서쪽에 새로운 전선을 형성하는 것을 의미했다. 무엇보다도 '제1전선'으로 여긴 동부전선에 가해지는 독일군의 압박을 분산시키려는 것이 주목적이었다. 유럽대륙의 서쪽에서도 독일군을 세차게 공격해 달라는 스탈린의 요청은 비록 '오버로드 작전Operation Overload'이란 명칭으로 1943년 5월에 영미 연합군 수뇌부에서 합의가 도출되기는 했으나 제반 여건의 미성숙으로 실행되지 못하고 있었다.

연합군 수뇌부

　　마침내 루즈벨트·처칠·스탈린 등 3거두가 회동한 테헤란 회담 (1943. 12월 초)에서 프랑스 해안지대에 대한 연합군의 대규모 상륙작전 실시가 최종 결정됐다. 남유럽에 대한 공격을 우선해야만 한다는 처칠의 이견에도 불구하고, 스탈린의 강경한 요구에 미국의 루즈벨트가 동의하면서 결국 1944년 5월 중 결행하는 것으로 일단락됐다. 물론 결과론적인 얘기지만, 만일 이때 처칠의 주장대로 발칸반도 지역으로 상륙했더라면 전후 동유럽에서 소련의 영향력을 제어하는 데 매우 유리했으리란 가정은 상당한 설득력을 갖고 있다. 테헤란 회담 이후 미군과 영국군은 아이젠하워 장군을 정점으로 합동사령부를 신설하고 다각적인 검토 끝에 프랑스의 노르망디 해안을 상륙지점으로 정했다.

상륙부대는 영국 본토에서 수개월에 걸친 상륙 준비훈련을 실시했다. 무엇보다도 상륙작전에 소요되는 장비 및 보급물자의 확보와 집결이 여간 복잡한 문제가 아니었다. 더구나 바로 해협 건너에서 독일군이 두 눈을 부릅뜬 채 지켜보는 상황에서 군사 보안을 유지하면서 선례先例조차 없는 대작전을 준비하기란 여간 힘든 문제가 아니었다. 막바지까지 거듭된 우여곡절 끝에 1944년 6월 6일 새벽, 드디어 지상최대의 상륙작전이 개시됐다.

육·해·공군이 일거에 투입되다

일명 'D-데이Deliverance Day'로 불리는 이날에 대규모 원정대가 영국의 도버 해안을 출발하여 유럽 대륙으로 향했다. 총체적으로 상륙작전에는 약 5,100척의 함정, 7,500대의 항공기, 3,500대의 폭격기, 차량 50만대, 연인원 400만 명이 동원 및 참여했다. 당일 오전 6시 반경 약 40마일의 거리를 항해해온 1천여 척의 함정들이 북프랑스의 노르망디 해안에 도착, 사전에 선정된 5개 상륙지점에 총 20만 명의 병력을 쏟아놓았다. 물론 독일군도 무방비 상태로 있던 것은 아니었다. 1940년 6월 말에 프랑스 점령을 완료한 이래 독일군은 이른바 '대서양의 벽'을 구축, 프랑스의 해안지대를 거의 완벽하게 요새화해 놓고 있었다. 어떠한 규모의 상륙작전 시도도 불허할 태세였다.

그렇다면 어떻게 하여 영국 본토에서 상대적으로 원거리에 있는 노르망디가 최종 상륙지점으로 결정됐을까? 실제로 연합군 수뇌부에서는 총 6개의 후보 지역을 놓고서 장기간에 걸친 분석 작업을 실시했다. 이때 상륙작전이 전개될 해안의 수심 및 지세地勢, 독일군 해안방어 능력 정도, 상륙 후 내륙으로 이어지는 도로 상태 등이 중요한 고려요소로 작용했다. 다른 후보지들에 비해 영국 본토에서 멀다는 단점 이외에 다양한 고려요소를 그런대로 충족한 후보지는 노르망디가 유일했다. 무엇보다도 독일군의 방어태세가 비교적 약한 곳이라는 사실이 연합군 수뇌부의 결심에 영향을 미쳤다. 독일군의 상륙지점을 영국에서 가장 근접한 프랑스의 칼레로 판단하고 노르망디지역에 대한 방비를 소홀히 한 독일군으로서는 땅을 치고 후회할 노릇이었다.

상륙부대는 크게 미군과 영국군을 주력으로 2개 군으로 편성됐다. 브래들리 장군이 지휘한 제1군 예하의 미 제5군단과 제7군단이해안의 서쪽 지역을 담당하고, 뎀프시 장군 예하의 영 제1군단과 제30군단이 동쪽 지역을 맡았다. 영화 〈라이언 일병 구하기〉에서 리얼하게 재현되고 있듯이 오마하 해변을 비롯한 총 5개의 상륙지점을향해 병사들을 가득 실은 상륙정이 다가가자 해안에서 독일군의 기관총이 불을 뿜었다. 어렵게 적의 저항을 뚫고서 해안 교두보 확보에성공하면서 연합군의 공세는 밀물처럼 이어졌다. 실제로 상륙이 개시된 지 10일이 지난 후 60만 명 이상의 연합군 병력이 그동안 도버해협 너머로 관망만하고 있던 유럽 대륙에 발을 디딜 수 있었다. 상륙 후 한 달이 지난 7월 초순경까지 200만 명의 인원 이외에 17만대의 차량, 그리고 약 60만 톤에 달하는 막대한 군수물자가 유럽 대륙으로 운송됐다.

한마디로 노르망디 상륙작전은 전형적인 입체전이었다. 항공기나 글라이더를 이용하여 독일군 후방의 중요지점에 공수부대원들을 투입, 후방지역을 교란시키고 통신망을 제거했다. 이때 현지에서는 작전지대의 지리에 익숙해 있던 프랑스 레지스탕스들이 간헐적 공격으로 독일군의 반격에 혼란을 일으켰다. 지상에서는 영국에서 예인된 임시 조립식 항만시설(일명 '멀베리')의 설치로, 해저에서는 석유공급용 파이프라인의 부설로 노르망디 해안은 흡사 미국의 대도시를 방불케 했다.

노르망디 상륙작전 전경

현대적 군수 관리 체계의 축소판

노르망디 상륙작전은 현대세계 상륙작전의 전형典型이었다. 더구나 이는 역사상 최대의 인적 및 물적 자원이 투입된 물량작전이었다. 제1차 세계대전이 '열차시간표'의 전쟁이었다면, 노르망디 상륙작전은 '대차대조표'의 싸움이었다. 오늘날에는 일반용어이지만, 이른바 '군수 관리'라는 분야가 본격적으로 그 존재감을 드러낸 작전이었다. 상륙작전에 필요한 무수하고 다양한 물품들을 착오 없이 조달, 작전 수행이 가능토록 만들기 위해서는 사전에 치밀한 계획과 준비가 불가피했다.

또한 노르망디 상륙작전은 현대판 합동작전의 전형이었다. 육해공군陸海空軍의 인원 및 장비가 일거에 동원 및 투입됐다. 물론 이전에도 합동작전이 없었던 바는 아니지만, 이토록 육해공이 밀접하게 연결되어 작전을 수행한 사례는 노르망디 상륙작전이 최초였다. 물론 제1차 대전시에 영국의 육군과 해군이 야심적으로 시도한 갈리폴리 상륙작전(1915. 4월)이 있었으나 이는 미흡한 사전 준비 및 이완된 작전지휘 탓에 참담한 실패로 끝나고 말았다. 더구나 이를 체계적 경영 기법이 적용된 현대판 상륙작전 효시로 보기는 어렵다.

제2차 대전 시에는 내세울 만한 해전이 없었던 반면, 간헐적으로 상륙작전이 시도됐다. 프랑스의 조기 항복으로 독일군이 유럽 대륙을 장악하고 있었기에 대륙으로 진격하기 위해서 상륙작전은 불가피했던 것이다. 전쟁사적 측면에서 상륙작전은 공격 진영에게 엄청난 모험임에 분명했다. 속성상 상륙작전의 경우 근본적으로 방어 측이 유리한 입장에 있었기 때문이다. 해안에 제대로 된 방어시설만 갖

상륙정에서 내리는 병사들

추고 있으면, 정말로 기묘한 기습작전이 아닌 경우 적의 상륙 시도를 수월하게 막을 수 있었다. 하지만 20세기에 접어들어 상륙작전의 성공 가능성이 커졌다. 전함, 상륙함, 그리고 무엇보다도 항공기 등을 총동원하여 입체적으로 작전을 전개할 수 있었기 때문이다.

상륙작전 성공을 위해서는 무엇보다도 먼저 제해권을 장악해야만 했다. 그래야 상륙부대가 측방이나 후방에서의 기습공격에 대한 염려 없이 전심으로 해안을 향해 돌진할 수 있었다. 상륙지점에 근접하면 항공기와 전함을 이용해서 적의 해안선 방어부대에 포격을 가하고, 이 틈에 아군 상륙부대를 상륙용 주정Landing Craft에 태워서 해안에 풀어놓을 수 있었다. 이어서 무사히 해안에 도착한 장병들은 적의 저항을 무력화시키고 상륙지점에 교두보를 확보할 수 있었다. 이후로는 상륙전이 아니라 지상전으로서 일반 야전작전에서처럼 사격과 기동을 통해 적을 섬멸시켜야 했다.

실제로 연합군은 작전 실행 이전에 성능이 좋은 상륙주정上陸舟艇을 개발하기 위해 심혈을 기울였다. 끈질긴 실험 끝에 해상이나 해안가에서 기동성 있게 움직이고, 상륙작전 수행 중에는 적의 사격으로부터 병사들을 보호해 줄 수 있는 바닥이 평평한 상륙용 주정을 제작할 수 있었다. 무엇보다도 상륙주정이 일단 해안가에 도달하면 병력의 신속한 상륙을 가능케 해주는 전면개폐식 방탄트랩 개발에 성공했다.

본질적으로 이전 시대의 전쟁에 비해 제2차 대전시에는 군 자체가 무척이나 복잡해졌다. 이를테면 1914년에 육군은 한정된 종류의 규격화된 무기로 무장한 보병이 주류를 이뤘다. 이들에게 필요한 병참 역시 철도 수송이나 차량의 단순한 왕복운동으로 해결할 수 있었다. 이에 비해 제2차 대전 시에 전투 수행은 고도로 다변화됐다. 이때에는 각 단위부대마다 무장력에 차이가 있었고, 기본적으로 동원해야 할 무기와 장비의 종류가 다양했다. 이를테면, 소총 이외에 수류탄, 기관총, 박격포, 휴대용 대전차무기, 그리고 다양한 종류의 지뢰 등을 기본적으로 챙겨야만 했다. 당연히 상륙부대의 무장은 더욱 복잡했다.

일찍이 나폴레옹은 "전쟁의 승리는 결정적 지점에 최대한의 병력을 투입하는 자의 것이다"고 설파한 바 있다. 그런데 문제는 '결정적 지점'은 최고지휘관이나 합동회의에 의해 결정될 수 있다고 하더라도, 현실적인 실행 차원에서 해당 지점으로 전투에 필요한 병력과 물자를 운송하기 위해서는 복잡한 난제들(수송수단, 병참선, 보급기지, 그리고 이를 수행할 병참부대의 인원 편성 등)에 직면해야만 했다. 노르망디 상륙작전의 입안자들은 작전의 성공여부는 원활한 병참운용, 즉 독일군보다 얼마나 빨리 인원과 물자를 상륙지점에 투입할 수 있는지에 달려 있음을 잘 인식하고 있었다. 노르망디에 상륙 후 연합군은 총 33개 사단을 투입할 계획이었다. 이를 위해서는 1일 평균 약 1만 2천 톤의 물자를 운송 및 하역해야만 했다.

사실상 거대한 계획의 필요성은 노르망디 상륙작전을 준비하는 초기 단계에서부터 제기됐다. 작전이 실행되는 1944년 한 해 동안 영국에 체류한 미군만 무려 150만 명에 달했고, 작전에 동원될 함정이나 항공기의 숫자는 차고 넘쳐났기 때문이다. 병사들이 기거할 군용 캠프에서부터 물자를 생산하고 보관할 창고시설, 항공기가 이착륙할 비행장 등으로 영국 남부지방의 항구와 도로는 항상 붐비었다. 무엇보다도 상륙작전에 동원될 다양한 용도의 선박을 단기간 내에 건조해야만 했다. 적어도 1944년 전반기에는 영국 전체가 함정건조나 군수물자 생산에 총력을 기울인 하나의 거대 공장이었다고 볼 수 있다. 역사상 어떠한 군대도 이처럼 사전에 치밀하게 작전을 입안하고 실행을 준비한 경우는 없었다. 이러한 측면에서 노르망디 상륙작전은 그 자체로 거대한 '군수 관리 체계'의 축소판이었다. 이를 입증이라도 하듯 원정군 수뇌부가 남긴 엄청난 분량의 서류에는 인원 및 물자와 관련된 각종 그래프, 도표, 그리고 통계 등으로 가득 차 있었다.

후방에서 든든하게 지켜주다

엄청난 인적 및 물적 자원을 동원, 장기간에 걸친 치밀한 준비 끝에 1944년 6월 초에 단행된 노르망디 상륙작전은 상륙 초반 예기치 못한 난제들에 직면하기는 했으나 대성공으로 역사의 한 페이지를 장식할 수 있었다. 어느 관련 영화의 제목처럼, 이는 막대한 육해공 전력戰力 모두가 일거에 투입된 '지상최대의 합동작전'이었다. 특히 동원된 인원보다도 단기간 내에 운송 및 보급된 엄청난 분량의 군수물자 측면에서 더욱 그러했다. 이러한 맥락에서 전투현장이 아니라 후방에 있었기에 역사적으로 별다른 조명을 받지 못한 군수(병참) 관련 요원들의 숨은 공로를 새삼 주목할 필요가 있다.

실제로 우리는 아이젠하워, 몽고메리, 패튼 등 군 지휘관들의 이름은 기억하고 있으나, 이들의 뒤에서 막대한 군수물자를 생산, 관리, 운송, 보급한 병참 분야 종사자들의 헌신에 대해서는 거의 아는 바가 없다. 노르망디 상륙작전의 성공 요인인 사전 치밀한 작전계획의 수립과 긴밀한 육·해·공 합동작전의 실행 이면에는 바로 이들 군수계통 종사자들의 '보이지 않는 손'이 담겨져 있었다. 이처럼 특히 20세기 이후의 전쟁은 각자가 최선을 다해 자신의 임무를 수행하면서 이에 더해 이러한 개별 역량을 효율적으로 조직 및 관리(경영)하는 측이 승리할 수 있음을 노르망디 상륙작전은 일깨워 주고 있다.

원자폭탄 투하와 일본의 항복

1945. 8

종전과
냉전 시대의
개막

    1945년 8월 6일과 9일은 인류 역사에서 영원히 지워지지 않을 시간이 됐다. 바로 이날 일본의 군수공업 도시인 히로시마와 나가사키에 원자폭탄Atomic Bomb이 투하된 것이었다. 이로 인한 피해와 참상은 상상을 초월할 정도였지만, 어찌됐든 '가미가제'라는 자살 특공대까지 동원하면서 결사항전을 외쳐 온 일본은 곧바로 '무조건 항복'을 선언했다. 종전 후 미국의 원자폭탄 투하를 둘러싸고 다양한 논의들이 이어져 왔다. 하지만 어떠한 요인을 지지하든 간에 두 차례에 걸친 원자폭탄 공격이 일본정부가 패배를 최종 자인自認하는 데 가장 큰 영향을 미쳤음은 부인할 수 없다. 이러한 측면에서 1945년 8월, 가공할 신무기의 등장은 조속한 종전과 미래의 공포를 동시에 가져다준 '야누스의 얼굴'과 같은 사건이었다.

미국과 일본의 물고 물리는 혈전

　미드웨이 해전(1942. 6)의 패배 이후 일본 해군은 전투력을 상실해 갔다. 태평양의 제해권을 되찾은 미군은 이제 일본 본토로 진격하려는 대장정에 적극 돌입했다. 이를 위해서는 우선적으로 일본군이 장악하고 있던 남태평양의 섬들을 재탈환해야만 했다. 1943년에 접어들면서 미군의 공세가 본격화됐다. 남태평양 상의 수많은 섬들 중 일본군의 중요 군사기지와 특히 비행장이 있던 섬들을 집중적으로 공략했다. 일본군의 수중에 있던 도서島嶼들 간의 연결망을 끊기 위한 미군의 시도는 일명 '개구리 뜀뛰기' 작전이라 불렸다.

　그러나 엄청난 물량작전에도 불구하고 미군의 진격은 매번 혈전의 연속이었다. 일본군은 항복을 최고의 수치로 여기면서 끝까지 저항했고, 심지어는 '옥쇄玉碎'라는 미명하에 집단자살도 불사했기 때문이다. 과달카날 전투의 경우, 미군은 힘겹게 섬을 점령한 이후에도 무려 일곱 차례나 이어진 일본군의 결사적인 재탈환 공격에 시달려야만 했다. 전투가 끝난 후 과달카날 만灣은 일본군의 시체로 뒤덮일 정도였다. 미군의 제해권 장악으로 군수물자 보급에 심각한 차질을 겪으면서 일본군의 전투력은 크게 떨어졌다. 미군은 1943년 말경에는 길버트 제도를, 그리고 이듬해 전반기에는 마리아나 군도群島 및 괌 등을 수복하는 등 점차 일본 본토를 향해 나아갔다.

　무엇보다도 양측 간에 가장 치열한 공방전은 이오지마(유황도) 섬(1945. 2~3월)과 오키나와 섬(1945. 4~6월)에서 벌어졌다. 일본의 저항의지를 꺾을 의도 하에 1944년 말부터 직접 일본 본토에 대한 공습을 감행해 온 미군으로서는 효과적인 작전수행을 위해서 본토에 근

카이로회담 시 장개석, 루즈벨트, 처칠

얄타회담 시 처칠, 루즈벨트, 스탈린

접한 두 섬을 확보하는 것이 절실했기 때문이다. 일본군의 입장에서도 미군의 B-29폭격기의 이착륙이 가능한 이 섬들을 빼앗길 경우, 본토마저 치명타를 받을 수 있었기에 사력을 다해 방어했다. 미군은 18,000명의 전사자와 54,000명의 부상자라는 실로 엄청난 희생을 감수해야만 했다. 당연히 일본 측의 인명 손실은 미군의 몇 곱절에 달했다. 이러한 대규모 인명 손실과 일본군의 결사적인 저항을 목도한 미군과 이 소식을 접한 미국인들은 장차 일본 본토에 대한 침공 작전으로 초래될 엄청난 희생을 예측하면서 상당한 심리적 압박감에 시달렸다.

무엇인가 해결 방법을 찾아야만 했는데, 이는 크게 두 방향으로 추진됐다. 대외적으로는 소련을 대일전對日戰에 끌어들이는 것이었고, 대내적으로는 신무기 개발에 박차를 가하는 것이었다. 전자는 얄타회담(1945. 2)에서 스탈린으로부터 참전 약속을 받아내는 데 성공했으나, 후자의 달성 여부는 여전히 장담할 수 없었다.

원자폭탄 투하에 항복을 선언한 일본

1945년 8월 6일(히로시마)과 9일(나가사키)에 두 발의 원자폭탄이 투하되어 순식간에 도시를 폐허로 만들었다. 본토 방어 결사항전을 외치던 일본정부는 이로부터 1주일 후 무조건 항복했다. 물론 8월 8일 소련이 일본에 선전포고를 하고 북만주로부터 파죽지세로 밀고 내려온 압박도 무시할 수 없으나, 무엇보다도 일본을 무조건 항복으로 강요한 것은 전율할 신무기 원자폭탄이었다.

당시 보통 일본인의 입장에서 볼 때, 원자폭탄 투하는 어느 면에서는 새삼스러운 사건이 아니었다. 1943년 후반기 이래 특히 대도시에 거주하던 일본인들은 미군 폭격기의 공습과 그로 인한 등화관제 훈련에 익숙해져 왔기 때문이다. 1942년 4월 18일, 일본 도쿄에 대한 기습적인 공습으로 결과적으로 미드웨이 해전의 승리라는 성과를 달성했던 미군은 이후에도 기회 있을 때마다 일본 본토에 대한 직접 공습을 시도했다.

실제적으로 일본 본토 도시들에 대한 미 공군의 공습작전은 1944년 말에 이르러 본격화될 수 있었다. 1944년 8월 미 해군의 마리아나 군도 점령 성공이 결정적 계기가 됐다. 이곳은 도쿄로부터 무려 2,000킬로미터나 떨어져 있었으나, 이는 신형 B-29폭격기의 공습 가능한 항속거리였다. 11월에 섬 내에 비행장이 완공되면서 일본 본토까지 한 번에 공습이 가능하게 됐다. 사실상 그 이전에 일본 본토에 대한 공습작전은 미군 폭격기 조종사들에게는 목숨을 담보한 도박이나 다름없었다. 1944년에 실전 배치된 미 공군의 B-29슈퍼포트리스 폭격기는 항속거리도 길고 다량의 폭탄을 적재할 수 있었으나, 일본 본토 폭격을 위해서는 멀리 인도에 있는 기지에서 출발해야만 하는 심각한 약점을 갖고 있었다.

1944년 11월 말에 도쿄 인근의 한 항공기 제작공장에 대한 공습을 시발로 일본 본토의 대도시들에 대한 야간 무차별 폭격이 본격화 됐다. 이들 중 일본인들에게 끔찍한 충격을 가한 사건은 1945년 3월 9일 밤에 감행된 수도 도쿄에 대한 대규모 공습이었다. 약 300대의 B-29폭격기들이 출격, 3시간에 걸쳐서 무려 50만 개에 달하는 소이탄을 목조건물로 빼곡한 도쿄 시내에 무차별적으로 투하했다. 결과는 한마디로 아비규환이었다. 도쿄 전체면적의 4분의 1에 달하는 총 41평방킬로미터 지역이 불타고 8만 명 이상의 민간인이 사망했다. 이후로도 미군 폭격기의 공습은 도쿄는 물론이고 나고야, 고베, 오사카 등 다른 도시들로 확대됐다. 이러한 지속적인 타격의 결과, 1945년 7월경에 이르면 일본의 패배는 명백해졌다. 그런데 문제는 거의 사망한 거나 진배없는 일본정부가 계속하여 관 속에 드러눕기를 거부하고 결사항전을 부르짖고 있었다는 점이다.

그렇다면 이러한 상황에서 조속한 종전을 위해 미군이 취할 수 있는 대책은 무엇일까? 우선, 일본정부가 진정으로 굴복할 때까지 공습을 강화하고 해상봉쇄를 지속하는 것이었다. 문제는 언제까지 그렇게 해야 할지 장담할 수 없다는 점이었다. 다음으로, 일본 본토에 대한 상륙작전을 감행하는 것이었다. 물론 치밀하게 수립된 침공계획도 마련되어 있었다. 최소한 100만 명으로 예상되는 미군의 인명 피해를 과연 감내할 수 있을지가 관건이었다. 이러한 진퇴양난의 상황에서 (미리 예견된 것이기는 하지만) 혜성처럼 등장한 해결책이 바로 경천동지驚天動地할 신무기였던 원자폭탄의 사용이었다. 마침내 일본정부는 두 발의 원자폭탄 세례를 받고서야 두 손을 바짝 들고 말았다.

원자폭탄의 엄청난 위력

1945년 8월 6일 '에놀라 게이'라는 애칭愛稱으로 불린 B-29폭격기 1대가 폴 티벳츠 대령의 지휘 하에 갓 폭발 실험에 성공한 신무기

원자폭탄을 적재하고 일본 본토로 날아갔다. 화창한 여름 날 아침 8시경, B-29폭격기 조준병은 4,500킬로그램이나 되는 비대한 어뢰 모양의 폭탄을 눈 아래 펼쳐진 일본의 공업도시 히로시마의 상공에 떨어뜨렸다. 이로부터 채 1분도 안되어 인류 역사상 최초로 원자폭탄이 같은 종種 인류를 상대로 폭발했다. 한순간의 강력한 섬광이 뻗친 후 히로시마는 흡사 지구상에서 갑자기 사라진 유령도시로 변했다. 극심한 열기와 시속 800킬로미터의 엄청난 강풍에 사람은 물론이고 건물을 비롯한 모든 물체들이 바스러졌다. 이후 전 세계인들에게 공포의 상징처럼 각인된 흰 버섯구름이 지상 1,200미터 높이까지 치솟았다. 이날의 전율이 채 가시기도 전에 3일 후 또 다른 원자폭탄이 나가사키에 투하됐다. 불과 사흘 사이에 거의 20만 명에 달하는 사람들이 현장에서 즉사했다. 원폭투하 직후 두 도시의 모습은 한마디로 '지옥도地獄圖' 그 자체였다.

이처럼 가공할 위력을 지닌 무기는 어떻게 이 세상에 모습을 드러낸 것일까? 흔히 원자폭탄 개발 과업은 1939년 8월 아인슈타인을 비롯한 일군의 미국 과학자들이 독일의 원자폭탄 개발 가능성을 경고하는 내용이 담긴 서한을 루즈벨트 대통령에게 전달하면서 시작된 것으로 알려져 있다. 하지만 원자폭탄 개발의 역사는 알려진 것보다 더 거슬러 올라간다. 원리적으로 원폭 개발의 단초를 제공한 것은 1938년 독일 과학자 오토 한과 프리츠 슈트라스만에 의한 우라늄 235의 연쇄 핵반응 실험 성공이었다. 이 소식을 접한 물리학자들 중 나치의 유대인 박해를 피해 영국으로 망명한 유진 위그너와 레오 질라르드가 독일의 원폭 선先개발 가능성을 민감하게 인식하고, 아인슈타인의 세계적 명성을 등에 업고서 루즈벨트 대통령에게 편지를 보냈던 것이다.

이 서한이 계기가 되어 1939년 우라늄위원회가 설치됐다. 하지만 1941년에 이르기까지 원폭 개발 이슈는 거의 주목받지 못하고 유명무실한 상태에 있었다. 1941년 12월 7일 일본의 진주만 기습을 계기로 미국이 전쟁에 뛰어들고 같은 달에 독일마저 미국에 선전포고하면서 상황이 급속도로 호전好轉됐다. 이러한 외적 환경변화에 더해 무엇보다도 원폭 개발 연구에 먼저 착수했던 영국정부가 그동안 자국 과학자들이 이룩한 연구결과를 미국 측에 일괄 이관하는 결정을 내린 것이 커다란 도움이 됐다. 여기에는 우라늄뿐만 아니라 플루토늄도 원자폭탄의 원료가 될 수 있다는 최고급 정보도 포함되어 있었다.

귀중한 자료들을 넘겨받은 미국의 과학자들은 원자폭탄 개발연구에 박차를 가했다. 우선, 노벨 물리학상 수상자 콤프턴이 있던 시카고 대학교를 중심으로 원자폭탄 제조에 필요한 이론적 및 실험적 연구를 수행하여 개발 가능성을 타진했다. 이때 유럽에서 미국으로 망명한 엔리코 페르미와 질라르드를 비롯한 저명한 핵물리학자들이 연구팀에 합류했다. 이러한 준비 과정을 거쳐서 마침내 1942년 9월 일명 '맨해튼 프로젝트Manhattan Project'로 알려진 미국의 원자폭탄 개발 계획 기구가 출범했다. 처음에 준비위원회가 뉴욕의 맨해튼에 있었기에 그렇게 알려지기는 했으나, 이후 실제 주요 관련 시설들은 테네시 주의 오크리지, 워싱턴 주의 핸포드, 그리고 멕시코 주의 로스앨러모스에 위치했다.

'기술과 과학의 서커스'라는 당대의 평가처럼, 맨해튼 프로젝트의 수행을 위한 조직은 크게 둘로 대별됐다. 미 육군의 레슬리 그로

맨해튼 프로젝트-워싱턴 주 핸포드의 원자로

브스 장군이 재정을 비롯한 개발과정 전체를 총괄적으로 책임졌고, 개발 관련 과학기술 분야는 시카고 대학교의 콤프턴과 그의 동료 과학자들이 담당했다. 이후 연구가 진행되면서 두 실력자 간에 연구 방향을 둘러싸고 이견과 갈등이 발생했다. 무엇보다도 원폭 제조에 필요한 원료인 우라늄과 플루토늄을 정제精製하기 위한 핵연료 생산공장 건설을 위해 듀퐁, 웨스팅하우스, GE 등 민간 기업체들이 참여하게 됐다. 이렇게 점차 규모가 확대되면서 맨해튼 프로젝트는 한창 절정기에는 20억 달러 이상의 국가예산과 60만 명 이상의 인력을 고용한 거대 조직으로 발전했다. 개발과정에서 수많은 어려움에 직면했으나 1944년 여름에 이르면 이러한 난제들을 대부분 해결할 수 있었다. 그해 가을부터는 멕시코 주의 외딴도시 로스앨러모스에 비밀리에 건설된 공장에서 원자폭탄 제조 공정에 착수할 수 있었다.

1942년 가을에 출범한 이래 맨해튼 프로젝트는 원칙적으로 미국 부통령과 영국 부수상에게도 기밀로 할 정도로 철저한 보안 조치 하에서 진행됐다. 1945년 4월 루즈벨트 대통령이 급서急逝하면서 대통령직을 승계한 트루먼은 그때서야 맨해튼 프로젝트라는 엄청난 비밀 과업에 대해 알게 됐다. 마침내 1945년 7월 16일, 로스앨러모스의 외딴 사막에서 원자폭탄 성능 폭발실험이 실시됐다. 결과는 대만족이었다. 폭탄을 지탱한 철탑이 송두리째 녹아 없어질 정도로 폭탄의 위력은 강력했다. 이제 남은 과제는 이 가공할 괴물을 과연 실전에서 사용할 것인가의 여부였다.

숙고 끝에 미국 정부는 일본 본토 상륙작전 시 희생될 엄청난 인명을 구제하고 전쟁을 조기에 끝낸다는 명분하에 원자폭탄을 투하하기로 결정했다. 폭탄의 엄청난 위력에 충격을 받은 일부 과학자들의 반대가 있었으나 애초 개발 목적에 따라 1945년 8월 6일과 9일에 일본의 히로시마와 나가사키에 원폭을 떨어뜨렸다. '무조건 항복'을 선언한 일왕日王의 육성 방송에 이어서 1945년 9월 2일 일본 대표단이 도쿄 만에 정박 중이던 미 항공모함 미주리호 함상에서 항복 문서에 정식 서명했다. 이로써 5년 이상이나 끌어온 제2차 세계대전은 종결됐다.

도사리고 있는 원자폭탄의 위험성

제2차 세계대전은 인류역사상 가장 대규모로 인적 및 물적 자원이 동원된 총력전이었다. 약 5천만 명에 달하는 인명이 희생됐고, 물적 손실은 계산이 불가능할 정도로 심대했다. 하지만 긍정적인 측면도 있었다. 전쟁의 결과 19세기 말 이래 약소민족들을 지배해 왔던 서양 제국주의가 종곡을 고하고 식민지들이 압제의 질곡에서 벗어났다. 세계인들은 유엔을 창설하여 국제적 차원의 안전보장 및 평화유지 체제를 마련했다.

그러나 애석하게도 대전 후의 세계는 기대처럼 장밋빛이 아니었다. 전쟁을 통해 새로운 세계 강국으로 부상한 미국과 소련이 대전 중의 협력 무드에서 벗어나 본격적으로 대립각을 세우기 시작했다. 이른바 '냉전冷戰'의 시대가 개막됐다. 그런데 문제는 제2차 대전의 종식에 결정적인 역할을 한 원자폭탄이 종전과 함께 사라지지 않았다는 점이다. 오히려 전후 미소美蘇의 경쟁적 대립구도 하에서 더욱 강력해져서 인류 전체를 파멸로 이끌 수도 있는 '공포의 무기'로 군림했다. 더구나 오늘날에는 우리와 총부리를 맞대고 있는 북한의 김정은 독재정권마저 핵무기 개발에 매진하고 있는바 각별한 관심과 대응이 요구된다.

참고문헌

계동혁, 『역사를 바꾼 신무기: 알기 쉬운 무기의 역사』, 플래닛미디어, 2009.

김성근, 『교양으로 읽는 서양과학사』, 안티쿠스, 2009.

김응종 외, 『전쟁과 문명』, 충남대학교출판문화원, 2017.

김정섭, 『낙엽이 지기 전에: 1차 세계대전 그리고 한반도의 미래』, MiD, 2017.

김진경 외, 『서양고대사 강의』, 한울, 1996.

김철환·육춘택, 『전쟁 그리고 무기의 발달』, 양서각, 1997.

남경태, 『인간의 역사를 바꾼 전쟁 이야기』, 풀빛, 1998.

남도현, 『2차 대전의 흐름을 바꾼 결정적 순간들』, 플래닛미디어, 2011.

대니얼 R. 헤드릭 (김우민 역), 『과학기술과 제국주의』, 모티브북, 2013.

데이비드 R. 루이스 (이종인 역), 『신의 용광로: 유럽을 만든 이슬람 문명, 570-1215년』,
　　책과함께, 2010.

데이비드 에저튼 (정용욱 역), 『낡고 오래된 것들의 세계사』, 휴머사이언스, 2015.

두푸이, T. N. (박재하 편저), 『무기체계와 전쟁』, 병학사, 1996.

드와이트 J. 짐머만 (조종상 역), 『역사를 들썩인 전쟁 244장면』, 현암사, 2011.

Diagram Group (이필군 역), 『무기의 세계사: 역사속의 신무기』, 노드미디어, 2009.

DK 무기편집위원회 (정병선·이민아 역), 『무기, 돌도끼에서 기관총까지: 무기대백과사
　　전』, 사이언스북스, 2009.

로렌스 프리드먼 (이경식 역), 『전략의 역사 1』, 비즈니스북스, 2015.

리오 브로디 (김지선 역), 『기사도에서 테러리즘까지: 전쟁과 남성성의 변화』, 삼인, 2010.

리차드 아머 (이윤기 역), 『모든 것은 돌맹이와 몽둥이로부터 시작되었다』, 시공사, 2000.

린 화이트, Jr. (강일휴 역), 『중세의 기술과 사회변화』, 지식의 풍경, 2005.

마이클 하워드 (안두환 역), 『유럽사 속의 전쟁』, 글항아리, 2015.

＿＿＿＿＿＿ (최파일 역), 『제1차세계대전』, 교유서가, 2015.

마틴 린치 (채계병 역), 『채굴과 제련의 세계사』, 책으로 만나는 세상, 2004.

마틴 반 크레펠트 (이동욱 역), 『과학기술과 전쟁: BC 2000 ~ 현재』, 황금알, 2006.

＿＿＿＿＿＿＿＿ (우보형 역), 『보급전의 역사』, 플래닛미디어, 2010.

마틴 폴리 (박일송·이진성 역), 『지도로 보는 세계전쟁사 2: 제2차 세계대전』, 생각의 나무, 2008.

매스 휴스 & 윌리엄 J. 필포트 (나종남·정상협 역), 『지도로 보는 세계전쟁사 1: 제1차 세계대전』, 생각의 나무, 2008.

맥스 부트 (송대범·한태영 역), 『전쟁이 만든 신세계』, 플래닛미디어, 2007.

맥클레란 3세, J. E. & 해롤드 도른 (전대호 역), 『과학과 기술로 본 세계사 강의』, 모티브, 2006.

박상섭, 『근대국가와 전쟁: 근대국가의 군사적 기초, 1500-1900』, 나남, 1996.

＿＿＿＿, 『1차 세계대전의 기원』, 아카넷, 2014.

박윤덕 외, 『서양사 강좌』, 아카넷, 2016.

배리 파커 (김은영 역), 『전쟁의 물리학』, 북로드, 2015.

배은숙, 『강대국의 비밀: 로마제국은 병사들이 만들었다』, 글항아리, 2008.

버나드 로 몽고메리 (승영조 역), 『전쟁의 역사』, 책세상, 2004.

볼프 슈나이더 (박종대 역), 『군인: 영웅과 희생자, 괴물들의 세계사』, 열린책들, 2015.

빅터 데이비스, 『살육과 문명』, 푸른숲, 2002.

서울대 미국학연구소 편, 『세계화의 역사와 패권경쟁』, 서울대출판부, 2007.

송충기 외, 『세계화 시대의 서양현대사』, 이카넷, 2010.

스티븐 런치만 (이순호 역), 『1453 콘스탄티노플 최후의 날』, 갈라파고스, 2004.

신재호 편역, 『Men-at-Arms: 그림으로 보는 5천년 제복의 역사』, 플래닛미디어, 2009.

아자 가트 (오숙은·이재만 역), 『문명과 전쟁』, 교유서가, 2017.

알레브토 안젤라 (김정하 역), 『고대 로마제국 15,000킬로미터를 가다』, 까치, 2015.

양욱·유용원·김병륜, 『무기바이블』, 플래닛미디어, 2012.

양욱, 『위대한 전쟁, 위대한 전술』, 플래닛미디어, 2015.

월리엄 맥닐 (신미원 역), 『전쟁의 세계사』, 이산, 2005.

월리엄 위어 (이덕열 역), 『세상을 바꾼 전쟁』, 시아출판사, 2005.

웨지우드, C. V. (남경태 역), 『30년 전쟁』, 휴머니스트, 2011.

오인석, 『세계현대사』, 서울대출판부, 2014.

이내주, 『서양무기의 역사』, 살림, 2006.

_____ , 『(흐름으로 읽는) 근현대 세계사』, 채륜서, 2016.

이언 모리스 (김필규 역), 『전쟁의 역설』, 지식의 날개, 2015.

이영림·주경철·최갑수, 『근대 유럽의 형성, 16-18세기』, 까치, 2011.

이치카와 사다타루 (남혜승 역), 『무기와 방어구: 서양편』, 들녘, 2000.

정기문, 『역사란 무엇인가?』, 민음인, 2010.

_____ , 『로마는 어떻게 강대국이 되었는가?』, 민음인, 2010.

정명복, 『쉽고 재미있는 생생 무기와 전쟁 이야기』, 지문당, 2013.

정토웅, 『역사 속의 전사들: 아시리아 전사부터 게릴라까지』, 매경, 2007.

_____ , 『세계전쟁사 다이제스트100』, 가람기획, 2010.

정하명 외, 『세계전쟁사』, 황금알, 2004.

제이슨 리치 (전대호 역), 『파괴를 위한 과학무기: 불화살에서 핵탄두 미사일까지』, 지호,
        2002.

제임스 L. 조지 (허흥범 역), 『군함의 역사』, 한국해양전략연구소, 2004.

주경철, 『대항해시대: 해상 팽창과 근대 세계의 형성』, 서울대학교출판문화원, 2008.

조르지 뒤비 (정숙헌 역), 『위대한 기사, 월리엄 마셜』, 한길히스토리아, 2005.

조셉 커민스 (김지원·김후 역), 『전쟁 연대기 I & II』, 니케북스, 2013.

존 린 (이내주·박일송 역), 『배틀: 전쟁의 문화사』, 청어람, 2006.

존 워리 (임 웅 역), 『서양 고대전쟁사 박물관』, 르네상스, 2006.

존 키건 (유병진 역), 『세계전쟁사』, 까치, 1998.

_____ (정병선 역), 『전쟁의 얼굴』, 지호, 2005.

_____ (류한수 역), 『2차세계대전사』, 청어람미디어, 2007.

_____ (조행복 역), 『1차세계대전사』, 청어람미디어, 2009.

주디스 코핀 & R. 스테이시 (박상익·손세호 역), 『새로운 서양문명의 역사, 상·하』, 소나무, 2014.

줄리안 톰슨 & 앨런 밀레트 (조성호 역), 『2차 세계대전 시크릿 100선』, 책미래, 2013.

차용구, 『남자의 품격: 중세의 기사는 어떻게 남자로 만들어졌는가?』, 책세상, 2015.

찰스 바우텔 편역 (박광순 역), 『무기의 역사』, 가람기획, 2002.

찰스 톤젠드 외 (강창부 역), 『근현대 전쟁사』, 한울아카데미, 2016.

카를로 M. 치폴라 (최파일 역), 『대포, 범선, 제국: 1400-1700년』, 이지북스, 2010.

크리스 맥냅 (이동욱 역), 『무기체계론: 무기의 역사 이야기 100』, 경남대출판부, 2013.

크리스터 외르겐센 외 (최파일 역), 『근대 전쟁의 탄생, 1500-1763』, 미지북스, 2011.

팀 블래닝 엮음 (김덕호·이영석 역), 『옥스퍼드 유럽현대사』, 한울아카데미, 1996.

폴 케네디 (이일수 외 역), 『강대국의 흥망』, 한국경제신문사, 1989.

_____ (김규태·박리라 역), 『제국을 설계한 사람들』, 21세기북스, 2015.

피터 심킨스·제프리 주크스·마이클 히키 (강민수 역), 『모든 전쟁을 끝내기 위한 전쟁: 제1차 세계대전, 1914-1918』, 플래닛미디어, 2008.

피터 터친 (윤길순 역), 『제국의 탄생: 제국은 어떻게 태어나고 지배하며 몰락하는가』, 웅진지식하우스, 2011.

필립 T. 호프먼 (이재만 역), 『정복의 조건: 유럽은 어떻게 세계 패권을 손에 넣었는가』, 책과함께, 2016.

하이켈하임, F. (김덕수 역), 『로마사』, 현대지성사, 1999.

허남성, 『전쟁과 문명』, 플래닛미디어, 2015.

허흥범·한종엽, 『세계를 움직인 해전의 역사』, 지성사, 2008.

전쟁과 무기의 세계사

전쟁을 승리로 이끈 무기의 비밀

1판 1쇄 펴낸날 2017년 6월 20일
1판 4쇄 펴낸날 2020년 10월 20일

지은이 이내주

책만듦이 김승민 책꾸밈이 이현진

펴낸곳 채륜서 펴낸이 서채윤
신고 2011년 9월 5일(제2011-43호)
주소 서울시 광진구 자양로 214, 2층(구의동)
대표전화 1811.1488 팩스 02.6442.9442
E-mail book@chaeryun.com Homepage www.chaeryun.com

ⓒ 이내주. 2017
ⓒ 채륜서. 2017. published in Korea

책값은 뒤표지에 있습니다.
ISBN 979-11-85401-28-7 03900

잘못된 책은 바꾸어 드립니다.
저작권자와 출판사의 허락 없이 책의 전부 또는 일부 내용을 사용할 수 없습니다.
저작권자와 합의하여 인지를 붙이지 않습니다.

이 도서의 국립중앙도서관 출판예정도서목록(CIP)은 서지정보유통지원시스템 홈페이지(http://seoji.nl.go.kr)와 국가자료공동목록시스템(http://www.nl.go.kr/kolisnet)에서 이용하실 수 있습니다. (CIP제어번호 : CIP2017012669)

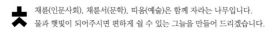

채륜(인문사회), 채륜서(문학), 띠움(예술)은 함께 자라는 나무입니다.
물과 햇빛이 되어주시면 편하게 쉴 수 있는 그늘을 만들어 드리겠습니다.

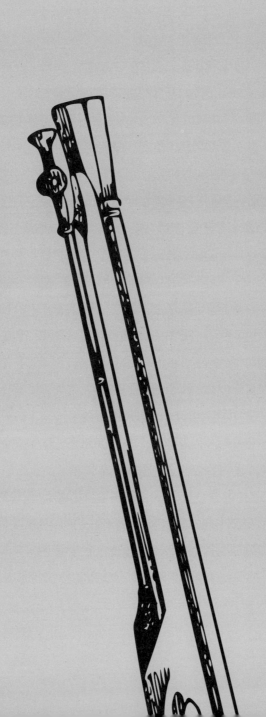

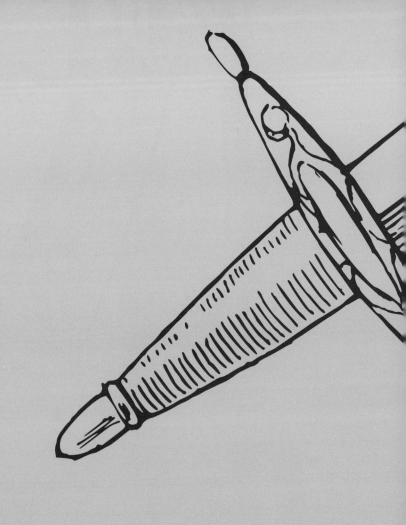